Renate Grebing

FRANZÖSISCH
ganz leicht
NEU

Begleitheft

Max Hueber Verlag

Dieses Werk folgt der seit dem 1. August 1998 gültigen Rechtschreibreform.

Das Werk und seine Teile sind urheberrechtlich geschützt.
Jede Verwertung in anderen als den gesetzlich zugelassenen
Fällen bedarf deshalb der vorherigen schriftlichen
Einwilligung des Verlages.

€ 3. 2. 1. | Die letzten Ziffern bezeichnen
2007 06 05 04 03 | Zahl und Jahr des Druckes.
Alle Drucke dieser Auflage können, da unverändert,
nebeneinander benutzt werden.
1. Auflage
© 2003 Max Hueber Verlag, D-85737 Ismaning
Titel der deutschen Originalausgabe: Hueber-Selbstlernkurs
Französisch für Beruf und Urlaub, © 1984 Max Hueber Verlag
Umschlaggestaltung: Atelier Kontraste, München
Umschlagfoto: Image Bank/Martin Butch
Druck und Bindung: Friedrich Pustet, Regensburg
Printed in Germany
ISBN 3–19–003314–5 (Package)
2.3314 (Begleitheft)

Inhalt

1 Bonjour   4
Wegweiser
Lösungen
Übersetzung der Dialoge

2 Vous travaillez?   6
Wegweiser
Lösungen
Übersetzung der Dialoge

3 Qu'est-ce que vous prenez?   8
Wegweiser
Lösungen
Übersetzung der Dialoge

4 Il vous reste une chambre?   11
Wegweiser
Lösungen
Übersetzung der Dialoge

5 Pour aller à la gare?   13
Wegweiser
Lösungen
Übersetzung der Dialoge

6 On arrive à quelle heure?   15
Wegweiser
Lösungen
Übersetzung der Dialoge

7 Et avec ça?   18
Wegweiser
Lösungen
Übersetzung der Dialoge

8 Je vais prendre ça   20
Wegweiser
Lösungen
Übersetzung der Dialoge

9 Un aller simple pour Nantes   22
Wegweiser
Lösungen
Übersetzung der Dialoge

10 Moi, je prends le menu   25
Wegweiser
Lösungen
Übersetzung der Dialoge

11 Qu'est-ce que vous aimez?   27
Wegweiser
Lösungen
Übersetzung der Dialoge

12 Quel temps fait-il?   29
Wegweiser
Lösungen
Übersetzung der Dialoge

13 Vous habitez où?   31
Wegweiser
Lösungen
Übersetzung der Dialoge

14 Qu'est-ce que tu vas faire?   33
Wegweiser
Lösungen
Übersetzung der Dialoge

15 Nous sommes arrivés   35
Wegweiser
Lösungen
Übersetzung der Dialoge

Kurzgrammatik   38

Lösungen der Abschlusstests   45

1 Bonjour

Wegweiser

Wenn Sie einen Lernschritt abgeschlossen haben, haken Sie ihn auf der nachstehenden Übersicht ab. Diese Wegweiser-Tabellen finden Sie vor den Lösungen zu jeder Unité.

	Dialoge 1–2: Hören Sie sich die Dialoge an. Das Buch bleibt dabei geschlossen.
	Dialoge 1–2: Hören Sie jeden Dialog einzeln an, lesen Sie ihn im Buch und arbeiten Sie ihn dann durch.
	Dialoge 3–4: Hören Sie sich die Dialoge bei geschlossenem Buch an.
	Dialoge 3–4: Hören Sie sich jeden Dialog einzeln an, lesen Sie ihn im Buch und arbeiten Sie ihn durch.
	Dialog 5: Hören Sie den Dialog bei geschlossenem Buch an.
	Dialog 5: Hören Sie den Dialog noch einmal an, lesen Sie ihn im Buch und arbeiten Sie ihn durch.
	Dialoge 6–7: Hören Sie sich die Dialoge bei geschlossenem Buch an.
	Dialoge 6–7: Hören Sie jeden Dialog einzeln an, lesen Sie ihn im Buch und arbeiten Sie ihn dann durch.
	Lernen Sie *Wichtige Wörter und Ausdrücke*.
	Machen Sie die *Übungen*.
	Arbeiten Sie die *Grammatik* durch.
	Bearbeiten Sie den Abschnitt *Lesen und Verstehen*.
	Lesen Sie den Abschnitt *Wissenswertes*.
	Jetzt haben Sie das Wort.
	Hören Sie sich alle Dialoge noch einmal ohne Buch an.

Lösungen

Übungen

Übung 1: Mme / Schmidt / Barbara / 7 / rue Lamartine / Paris / allemande.

Übung 2: (1) Bonjour, Madame; (2) Bonjour, Monsieur; (3) Bonjour, Mademoiselle; (4) Bonjour, Messieurs-dames; (5) Bonsoir, Monsieur; (6) Bonsoir, Messieurs-dames.

Übung 3: Bonjour, Madame / s'il vous plaît / Merci, Madame / suis / êtes / vous / je / en / bonnes / au revoir.

Übung 4: (a) quatre 4; (b) cinq 5; (c) huit 8; (d) dix 10; (e) trois 3; (f) sept 7; (g) deux 2; (h) huit 8; (i) neuf 9; (j) cinq 5.

Lesen und Verstehen

(a) Gudimard; (b) Nadine, Françoise, Marie; (c) Savigny / Orge; (d) französische; (e) 1961.

Übersetzungen

Guten Tag

1 Guten Tag

Robert: Guten Tag, (gnädige Frau).
            Guten Tag, (mein Herr).
Nadine: Guten Tag, (mein Herr).
Henri: Guten Tag, (gnädige Frau).
Claude: Guten Tag, (gnädige Frau).
Nadine: Guten Tag, (mein Herr).
Michel: Guten Tag, (gnädige Frau).
Anne: Guten Tag, (mein Herr).
Michele: Guten Tag, (mein Fräulein).
Nicole: Guten Tag, (gnädige Frau).
Nicole: Guten Tag, (meine Damen und
            Herren).

(Die Anreden „mein Herr“, „gnädige Frau“ und „mein Fräulein“ werden im Deutschen meist nicht gebraucht und sind deshalb in Klammern gesetzt.)

2 Und gegen Abend...

Michel: Guten Abend, (mein Herr).
Claude: Guten Abend, (mein Herr).
Nadine: Guten Abend, (mein Herr).

Luc: Guten Abend, (gnädige Frau).
Cécile: Gute Nacht.
Nicole: Gute Nacht.

3 Danke und auf Wiedersehen
(P = Paul, R = Empfangsdame, J = Julie)

P: Gut. Danke. Danke, (gnädige Frau).
   Auf Wiedersehen, (gnädige Frau).
R: Auf Wiedersehen, (mein Herr).
P: Auf Wiedersehen, (mein Herr). Danke.
J: Danke.
R: Schöne Ferien.
J: Danke. Auf Wiedersehen, (gnädige Frau).

4 Ein Bier, bitte
(P = Paul, J = Jacques)

P: Bitte, mein Herr?
J: Einen Kaffee und ein Bier, bitte.

(R = Empfangsdame, N = Nicole)

R: Ihr Name, bitte?
N: Durand.
R: Und Ihr Vorname?
N: Nicole.
R: Und Ihre Adresse, bitte?
N: Avenue Général-de-Gaulle 6.

5 Zahlen von 1 bis 10
(N = Nadine, P = Pierre-Yves)

N: Ein Bleistift, zwei Bleistifte, drei Bleistifte, vier Bleistifte, fünf, sechs. Zählst du mit mir?
P: Nnnn.
N: Eins, zwei... zählst du mit? Zwei, drei, vier, fünf, sechs, sieben...
P: Mama!
N: Acht.
P: Was ist das?
N: Neun!
P: Mama!
N: Zehn!
P: Nein!
N: Zählst du mit mir?
P: Nein! Was ist das?
N: Das ist ein Mikrophon.

6 Sind Sie Deutsche?
(H = Henri, S = Stéphanie)

H: Sind Sie Deutsche?

S: Ja – und Sie?
H: Ich bin Franzose. Machen Sie Urlaub?
S: Ja.
H: Sind Sie aus Bonn?
S: O nein – aus München. Und Sie?
H: Ich wohne in Paris.

7 Ich wohne in Paris
(J = Jean-Claude, S = Stéphanie)

J: Guten Tag, (gnädige Frau).
S: Guten Tag, (mein Herr).
J: Mm ... Frau oder Fräulein?
S: Fräulein.

J: Ach so ... sind Sie Deutsche oder Österreicherin?
S: Deutsche. Und Sie?
J: Ich bin Franzose. Und ... wohnen Sie in Berlin?
S: O nein – in München.
J: Ach so, in München. Ich wohne in Paris. Sind Sie Touristin?
S: Ich bin im Urlaub, ja.
J: Im Urlaub? Ach so. Sind Sie mit einer Reisegruppe zusammen oder sind Sie ganz allein?
S: Ganz allein.
J: Ganz allein?

2 Vous travaillez?

Wegweiser

	Dialoge 1–2: Hören Sie sich die Dialoge an. Das Buch bleibt dabei geschlossen.
	Dialoge 1–2: Hören Sie jeden Dialog einzeln an, lesen Sie ihn im Buch und arbeiten Sie ihn dann durch.
	Dialoge 3–4: Hören Sie sich die Dialoge bei geschlossenem Buch an.
	Dialoge 3–4: Hören Sie jeden Dialog einzeln an, lesen Sie ihn im Buch und arbeiten Sie ihn dann durch.
	Dialoge 5–7: Hören Sie sich die Dialoge bei geschlossenem Buch an.
	Dialoge 5–7: Hören Sie jeden Dialog einzeln an, lesen Sie ihn im Buch und arbeiten Sie ihn durch.
	Lernen Sie *Wichtige Wörter und Ausdrücke*.
	Machen Sie die *Übungen*.
	Arbeiten Sie die *Grammatik* durch.

Bearbeiten Sie den Abschnitt *Lesen und Verstehen.*
Lesen Sie den Abschnitt *Wissenswertes.*
Jetzt haben Sie das Wort.
Hören Sie sich alle Dialoge noch einmal ohne Buch an.

Lösungen

Übungen

Übung 1: (a) 7; (b) 13; (c) 17; (d) 15; (e) 8; (f) 16; (g) 12.

Übung 2: (a) Je suis professeur de gymnastique; (b) Je suis secrétaire; (c) Je suis dentiste; (d) Je suis plombier; (e) Je suis comptable; (f) Je suis facteur; (g) Je suis médecin; (h) Je suis en retraite; (i) Je suis réceptionniste.

Übung 3: (a) Deutscher; (b) sehr schlecht; (c) Deutschland; (d) Paris; (e) Sekretärin; (f) Beamter.

Übung 4:

Robert—Denise

Pierre—Michèle

Claude—Brigitte
    Monique

Philippe—Odette
Bertrand/Jean-Luc

Grammatik

Aufgabe 1
(a) Je ne sais pas.
(b) Nous ne sommes pas mariés.
(c) Je ne suis pas célibataire.
(d) Vous n'habitez pas chez vos parents.
(e) Vous ne travaillez pas bien.
(f) Vous n'avez pas dix euros.
(g) Je ne connais pas Henri.
(h) Je ne suis pas fonctionnaire.

Aufgabe 2
Vous êtes/je suis/Vous avez/j'ai/Vous habitez/J'habite/je travaille/Vous parlez/Je recommence.

Lesen und Verstehen

(a) französische; (b) avenue Louis XIV; (c) Paris; (d) Buchhalter; (e) Schule; (f) Beamtin; (g) zwei; (h) Sekretärin; (i) bei Renault; (j) Fabienne.

Übersetzungen

Arbeiten Sie?

1 Arbeiten Sie?
(A = Anna, H = Henri)

A: Arbeiten Sie?
H: Na klar, ich arbeite.
A: In Paris?
H: Ja. Und Sie?
A: Ja, ich arbeite auch – ebenfalls in Paris.

2 Was sind Sie von Beruf?

Henri:	Ich bin Kaufmann.
Fabienne:	Ich bin Sekretärin.
Claude:	Ich bin Buchhalter.
Georges:	Ich bin Geschäftsmann.
Brigitte:	Ich bin im Lehrfach tätig – ich bin Sportlehrerin.
Lisette:	Ich bin in einer Lehranstalt beschäftigt – ich bin Beamtin.
Daniel:	Mm . . . ich habe eine Stelle im Büro.

3 Ein Hochzeitstag
(S = Stéphanie, D = Denise)

S: Sind Sie verheiratet?
D: Ja, morgen sind wir seit 36 Jahren verheiratet.
S: Herzlichen Glückwunsch! Und haben Sie Kinder?

2 Vous travaillez?

D: Sechs Kinder.
S: Jungen oder Mädchen?
D: Vier Mädchen und zwei Jungen.

4 Sind Sie verheiratet?
(M = Michel, C = Christian)

M: Sind Sie verheiratet?
C: Ja – und Sie?
M: Nein, ich bin nicht verheiratet, ich bin ledig. Und Sie, haben Sie Kinder?
C: O ja, ich habe drei Töchter: Claire, Isabelle und Céline.
M: Haben Sie Geschwister?
C: O ja, ich habe... drei Brüder und zwei Schwestern.
M: Und Ihr Vater lebt noch?
C: O ja, ja und meine Mutter auch.

5 Eine erste Begegnung
(H = Henri, G = Guylaine)

H: Wohnen Sie bei Ihren Eltern?
G: Ja.
H: Und arbeiten Sie?
G: Ja, ich arbeite.
H: Wo denn?
G: In Paris.

H: Was tun Sie?
G: Ich bin Sekretärin.
H: Haben Sie einen Chef?
G: Ich habe mehrere Chefs.
H: Sind sie nett?
G: Im Großen und Ganzen, ja.
H: Und ich, bin ich nett?
G: Ich weiß es nicht: Ich kenne Sie nicht.

6 Sind Sie sicher?
(H = Henri, G = Guylaine)

H: Wollen Sie heute Abend ausgehen?
G: Ach nein – ich kann heute Abend nicht.
H: Sind Sie sicher?
G: Ja, ja, ich bin sicher!
H: Sprechen Sie Deutsch?
G: Sehr schlecht.
H: Das macht nichts. Lernen Sie nicht Deutsch?
G: Nein, nein, ich fange wieder an, Spanisch zu lernen.

7 Die Zahlen von 1 bis 20
Yves: eins, zwei, drei, vier, fünf, sechs, sieben, acht, neun, zehn, elf, zwölf, dreizehn, vierzehn, fünfzehn, sechzehn, siebzehn, achtzehn, neunzehn, zwanzig.

3 Qu'est-ce que vous prenez?

Wegweiser

	Dialoge 1–4: Hören Sie sich die Dialoge an. Das Buch bleibt dabei geschlossen.
	Dialoge 1–4: Hören Sie jeden Dialog einzeln an, lesen Sie ihn im Buch und arbeiten Sie ihn dann durch.
	Dialoge 5–9: Hören Sie sich die Dialoge bei geschlossenem Buch an.
	Dialoge 5–9: Hören Sie jeden Dialog einzeln an, lesen Sie ihn im Buch und arbeiten Sie ihn dann durch.

3 Qu'est-ce que vous prenez?

Lernen Sie *Wichtige Wörter und Ausdrücke*.
Machen Sie die *Übungen*.
Arbeiten Sie die *Grammatik* durch.
Bearbeiten Sie den Abschnitt *Lesen und Verstehen*.
Lesen Sie den Abschnitt *Wissenswertes*.
Jetzt haben Sie das Wort.
Hören Sie sich alle Dialoge noch einmal ohne Buch an.
Machen Sie die *Wiederholungsübungen* zu Unités 1–3 (im Arbeitsbuch S. 210).

Lösungen

Übungen

Übung 1: (a) Y; (b) C; (c) Y; (d) C; (e) Y; (f) C; (g) Y; (h) C.

Übung 2: (a) Je prends un sandwich au jambon. (b) Qu'est-ce que vous avez comme bière? (c) Qu'est-ce que vous voulez pour le petit déjeuner? (d) Vous prenez votre thé avec du lait? (e) Je recommence à apprendre le français.

Übung 3: 21 hot-dogs, 7 sandwichs, 8 pizzas, 29 glaces, 6 sorbets, 2 Schweppes, 14 Coca-Cola, 5 Orangina, 3 laits-fraise, 11 chocolats, 1 café.

Übung 4: (a) einen Pfannkuchen mit Ei und Schinken; (b) einen Pfannkuchen mit Wurst; (c) ein Johannisbeereis; (d) ein Zitroneneis; (e) Apfelwein; (f) Bier.

Lesen und Verstehen

(a) mit Schinken und Käse; (b) kalt; (c) ein Schokoladenpfannkuchen; (d) nein; (e) nein.

Wiederholung: *Unité* 1 bis 3

Übung 1
P: Je prends une galette au jambon et toi?
C: Euh ... une glace, une glace antillaise.
P: Monsieur, s'il vous plaît!
G: Oui, tout de suite. Qu'est-ce que vous prenez?

P: Alors, une galette au jambon et une glace antillaise.
G: Une galette au jambon et une glace antillaise. Merci.

Übung 2 – Kreuzworträtsel
Waagrecht: (1) an; (5) galette; (7) sûr; (8) allemand; (9) à; (10) du; (11) mais; (14) bouteille; (17) au; (18) ne; (20) citron; (21) la.
Senkrecht: (1) ans; (2) la; (3) de; (4) le; (5) grand; (6) travail; (12) sœurs; (13) le; (14) bon; (15) toute; (16) la; (18) non; (19) en; (20) ça.

Übersetzungen

Was nehmen Sie?

1 Telefonische Bestellung

Empfangsdame: Ja? Dann zweimal Frühstück. Was nehmen Sie? Also eine Milch – heiß oder kalt? Eine heiße Milch und einen Milchkaffee? Und beide vollständig? In Ordnung.

2 Ein Frühstück
(J = Jeanne, G = Kellner)

J: Guten Morgen, (mein Herr).
G: Guten Morgen, (gnädige Frau). Was wünschen Sie?
J: Mm ... Was haben Sie?

3 Qu'est-ce que vous prenez?

G: Also zum Frühstück haben wir Kaffee, Milch-
kaffee, Milch, Kakao und Tee.
J: Einen Tee, bitte.
G: Ja. Mit Zitrone? Ohne Zusatz?
J: Mit Zitrone!
G: Mit Zitrone. Gut.
J: Danke.

3   In der Hotelbar
(J = Joëlle, G = Kellner)

J: Welche Biersorten haben Sie, bitte?
G: Wir haben Bier vom Fass und Kronenbourg in
Flaschen.
J: Gut … mm … zwei Bier vom Fass, bitte.
G: Zwei vom Fass! Kleine, große …?
J: Kleine.
G: Kleine – einverstanden.
J: Danke. Und was haben Sie für die Kinder?
G: Für die Kinder: Orangina, Coca-Cola,
Schweppes -mm- Milch, Erdbeermilch und all
das.
J: Also … zweimal Orangina, bitte.
G: Zwei Orangina.
J: Danke.

4   Ein Aperitif
(A = Alain, S = Kellnerin, M = Marguerite, J =
Julie)

A: Einen Wodka-Orange – mm – einen Byrrh,
einen Kir.
S: Danke.
S: Der Wodka-Orange.
M: Das ist für mich.
S: Der Byrrh.
J: Das ist für mich.
S: Für die Dame. Und der Kir für den Herrn.
Bitte schön.
J: Danke.

5   Im Bistro
(B = Bernadette, J = Jeanne, G = Kellner, P =
Philippe, M = Monique)

B: Gut, ich nehme einen schwarzen Kaffee …
nehmen Sie einen Kaffee mit Sahne?
J: Einen schwarzen Kaffee, bitte.
B: Schwarzen Kaffee. Dann zweimal schwarzen
Kaffee.
G: Also zwei schwarze.
B: Zwei schwarze. Für die Kinder … mm …

P: Eine Orangina.
M: Eine Cola.
G: Orangina und Cola?
B: Warten Sie! Warten Sie! Und-und-und was
haben Sie zu essen?
G: Zu essen, jetzt? Also jetzt hot-dog, Schinken-
Käse-Toast, Pizza, belegte Brote (mit Ca-
membert, Greyerzer, Schinken, Pastete,
Wurst, Schweinepastete) …

6   Verschiedene Eissorten
(L = Lisette, G = Kellner, C = Claude, J =
Jeanne)

L: Also – einen Eiskaffee.
G: Also einen Eiskaffee.
C: Ein Eis mit Rumfrüchten, bitte.
G: Eis mit Rumfrüchten.
J: Ein Fruchteis, bitte.
G: Ein Johannisbeer- oder Zitroneneis?
J: Mm – Johannisbeer-, bitte.
G: Johannisbeer-. Ein Johannisbeereis. Danke.

7   Wollen Sie auch etwas trinken?
(S = Kellnerin, D = Danielle)

S: Gnädige Frau, Sie wünschen?
D: Drei Pfannkuchen, bitte, einen Pfannkuchen
mit Schinken und Käse, einen Pfannkuchen
mit Wurst und einen Pfannkuchen mit Eiern
und Schinken.
S: Und wollen Sie etwas trinken?
D: Ja – Apfelwein, bitte.
S: Eine große Flasche, eine kleine …?
D: Eine große Flasche bitte, denke ich.
S: Sehr wohl, (gnädige Frau).

8   Die Rechnung bitte!

Claude: Herr Ober, bitte – die Rechnung.

9   Süßer Tee
(N = Nadine, P = Pierre-Yves)

N: Willst du spielen?
P: Tee trinken.
N: Du willst Tee trinken.
P: Mm – das ist gut, Mama.
N: Ja. Du trinkst wohl gern Tee?
P: Das ist süß.
N: Was hast du im Tee?
P: Zitrone.

3   Qu'est-ce que vous prenez?

4 Il vous reste une chambre?

Wegweiser

	Dialoge 1–4: Hören Sie sich die Dialoge an. Das Buch bleibt dabei geschlossen.
	Dialoge 1–4: Hören Sie jeden Dialog einzeln an, lesen Sie ihn im Buch und arbeiten Sie ihn dann durch.
	Dialoge 5–8: Hören Sie sich die Dialoge bei geschlossenem Buch an.
	Dialoge 5–8: Hören Sie jeden Dialog einzeln an, lesen Sie ihn im Buch und arbeiten Sie ihn dann durch.
	Lernen Sie *Wichtige Wörter und Ausdrücke.*
	Machen Sie die *Übungen.*
	Arbeiten Sie die *Grammatik* durch.
	Bearbeiten Sie den Abschnitt *Lesen und Verstehen.*
	Lesen Sie den Abschnitt *Wissenswertes.*
	Jetzt haben Sie das Wort.
	Hören Sie sich alle Dialoge noch einmal ohne Buch an.

Lösungen

Übungen

Übung 1: (b) ?; (c) ?; (f) ?; (g) ?.

Übung 2: 14 €, 19 €, 20 €, 21 €, 26 €, 28 €, 28 € 20, 28 € 40, 28 € 60, 28 € 80, 29 €, 29 € 5.

Übung 4: Bonjour, Madame – Vous avez des chambres, s'il vous plaît? – Pour deux personnes – Pour deux nuits – C'est combien avec douche? – Bon, d'accord – La 28? Très bien, merci.

Grammatik

Aufgabe: (a) Où est; (b) Où est; (c) Où sont; (d) Où est; (e) Où est; (f) Où sont; (g) Où sont.

Lesen und Verstehen

(a) Hôtel du Midi; (b) Hôtel de France und Hôtel Molière; (c) Hôtel de Paris, Hôtel Terminus und Hôtel Molière; (d) 13; (e) Hôtel Terminus.

4 Il vous reste une chambre?

Übersetzungen

Ist noch ein Zimmer frei?

1 Zimmerreservierung

Empfangsdame: Hallo! Hotel Palym... Guten Tag... Am 18. September ja, legen Sie nicht auf... ja -mm- mit Waschgelegenheit, ja, in Ordnung, auf welchen Namen?... Rodriguez... Können Sie mir das schriftlich bestätigen?... Nein, P-A-L-Y-M... Ja, Emile-Gilbert-Straße 4, im zwölften... G-I-L-B-E-R-T... So... richtig. Geht in Ordnung.

2 Alles besetzt

Empfangsdame: Hallo! Hotel Palym... Guten Tag... O nein, wir sind voll besetzt, (mein Herr)... Ja... Auf Wiedersehen.

3 Ein Zimmer mit Dusche
(J = Jeanne, H = Hotelier)

J: Guten Abend, (mein Herr).
H: Guten Abend, (gnädige Frau).
J: Haben Sie bitte Zimmer für heute Abend?
H: Ja, wir haben Zimmer, ja. Wie viele Personen sind Sie?
J: Zwei Personen.
H: Zwei Personen. Für wie lange?
J: Nur eine Nacht.
H: Eine Nacht.
J: Wie viel kostet das?
H: Mm – wir haben drei Zimmerkategorien: Die erste, die 62 € kostet, die zweite, mit Dusche, 80 und die dritte mit WC und Bad, die 126 € kostet.
J: Dann mit Dusche.
H: Mit Dusche. Gut, ich werde Ihnen die Nummer 13 geben.

4 Auf dem Campingplatz
(R = Empfangsdame, M = Marie-Claude)

R: Guten Tag, (gnädige Frau). Was wünschen Sie?
M: Sind noch Plätze für zwei Personen frei?
R: Wie viele Tage wollen Sie bleiben?
M: Ich denke drei Wochen.
R: Drei Wochen. Gut. Ich werde nachschauen... Gut, einverstanden. Drei Wochen – das ist abgemacht. Können Sie mir Ihren Namen und Ihre Adresse bitte geben?
M: Ja, selbstverständlich.

5 Eine wichtige Frage
(J = Jeanne, R = Empfangsdame)

J: Wo sind bitte die Toiletten?
R: Mm – erste Tür hier links.
J: Gut, danke.

6 Ich verstehe nicht!
(D = Danielle, H = Mann)

D: Verzeihung, mein Herr – wo kann man bitte Reiseschecks einlösen?
H: Entschuldigen Sie mich (gnädige Frau), ich verstehe nicht – ich bin Engländer.

7 Wie machen die Tiere?
(N = Nadine, P = Pierre-Yves)

N: Was macht Sam?
P: Wau!
N: Mm mm. Was was macht Isis?
P: Miau!
N: Ja. Was machen die Vögel?
P: Miau!
N: Nein. Was machen die Vögel?
P: Tu-it!

8 Pierre-Yves' Mittagessen
(N = Nadine, P = Pierre-Yves)

N: Und was isst Pierre-Yves?
P: ...
N: Fleisch?
P: Ja.
N: Womit?
P: ...
N: Kartoffelpüree?
P: Ja.
N: Und dann, als Dessert?
P: Was?
N: Was isst du?
P: Die Suppe!
N: Suppe? Nein?
P: Ach?
N: Man isst zuerst die Suppe. Und was isst man als Nachtisch?

4 Il vous reste une chambre?

P: Vanille-Zitrone.
N: Ein Vanille-Zitroneneis?
P: Ja.
N: Ja. Mm mm.
P: Und Himbeer-.
N: Himbeereis auch?

P: Das alles!
N: Das alles?
P: Ja.
N: Dir wird schlecht!
P: ...?
N: Oh ja.

5 Pour aller à la gare?

Wegweiser

	Dialoge 1–4: Hören Sie sich die Dialoge an. Das Buch bleibt dabei geschlossen.
	Dialoge 1–4: Hören Sie jeden Dialog einzeln an, lesen Sie ihn im Buch und arbeiten Sie ihn dann durch.
	Dialoge 5–7: Hören Sie sich die Dialoge bei geschlossenem Buch an.
	Dialoge 5–7: Hören Sie jeden Dialog einzeln an, lesen Sie ihn im Buch und arbeiten Sie ihn dann durch.
	Dialoge 8–9: Hören Sie sich die Dialoge bei geschlossenem Buch an.
	Dialoge 8–9: Hören Sie jeden Dialog einzeln an, lesen Sie ihn im Buch und arbeiten Sie ihn durch.
	Lernen Sie *Wichtige Wörter und Ausdrücke*.
	Machen Sie die *Übungen*.
	Arbeiten Sie die *Grammatik* durch.
	Bearbeiten Sie den Abschnitt *Lesen und Verstehen*.
	Lesen Sie den Abschnitt *Wissenswertes*.
	Jetzt haben Sie das Wort.
	Hören Sie sich alle Dialoge noch einmal ohne Buch an.

5   Pour aller à la gare?

Lösungen

Übungen

Übung 1: (1) Stadtplan; (2) b; (3) a; (4) zum Hôtel Métropole; (5) c; (6) b; (7) b.

Übung 2: Pardon, Monsieur, pour aller au syndicat d'initiative, s'il vous plaît? / Non, en voiture. / Je vais tout droit, jusqu'au cinéma. / Je tourne à droite et le syndicat d'initiative est à cent mètres. / Merci beaucoup. Au revoir, Monsieur.

Übung 3: (a) la gare; (b) la banque.

Grammatik

Aufgabe 1: (a) devant; (b) derrière; (c) entre; (d) dans.

Aufgabe 2: (a) près de l'; (b) à côté de la; (c) près de l'; (d) en face du.

Lesen und Verstehen

(a) 2. Mai; (b) Dusche; (c) zwei; (d) 5.–15. September; (e) im 2.; (f) 500 m; (g) die 4. Straße rechts; (h) auf dem großen Hotelparkplatz hinter dem Hotel.

Übersetzungen

Wie komme ich zum Bahnhof?

1   Wie komme ich zum Bahnhof?
(M = Michel, H = Empfangsdame)

M: Guten Tag (gnädige Frau).
H: Guten Tag (mein Herr).
M: Haben Sie bitte einen Stadtplan?
H: Ja, selbstverständlich – da ist er.
M: Danke schön. Ja. Wie komme ich ... zum Bahnhof?
H: Also, Sie gehen geradeaus bis zum Ende; nach der Brücke biegen Sie nach links ab ... die dritte links ... und Sie sind am Bahnhof.
M: Gut. danke. Wo genau sind wir hier?
H: Also, an der Zahl eins auf dem Plan, gegenüber der St.-Peterskirche.
M: Ach so. Eigentlich im Zentrum der Stadt?

H: Richtig, ja.
M: Ja.

2   Weitere Richtungsangaben
(M = Michel, D = Dame)

M: Wie komme ich zum Bahnhof?
D: Ja. Wollen Sie mit dem Auto oder mit dem Bus hinkommen?
M: Nein, ich bin zu Fuß.
D: Zu Fuß. Also wir sind hier. Sie nehmen die St.-Johannstraße, Sie überqueren die Brücke.
M: Ja.
D: Und kurz nach der Brücke, die dritte Straße zu Ihrer Linken.
M: Vielen Dank (gnädige Frau).
D: Und da werden Sie den Bahnhof finden.
M: Gut.

3   Eine Fahrt nach Bayeux
(M = Michel, H = Empfangsdame)

M: Und wie komme ich nach Bayeux?
H: Sie nehmen den Zug, und das ist sehr schnell, nicht wahr, sehr leicht.
M: Gut. Wie lange dauert's?
H: Ich glaube, es dauert eine Viertelstunde.
M: Nicht mehr?
D: Nein, nein, nein.
M: Sehr gut, danke.

4   Eine Wegbeschreibung
(R = Empfangsdame, M = Marie-Claude)

R: Also, Sie sind hier. Sie gehen geradeaus. Sie biegen bei der zweiten rechts ab – da. Neben Ihnen befinden sich (wörtl. haben Sie) das Restaurant, die Bar, der Basar ...
M: Warten Sie. Wir haben hier – da ...
R: Also Sie gehen geradeaus ...
M: Ich folge der Straße geradeaus ...
R: Genau.
M: Und ich biege rechts ab.
R: Ja.

5   Mit der Metro zum Eiffelturm

Claudine: Also – mm –, um zum Eiffelturm zu kommen, nehmen Sie am besten die Metro Richtung «Nation». Sie steigen am «Trocadéro» aus und sind 200 m davon entfernt.

6   Zur Kathedrale Notre Dame?
(B = Barbara, C = Claudine)

B: Wie komme ich zu Notre Dame?
C: Um zur Notre-Dame-Kathedrale zu kommen, muss man umsteigen. Du nimmst also am «Etoile» die Richtung Vincennes und du steigst am «Châtelet» um. Du nimmst wieder die Richtung «Porte d'Orléans» – mm – und du steigst in «Cité» aus.
B: In Ordnung.

7   Ein schnelles Beförderungsmittel
(H = Henri, A = Anne)

H: Fahren Sie mit dem Zug?
A: Ja, mit dem Zug oder der Metro.
H: Nehmen Sie nicht die RER?
A: Doch, ich nehme die RER – mm – vor allem, um zur Arbeit zu fahren.
H: Das ist ein sehr schnelles Beförderungsmittel.
A: Sehr schnell, ja, sehr praktisch und (dieser Zug) kann viele Reisende befördern.

8   Wo ist deine Bank?
(M = Michèle, J = Jean-Claude)

M: Wo befindet sich deine Bank?
J: Ach, meine Bank? Meine Bank befindet sich auf der linken Uferseite. Und – mm – und sie ist genau in der Mitte einer Kreuzung gelegen, mit einem sehr großen Schild. Sie heißt BICS.

9   Noch ein paar wichtige Fragen
(J = Jeanne, R = Empfangsdame)

J: Wo sind die Toiletten, bitte?
R: Mm – die erste Tür hier links.
J: Gut, danke. Und mein Zimmer ist in welchem Stockwerk?
R: Also Ihr Zimmer ist im dritten Stock.
J: Und sind dort Toiletten?
R: Ja, ja, ja. Es sind Toiletten auf derselben Etage.
J: Und die Dusche?
R: Die Dusche – also die Dusche ist im zweiten Stock.
J: In Ordnung. Und wir sind im ersten?
R: Nein, wir sind im Erdgeschoss.

6 On arrive à quelle heure?

Wegweiser

	Dialoge 1–4: Hören Sie sich die Dialoge an. Das Buch bleibt geschlossen.
	Dialoge 1–4: Hören Sie jeden Dialog einzeln an, lesen Sie ihn im Buch und arbeiten Sie ihn dann durch.
	Dialoge 5–7: Hören Sie sich die Dialoge bei geschlossenem Buch an.
	Dialoge 5–7: Hören Sie jeden Dialog einzeln an, lesen Sie ihn im Buch und arbeiten Sie ihn dann durch.
	Lernen Sie *Wichtige Wörter und Ausdrücke*.

6   On arrive à quelle heure?

Machen Sie die *Übungen*.
Arbeiten Sie die *Grammatik* durch.
Bearbeiten Sie den Abschnitt *Lesen und Verstehen*.
Lesen Sie den Abschnitt *Wissenswertes*.
Jetzt haben Sie das Wort.
Hören Sie sich alle Dialoge noch einmal ohne Buch an.
Machen Sie die *Wiederholungsübungen* zu Unités 4–6 (im Arbeitsbuch S. 211).

Lösungen

Übungen

Übung 1: (a) Am Donnerstag; (b) Am Montag; (c) Am Sonntag; (d) Am Mittwoch; (e) Am Dienstag; (f) Am Samstag; (g) Am Freitag.

Übung 2: (a) am 17. Juli; (b) eine Woche; (c) am 24. Juli; (d) am 7. August; (e) vom 1. Oktober bis 21. November.

Übung 3: (a) le dix juillet; (b) le douze août; (c) le vingt-neuf février; (d) le vingt-trois novembre; (e) le premier janvier; (f) le seize avril; (g) le vingt-deux octobre.

Übung 4: (a) 7.30 Uhr; (b) 12 Uhr; (mittags); (c) 5.25 Uhr; (d) 7.45 Uhr; (e) 11.10 Uhr; (f) 2.55 Uhr.

Grammatik

Aufgabe: (a) Oui, je viens souvent à Lyon. (b) Oui, je reviens samedi. (c) Oui, je soutiens la conversation. (d) Oui, je viens au cinéma ce soir.

Lesen und Verstehen

(a) nein; (b) ja; (c) ja; (d) nein; (e) 14.30 Uhr; (f) 14–18 Uhr.

Wiederholung: *Unité* 4 bis 6

Übung 1
siehe Stadtplan S. 17

Übung 2 – Kreuzworträtsel
Waagrecht: (1) autobus; (6) neuf; (8) après; (9) juin; (10) et; (12) janvier; (13) ça; (15) la; (18) dans; (19) lundi; (20) ici; (21) en; (24) mètres; (25) première; (29) glace; (32) douche; (35) père; (36) soixante; (37) enfant; (39) la; (41) église; (43) on; (44) saint; (45) le.
Senkrecht: (1) août; (2) un; (3) semaine; (4) samedi; (5) merci; (7) février; (9) jeudi; (11) il; (14) entendu; (16) allez; (17) silence; (22) ne; (23) se; (26) ma; (27) cidre; (28) plaît; (30) change; (31) retard; (33) chats; (34) est; (35) pense; (38) non; (40) en; (42) il.

Übersetzungen

Wann kommen wir an?

1   Verspäteter Abflug

Angestellte: Das Flugzeug hat eine Stunde Verspätung (mein Herr).

2   Der letzte Bus
(M = Michel, H = Empfangsdame)

M: Mm – gibt es Verkehrsmittel, um dorthin zu gelangen?
H: Ja, es gibt Busse (wörtlich: Sie haben Busse).
M: Busse …
H: Das Problem besteht darin, dass der letzte Bus um 20 Uhr zurückfährt, also was das Konzert betrifft, das ist schwierig …

3 Abfahrts- und Ankunftszeiten
(E = Angestellte, R = Robert)

E: Also Abfahrt jeden Abend von La Roche aus um 18.48 Uhr und Ankunft in Nizza um 8.37 Uhr.
R: 18.48, das bedeutet 6.48 Uhr?
E: Richtig. Viertel vor sieben.
R: Viertel vor sieben. Ja, danke. Und um wie viel Uhr kommt man in Nizza an?
E: Um 8.37 Uhr.
R: Oh, das ist gut – morgens, ja. Ich kann eine ganze Nacht im Zug schlafen (wörtlich: Das macht eine gute Nacht im Zug zum Schlafen).

4 Auf dem Campingplatz
(R = Empfangsdame, M = Marie-Claude)

R: Es (das Wasser) ist warm von sechs bis zehn Uhr morgens und von vier Uhr bis acht Uhr abends.
M: Und das Eingangstor – um wie viel Uhr schließt das … (Eingangstor)?
R: Also das Eingangstor wird morgens um sechs Uhr geöffnet und um elf Uhr geschlossen, außer samstags, wo es … um Mitternacht geschlossen wird.

Lösung zu Übung 1, S. 16

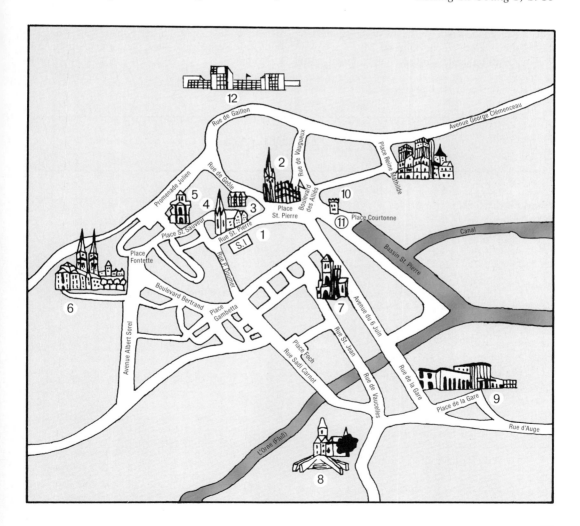

6 On arrive à quelle heure?

5 Schule in Frankreich

Isabelle: Also – mm – die französischen Schüler arbeiten montags, dienstags, donnerstags und freitags den ganzen Tag. Im Allgemeinen beginnen sie um halb neun Uhr morgens und hören abends gegen halb fünf, fünf Uhr auf, manchmal (noch) später. Und mittwochs morgens wird gearbeitet, und der Nachmittag ist frei. Die Schüler arbeiten auch am Samstagvormittag. Also – mm – im Allgemeinen fahren die Leute am Samstagmittag ins Wochenende und kommen am Sonntagabend zurück.

6 Schulferien

Françoise: Mm – Ende Oktober – mm – Anfang November gibt es die … die Allerheiligenferien die – mm – eine Woche dauern. Mm – es gibt Weihnachtsferien, die sind im Allgemeinen vom 21. Dez. bis zum 4. Jan. Es gibt die Februarferien, die – mm – eine Woche lang dauern. Es gibt auch die Osterferien, die zwei volle Wochen dauern, die etwa in den Monaten März, April liegen, und die großen Ferien, die – mm – zwei Monate dauern, von Anfang Juli bis Anfang September.

7 Sommerurlaub

Guylaine: Mm – die Franzosen nehmen gern ihren Urlaub – mm – um den 14. Juli herum, den Nationalfeiertag. Und es gibt einen Tag, an dem viele Leute in Frankreich verreisen – das ist der 1. August. Dann muss man die Landstraßen meiden, weil man wirklich nicht … nicht vorwärtskommen kann. Und nach dem 15. August – mm – ist es ziemlich ruhig an der Küste. Mm – das ist die ideale Zeit für die – die Deutschen, um zu uns zu kommen.

7 Et avec ça?

Wegweiser

	Dialoge 1–4: Hören Sie sich die Dialoge an. Das Buch bleibt dabei geschlossen.
	Dialoge 1–4: Hören Sie jeden Dialog einzeln an, lesen Sie ihn im Buch und arbeiten Sie ihn dann durch.
	Dialoge 5–7: Hören Sie sich die Dialoge bei geschlossenem Buch an.
	Dialoge 5–7: Hören Sie jeden Dialog einzeln an, lesen Sie ihn im Buch und arbeiten Sie ihn dann durch.
	Lernen Sie *Wichtige Wörter und Ausdrücke*.
	Machen Sie die *Übungen*.
	Arbeiten Sie die *Grammatik* durch.
	Bearbeiten Sie den Abschnitt *Lesen und Verstehen*.

	Lesen Sie den Abschnitt *Wissenswertes*.
	Jetzt haben Sie das Wort.
	Hören Sie sich alle Dialoge noch einmal ohne Buch an.

Lösungen

Bevor Sie anfangen

le saucisson = die Wurst; le lait = die Milch; le jambon = der Schinken; le fromage = der Käse; les œufs = die Eier; la glace = das Eis.

Übungen

Übung 1: (a) die Welt; (b) drei; (c) Deutschland; (d) fünf; (e) Frankreich; (f) 4,50 €.

Übung 3: (b); (c); (d); (f); Total 15,40 €.

Lesen und Verstehen

(a) in einem *café* oder einer *bar*; (b) eine dicke rote Karotte; (c) vor dem Eingang; (d) Zeitungen; (e) Postkarten, Briefmarken, Schokolade und Busfahrkarten.

Übersetzungen

Sonst noch etwas?

1 Zeitungskauf
(R = Robert, V = Verkäufer)

R: (Mein Herr), haben Sie deutsche Zeitungen?
V: O nein (ich bedaure), es tut mir Leid.
R: Danke.

2 Briefmarken
(R = Robert, E = Angestellte)

R: Drei Briefmarken für Briefe nach Deutschland und zwei Briefmarken für Postkarten, bitte.
E: Also für die Briefe, das macht 1,80 € und … Postkarten … das macht dann 1 €.
R: Richtig.

3 Beim Bäcker
(S = Simone, B = Bäckersfrau)

S: Mm – ich möchte gern ein Stangenweißbrot.
B: Ja, (gnädige Frau).
S: Und fünf Hörnchen.
B: Fünf Hörnchen – einfache oder mit Butter hergestellte?
S: Mm – einfache.
B: Einfache.

4 Im Weinladen
(S = Simone, V = Verkäufer)

S: Eine Flasche Wein – mm – mit „kontrollierter Herkunftsbezeichnung" …
V: Ja.
S: Mm – ein Wein nicht zu … nicht zu stark im Alkoholgehalt.
V: Ich habe einen Bordeaux, der 12 € kostet, ein 97er.
S: Sehr gut, wir werden (ihn) probieren.
V: Gut, (gnädige Frau).

5 Käse und Eier
(S = Simone, V = Verkäuferin)

S: Eine Packung Frischkäse.
V: Kleine oder große?
S: Mm – große.
V: 4,90. Noch etwas?
S: Und – sechs Eier.
V: Ist das alles, (gnädige Frau)?
S: Ja, das ist alles.

6 Im Obst- und Gemüsegeschäft
(S = Simone, V = Verkäufer)

S: Ein Kilo Tomaten – sehr reife.
V: Sehr reif – es ist ein kleines bisschen mehr?
S: Ja, in Ordnung.
V: Gut so?

7 Et avec ça?

S: Ein Pfund Trauben.
V: Ein Pfund Trauben. Weiße oder blaue?
S: Weiße.
V: Ja. Es sind (wörtlich: Sie haben) 50 Gramm mehr.
S: Ja.
V: Geht es so?
S: Und vier Artischocken.
V: Vier Artischocken.
S: Danke.
V: Hier bitte.
S: Das ist alles.
V: Das ist alles? 7,20 €, (gnädige Frau).

7 Ein Friseurtermin
(S = Simone, C = Friseuse)

S: Ich hätte gern einen Termin zum Waschen und Legen …
C: Ja.
S: … mm – am Freitagnachmittag, wenn möglich.
C: Freitagnachmittag. Um wie viel Uhr?
S: Mm – gegen 2 oder 3 Uhr …
C: Ja, 2 Uhr. Zum Legen?
S: Ja.
C: Legen und schneiden oder …
S: Nein, nur legen.
C: Legen.
S: Waschen und legen.
C: Gut. 2 Uhr dann, Freitag.
S: Einverstanden.
C: Dann haben wir's.

8 Je vais prendre ça

Wegweiser

	Dialog 1: Hören Sie sich den Dialog bei geschlossenem Buch an.
	Dialog 1: Hören Sie den Dialog noch einmal an, lesen Sie ihn im Buch und arbeiten Sie ihn durch.
	Dialoge 2–3: Hören Sie sich die Dialoge an. Das Buch bleibt dabei geschlossen.
	Dialoge 2–3: Hören Sie jeden Dialog einzeln an, lesen Sie ihn im Buch und arbeiten Sie ihn dann durch.
	Dialoge 4–5: Hören Sie sich die Dialoge bei geschlossenem Buch an.
	Dialoge 4–5: Hören Sie jeden Dialog einzeln an, lesen Sie ihn im Buch und arbeiten Sie ihn dann durch.
	Lernen Sie *Wichtige Wörter und Ausdrücke*.
	Machen Sie die *Übungen*.

	Arbeiten Sie die *Grammatik* durch.
	Bearbeiten Sie den Abschnitt *Lesen und Verstehen.*
	Lesen Sie den Abschnitt *Wissenswertes.*
	Jetzt haben Sie das Wort.
	Hören Sie sich alle Dialoge noch einmal ohne Buch an.

Lösungen

Übungen

Übung 1: 1c; 2f; 3a; 4d; 5b; 6e.

Übung 2: (a) ein Hemd; (b) 41; (c) nicht zu dunkel; (d) drei; (e) es ist zu groß; (f) es ist zu dunkel; (g) 48 Euro.

Übung 3: (a) non; (b) b; (c) non; (d) a; (e) vrai; (f) non; (g) 8 €.

Grammatik

Aufgabe: (a) ce soleil, diese Sonne; (b) ces comprimés, diese Tabletten; (c) ce chapeau, dieser Hut; (d) cette taille, diese Größe; (e) cet avion, dieses Flugzeug; (f) ce samedi, dieser Samstag; (g) ces citrons, diese Zitronen; (h) cette chemise, dieses Hemd.

Lesen und Verstehen

(a) (Librairie-)Presse; (b) Tabacs; (c) Confiserie; (d) Mode féminine; (e) (Coiffure-) Parfumerie; (f) (Photo-) Musique; (g) PTT.

Übersetzungen

Ich werde das nehmen

1 In der Apotheke
(I = Isabelle, P = Apotheker)

I: Gut, ich hätte gern etwas gegen Kopfschmerzen.

P: Mm – in Tablettenform?
I: Ja, als Tabletten.
P: Mm – welche Schmerzen haben Sie?
I: Nun ja, Migräneschmerzen.
P: Wollen Sie Aspirin?
I: Ja.
P: Sie haben kein Nierenleiden?
I: Nein, die (Nieren) sind in Ordnung.
P: Hier bitte. Drei Euro.
I: Ja, und dann noch (auch) etwas zum Auftragen (wörtlich: für) nach dem Sonnenbad.
P: ... Eine Creme? Ein Öl?
I: Eine Creme. Eine Creme, ja.
P: Gut (wörtlich: einverstanden).
I: Und dann ein Medikament gegen Diarrhö.
P: Gegen Diarrhö?
I: Ja.
P: Haben Sie Bauchschmerzen?
I: Ja.
P: Ja. Auch in Tablettenform?
I: Ja, als Tabletten.
P: Als Tabletten. Fünf Euro.
I: So. Das ist alles.

2 Im Textilgeschäft
(N = Nadine, P = Pierre-Yves, V = Verkäuferin)

N: Passend zu diesem Hemd, bitte: weinrot oder dunkelgrün ... beige vielleicht.
P: Was ist das?
N: Das da, das ist Garn, aber wir brauchen kein Garn, nicht wahr?
P: Was?
N: Wir wollen Socken kaufen, kein Garn. Wollen wir den Schuh ausziehen?
P: Nein!
N: Doch, um die Socken anzuschauen, mach' schon.

8   Je vais prendre ça

N: Gut, ich werde das nehmen, also: ich werde die beigen nehmen.
V: Mm.
N: O. K.

3 Ein Pulloverkauf
(N = Nadine, V = Verkäufer)

N: Guten Tag (mein Herr). Ich hätte gern einen ... einen Pulli, bitte.
V: Welche Größe haben Sie?
N: 40 ... 40/42, nun, das hängt vom ... vom Schnitt ab.
V: Ja. Also ich habe mehrere Modelle – mm – so, marineblau mit einem weißen Ausschnitt ...
N: Ja. Das wird zu klein für mich sein.
V: Wir haben das (noch), in weiß mit breitem Rippenmuster.
N: Mm mm. Das ist der Tennispullover, der da?
V: Ja.
N: Gut. Ich werde ihn anprobieren.
V: Ja.
N: Ich glaube, dass das die richtige Größe ist, ja ... kann ich den blauen anprobieren?
V: Ja.
N: Ja?
N: Nein, ich glaube, dass der ... der blaue größer ist, nicht wahr? Er ist zu groß da.
V: Er ist größer als der weiße, nicht wahr?
N: Ja. Ja, das ist zu groß. Ich glaube, dass ich ... ich den weißen vorziehe. Wie viel kostet er?
V: 62 Euro.
N: Kann ich mit Scheck bezahlen?

V: Ja, selbstverständlich.
N: O. K.

4 Im Blumenladen
(F = Blumenhändler, N = Nadine)

F: Die Rosen? Also Sie können zehn Rosen haben (wörtlich: Sie haben die zehn Rosen), die 15 Euro pro Strauß kosten.
N: Ja. Was kosten sie einzeln (wörtlich: pro Stück ist das wie viel)?
F: Das Stück 2 Euro.
N: Gut. Und welche Blumen haben Sie im Moment sonst noch?
F: Also im Moment können Sie Chrysanthemen haben (wörtlich: haben Sie die Chrysanthemen), die die Blumen der Saison sind, der Strauß zu zehn Euro.
N: Ja – wie viel sind in einem Strauß?
F: Mm – also das kommt darauf an – ungefähr – mm – zehn Blumen.
N: Ich nehme sie (wörtlich: einverstanden).

5 Sonderangebote
(V = Verkäuferin, S = Simone)

V: Ich habe zur Zeit Sonderangebote. Sie bekommen (wörtlich: Sie haben) 10% auf die Weine – mm – und die Fruchtsäfte.
S: Haben Sie – mm – Orangensaft?
V: Orangensaft, ja.
S: Ja. Einen Orangensaft und einen (Saft von) ...
V: Grapefruit-, Ananassaft ...
S: Mm – Ananassaft.

9 Un aller simple pour Nantes

Wegweiser

	Dialoge 1–2: Hören Sie sich die Dialoge an. Das Buch bleibt dabei geschlossen.
	Dialoge 1–2: Hören Sie jeden Dialog einzeln an, lesen Sie ihn im Buch und arbeiten Sie ihn dann durch.

Dialoge 3–5: Hören Sie sich die Dialoge bei geschlossenem Buch an.
Dialoge 3–5: Hören Sie jeden Dialog einzeln an, lesen Sie ihn im Buch und arbeiten Sie ihn dann durch.
Dialoge 6–7: Hören Sie sich die Dialoge bei geschlossenem Buch an.
Dialoge 6–7: Hören Sie jeden Dialog einzeln an, lesen Sie ihn im Buch und arbeiten Sie ihn dann durch.
Lernen Sie *Wichtige Wörter und Ausdrücke.*
Machen Sie die *Übungen.*
Arbeiten Sie die *Grammatik* durch.
Bearbeiten Sie den Abschnitt *Lesen und Verstehen.*
Lesen Sie den Abschnitt *Wissenswertes.*
Jetzt haben Sie das Wort.
Hören Sie sich alle Dialoge noch einmal ohne Buch an.
Machen Sie die *Wiederholungsübungen* zu Unités 7–9 (im Arbeitsbuch S. 215)

Lösungen

Übungen

Übung 1: (1) d Volltanken, bitte; (2) b Gibt es hier Toiletten? (3) f Können Sie den Reifendruck kontrollieren? (4) e Haben Sie Frankreichkarten? (5) c Kann man hier etwas zu trinken kaufen? (6) a Stört es Sie nicht?

Übung 2: (a) nächsten Freitag; (b) 2. Klasse; (c) Rückfahrkarte; (d) nein; (e) 10.09 Uhr; (f) Bordeaux; (g) 15.19 Uhr; (h) 69 €.

Lesen und Verstehen

(a) Sie schlafen und gewinnen Zeit; (b) in einem TEN-Schlafwagen (c) ja (d) Bettlaken, Seife und Handtücher (e) nein (f) Typ 5.

Wiederholung: *Unité* 7 bis 9

Übung 1: (a) consignes automatiques; (b) objets trouvés; (c) Bahnsteig A; (d) am Ausgang Chalon; (e) Diderot und Tour d'horloge; (f) Chalon.

Übung 4: (1) Je prends une grande valise. (2) Je mets la belle robe, la blouse blanche, la jupe bleue et la ceinture rouge. (3) Je prends aussi le petit sac, le chandail neuf, le pantalon noir et les chaussures grises.

Übersetzungen

Eine einfache Fahrt nach Nantes

1 Eine Flugbuchung
(E = Angestellte, J = Jeanne)

9 Un aller simple pour Nantes

E: An welchem Tag wollen Sie abfliegen?
J: Am nächsten Montag.
E: Also am 15. September.
J: Richtig.
E: Mm – brauchen Sie (wörtlich: ist das) eine Rückfahrkarte oder (nur den) Hinflug?
J: (Nur den) Hinflug.
E: O. K. Mm – in welcher Klasse reisen Sie?
J: Ach – in der zweiten, (nicht wahr).
E: In der Touristenklasse. Und wollen Sie von Roissy aus abfliegen oder von Orly?
J: Roissy, das ist Charles de Gaulle, nicht wahr?
E: Ja, genau.
J: Oh, Charles de Gaulle, ja.
E: Charles de Gaulle. Wollen Sie morgens oder nachmittags abfliegen?
J: Um die Mittagszeit.
E: Es gibt einen Flug, der mittags in Roissy abgeht und um 11.55 in London ankommt. Würde das gehen?
J: Ja, das passt mir gut, ja.

2 Verkehrsverbindungen
(M = Michel, E = Angestellte)

M: Und Bayeux, kann man es leicht erreichen?
E: Ja, (das ist) kein Problem –, es stehen Ihnen Züge und Busse zur Verfügung. Die Züge sind praktischer, nicht wahr, viel schneller und billiger (wörtlich: weniger teuer) als der Bus.

3 Am Fahrkartenschalter
(R = Robert, E = Angestellter)

R: Also für mich eine einfache Fahrkarte nach Soulac für morgen.
E: Souillac?
R: Soulac, Soulac in der Gironde.
E: Soulac, Soulac.
R: Es gibt dort bestimmt einen Bahnhof.
E: Soulac-sur-mer?
R: Ja, richtig.
E: Keine Ermäßigung, (mein Herr)?
R: Keine Ermäßigung, aber mit Reservierung. Kann man bis Bordeaux reservieren?
E: Ja, also das wird im Auskunftsbüro nebenan erledigt.
R: Gut.

4 Fahrplanauskunft
(R = Robert, E = Angestellte)

R: Ich möchte bitte gern die Abfahrtszeiten nach Nizza wissen.
E: Ja – für welchen Tag (ist das), (mein Herr)?
R: Nun, ich reise morgen.
E: Es gibt zwei Möglichkeiten: entweder reisen Sie tagsüber mit Umsteigen in Bordeaux oder Sie haben einen direkten Nachtzug.
R: Wenn es einen Direktzug gibt, so ist das günstiger.
E: Sie können dann also im Liegewagen reisen – der Preis beträgt 92 Euro.
R: Der Aufpreis für einen Liegewagenplatz ist nicht teuer.

5 Reservierung für den Liegewagen
(R = Robert, E = Angestellter)

R: Ich nehme den Zug morgen Abend nach Nizza.
E: Ich kann Ihnen Ihre Fahrkarte und Ihre Liegewagenreservierung gleichzeitig ausstellen.
R: Ach, das ist aber sehr gut.
E: Ein Liegewagenplatz zweite Klasse?
R: Ja, ja, ja in der zweiten Klasse.
E: Gut. Obere, untere (Liege) – haben Sie einen besonderen Wunsch?
R: Ach, ich ziehe es vor, oben zu liegen (wörtlich: zu sein).
E: Sie ziehen es vor, oben zu liegen. Gut.
R: In den Liegewagen sind es (doch) Nichtraucherabteile, hoffe ich?
E: Immer Nichtraucher.
R: Oh, das ist sehr gut.

6 Fahrkarten, Bahnsteige und Abfahrtszeiten
(F = Frau, E = Angestellter)

F: Eine einfache Fahrt nach Nantes, bitte.
E: Ja, da ist sie; 24, bitte.
F: Auf welchem Bahnsteig?
E: Also, Bahnsteig zwei, 12.21 Uhr.
F: Können Sie mir sagen, um welche Zeit ich heute Abend von Nantes zurückfahren kann?
E: Heute Abend, also Sie können um 17.34 Uhr abfahren (wörtlich: Sie haben eine Abfahrt …).
F: Ja, gut … Sehr gut.
E: (Ankunft) La Roche um 18.30 Uhr.

F: Danke.
E: Das war's. Guten Abend, (gnädige Frau).
F: Auf Wiedersehen.

7 An der Tankstelle
(B = Bernadette, P = Tankwart)

B: Gut, also volltanken.

P: Geht in Ordnung, (gnädige Frau) ... Fertig.
B: Können Sie auch den Ölstand kontrollieren?
P: Ja, natürlich. Also das ist am hinteren Teil des Wagens.
B: Und können Sie auch den Reifendruck kontrollieren?
P: Sicherlich. Stört es Sie nicht, sich (mit dem Auto) vor die Luftpumpe zu begeben? Danke.

10 Moi, je prends le menu

Wegweiser

	Dialog 1: Hören Sie sich den Dialog bei geschlossenem Buch an.
	Dialog 1: Hören Sie sich den Dialog noch einmal an, lesen Sie ihn im Buch und arbeiten Sie ihn durch.
	Dialoge 2–4: Hören Sie sich die Dialoge an. Das Buch bleibt dabei geschlossen.
	Dialoge 2–4: Hören Sie jeden Dialog einzeln an, lesen Sie ihn im Buch und arbeiten Sie ihn dann durch.
	Lernen Sie *Wichtige Wörter und Ausdrücke.*
	Machen Sie die *Übungen.*
	Arbeiten Sie die *Grammatik* durch.
	Bearbeiten Sie den Abschnitt *Lesen und Verstehen.*
	Lesen Sie den Abschnitt *Wissenswertes.*
	Jetzt haben Sie das Wort.
	Hören Sie sich alle Dialoge noch einmal ohne Buch an.

Lösungen

Übungen

Übung 1: (a) bouillabaisse, terrine und salade, dann volaille, filet de poisson und aloyau; (b) blutig; (c) Wein.

Übung 2: Bonsoir, Madame. Voici la carte./Je voudrais commander tout de suite, s'il vous plaît – je suis pressée./Très bien, Madame. Pour commencer?/Un pâté de campagne, s'il y en a./Oui, il y a du pâté de campagne./Ensuite un bifteck avec des pommes frites./Saignant? A point?/Bien cuit./Et comme dessert?/Pas de dessert, merci./Pas de dessert, mais à boire?/De l'eau minérale, non gazeuse./Très bien, Madame; on s'occupe de vous tout de suite.

Übung 3: (a) sandwichs 3 €; salade 5 €; assiette de charcuterie 6 €; assiette de fromage 4 €; ballon de vin du Tarn 2 €; pâtisserie 3 €; glace 4 €; (b) un sandwich au jambon, un ballon (*oder* un verre) de vin rouge et une pâtisserie (s'il vous plaît).

Übung 4: (a) richtig; (b) 20 € menu; (c) Zwiebelsuppe; (d) Fleisch; (e) Lammkotelett; (f) Blumenkohl; (g) Schokoladeneis, Vanilleeis, Äpfel, Trauben, Birnen; (h) richtig.

Grammatik

Aufgabe: (a) J'en ai trois. (b) J'en prends deux. (c) Il en mange. (d) Prenez-en! (e) J'en achète. (f) J'en suis sûr/sûre.

Lesen und Verstehen

(a) drei; (b) eine für das Eiweiß und eine für die Dotter; (c) in die Schüssel mit den Eidottern; (d) ¾ Tasse; (e) gut; (f) das Eiweiß schlagen, bis es steif ist; (g) schnell mit dem Schneebesen vermischen und in den Kühlschrank stellen.

Übersetzungen

Ich nehme das Menü

1 Eine Menübestellung
(C = Chantal, M = Marc, S = Kellnerin)

C: Gut, also das Menü zu 38: Ölsardinen mit Zitrone oder Landpastete. Dann gegrilltes Schweinekotelett mit Kräutern, zusammen mit Pommes frites oder gegrillte Schweinswürstchen und Pommes frites. Dann Käse oder Nachtisch. Oh, es ist gut, das da.

M: Ja.

C: Gut, was wählst du, Ölsardinen oder Landpastete?

M: Ich werde eine Pastete nehmen.

C: Also Pastete ... mm ... ich auch, Landpastete also ...

S: Einmal Pastete, einmal Sardinen, in Ordnung.

M: Nein, zweimal Pastete.

S: Zweimal Pastete – Verzeihung.

C: Dann nehme ich (wörtlich: werde ich nehmen) ein gegrilltes Schweinekotelett mit Kräutern.

M: Oh ja – ich auch.

C: Also, zwei gegrillte Schweinekoteletts.

S: Zwei Schweinekoteletts.

C: Aber gut gegrillt, nicht wahr?

S: Gut gegrillt, selbstverständlich.

C: Und dann werden wir sehen, ob wir Käse oder ein Eis nehmen?

M: Ich werde Käse nehmen ...

S: (Käse.)

M: ... mit einem Glas Wein.

S: Ja. Ich habe Ihnen die Weinkarte gegeben.

C: Uff ... werden wir ... einen Saint-Estèphe nehmen?

M: O ja.

C: Na gut ... – einen Château Marbuzet, bitte, 1976.

M: Ein 76er.

S: Es ist noch einer da.

C: Gut. Sehr gut. Danke.

S: Wir kümmern uns gleich um Sie.

2 Menü oder «à la carte»?
(M = Michel, C = Christian)

M: Gibt es hier in der Nähe ein gutes kleines Restaurant?

C: Man muss in das Nachbardorf fahren, wo es ein kleines, nicht teueres Restaurant gibt, das gerade – mm – ein Menü ausgibt, vor allem für die Leute, die vorbeikommen und es eilig haben.

M: Ein Menü oder ... kann man auch «à la carte» essen?
C: O nein, nein, nein. Nur das Menü, nicht wahr.
M: Sind die Getränke beim Menü inbegriffen?
C: Die Getränke sind im Menüpreis inbegriffen. Wenn man allerdings – mm – «à la carte» isst, muss man die Getränke extra bezahlen.

3 Was gibt es zu essen?
(B = Bernadette, M = Monique)

B: Was möchtest du gerne essen?
M: Also, was gibt es?
B: Sie haben croque-monsieur, wahrscheinlich belegte Brote mit Schinken ... mm ... Wurst, Schweinepastete, Käse ... Sie haben auch Obstkuchen nach Art des Hauses, Omelettes ...
M: Gibt es auch croque-madame?
B: Also croque-madame mit einem Ei, ist das richtig?
M: Ja, stimmt genau.

B: Also ich weiß nicht, ob sie croque-madame haben. Wir werden fragen, wir werden schon sehen.
M: Weil ich gern probieren möchte, wenn es welche gibt.
B: Einmal croque-madame.
M: Wenn es keine gibt, nehme ich einen croque-monsieur.
B: Gut.

4 Zwei recht unterschiedliche Mahlzeiten
(M = Michèle, J = Jean-Claude)

M: Und was hast du mittags gegessen?
J: Radieschen, ein Beefsteak und Blumenkohl. Und als Nachtisch einen Apfel.
M: Ich habe ein belegtes Brot zusammen mit einer Cola in einer Viertelstunde zu mir genommen.
J: Was?
M: Belegtes Brot, Coca-Cola in einer Viertelstunde, in solcher Eile war ich.

11 Qu'est-ce que vous aimez?

Wegweiser

Dialoge 1–7: Hören Sie sich die Dialoge an. Das Buch bleibt dabei geschlossen.
Dialoge 1–7: Hören Sie sich jeden Dialog einzeln an, lesen Sie ihn im Buch und arbeiten Sie ihn dann durch.
Dialoge 8–11: Hören Sie sich die Dialoge bei geschlossenem Buch an.
Dialoge 8–11: Hören Sie jeden Dialog einzeln an, lesen Sie ihn im Buch und arbeiten Sie ihn dann durch.
Lernen Sie *Wichtige Wörter und Ausdrücke*.
Machen Sie die *Übungen*.
Arbeiten Sie die *Grammatik* durch.

11 Qu'est-ce que vous aimez?

Bearbeiten Sie den Abschnitt *Lesen und Verstehen.*
Lesen Sie den Abschnitt *Wissenswertes.*
Jetzt haben Sie das Wort.
Hören Sie sich noch einmal alle Dialoge ohne Buch an.

Lösungen

Übungen

Übung 1: (a) −; (b) −; (c) +; (d) −; (e) +; (f) +; (g) −; (h) +; (i) +; (j) −; (k) +.

Übung 2: (a) mag sehr; (b) mag nicht; (c) verabscheut; (d) mag; (e) mag; (f) mag sehr; (g) mag nicht; (h) verabscheut; (i) mag sehr; (j) mag; (k) mag sehr.

Übung 3: belle/quelque chose/hiver/la nuit/monuments/Eiffel/Arc/Notre/aller/théâtre/libre.

Grammatik

Aufgabe 1: (a) ma; (b) mes; (c) mon; (d) mes; (e) mon.

Aufgabe 2: (a) était; (b) étaient; (c) étais; (d) étions; (e) était; (f) étiez.

Lesen und Verstehen

(a) Défense de fumer; (b) Défense de stationner; prière de ne pas stationner; (c) l'accès de la mairie annexe est interdit aux chiens; (d) Entrée interdite; (e) Passage interdit; (f) Défense d'afficher.

Übersetzungen

Was haben Sie gern?

1   Elise mag Süßigkeiten

Elise: Ich mag gern Kaugummis und dann mag ich noch gern Lutscher.

2   Martin mag beinahe alles

Martin: In der französischen Küche mag ich alles ... in der deutschen Küche fast alles, außer Würste.

3   Fabienne isst sehr gern Reis

Fabienne: Ich mag – mm – sehr gern Reis, Kartoffeln, rote Früchte: Erdbeeren, Himbeeren, Kirschen ... – Mm – Bananen und Orangen, Früchte, die man im Winter isst, mag ich nicht sehr.

4   Lisette bevorzugt trockene Weine

Lisette: Ich verabscheue die süßen Weine – mir wird übel davon. Ich ziehe die trockenen Weine vor.

5   Lieblingsspeisen von Anne

Anne: Ich mag furchtbar gern die gehaltvollen Gerichte, wo es viele (verschiedene) Sachen zu essen gibt, wie Paella, Couscous, Lasagne, Cassoulet. Ich verabscheue Innereien. Ich mag alle Fleischsorten sehr gern. Ich mag sehr gern Backwaren. Ich verabscheue alkoholische Getränke und Weine.

6   Süß und salzig? Nein danke

Guylaine: Ich mag viele Sachen gern, außer der Mischung von Salzigem und Süßem. Es fällt mir sehr schwer (wörtlich: das ist sehr schwierig), z. B. Fleisch mit Früchten zusammen zu essen, ansonsten mag ich Fleisch.

7   Ein Feinschmecker

Henri: Ich esse gern und trinke vor allem gern. Ich mag natürlich Fleisch, aber Fisch ist mir lieber. Ich mag auch Meeresfrüchte: Austern, Langusten, Hummer ... Zu Krustentieren trinkt man in Frankreich Weißwein.

8 Mein Dorf
(M = Marie-Odile, J = Jeanne)

M: In diesem Dorf gibt es eine Kirche aus dem 11. Jahrhundert, ein Cafe -mm- viele neue Häuser, einige Bauernhöfe, viele Felder, eine Eisenbahnlinie . . .

J: Gefällt es Ihnen hier?

M: O ja, sehr gut. Ich habe die Kühe als Nachbarinnen.

9 Mein Geburtsort

Michèle: Ich bin in Paris geboren. Paris ist mein Geburtsort. Es ist schön (dort) und obendrein ist man frei – man ist vollständig frei in Paris. Das ist eine sehr schöne Stadt. Man kann immer etwas unternehmen (wörtlich: es gibt immer etwas zu tun), und deshalb ist es interessant.

10 Die Anonymität der Großstadt

Jean-Claude: Ich liebe Paris. Ich fühle mich anonym. Niemand kennt mich und niemand will wissen, wer ich bin.

11 Eine musikalische Familie

Michèle: Alle waren Musiker. Der Vater ist es von Beruf, die Mutter war sehr, sehr musikalisch, und die Töchter waren auch sehr musikalisch. Das war dann sehr angenehm, weil . . . wir alle zusammen Musik machten . . . und mit meinen musikalischen Freunden aus dem Gymnasium auch.

12 Quel temps fait-il?

Wegweiser

	Dialoge 1–5: Hören Sie sich die Dialoge an. Das Buch bleibt dabei geschlossen.
	Dialoge 1–5: Hören Sie jeden Dialog einzeln an, lesen Sie ihn im Buch und arbeiten Sie ihn durch.
	Dialoge 6–7: Hören Sie sich die Dialoge bei geschlossenem Buch an.
	Dialoge 6–7: Hören Sie jeden Dialog einzeln an, lesen Sie ihn im Buch und arbeiten Sie ihn dann durch.
	Lernen Sie *Wichtige Wörter und Ausdrücke.*
	Machen Sie die *Übungen.*
	Arbeiten Sie die *Grammatik* durch.
	Bearbeiten Sie den Abschnitt *Lesen und Verstehen.*
	Lesen Sie den Abschnitt *Wissenswertes.*
	Jetzt haben Sie das Wort.

12   Quel temps fait-il?

Hören Sie sich alle Dialoge noch einmal ohne Buch an.
Machen Sie die *Wiederholungsübungen* zu Unités 10–12 (im Arbeitsbuch S. 216)

Lösungen

Übungen

Übung 1: avril... renseignements... plaît... normalement... cher... comme... il y a... plan... où... manger.

Übung 2: (a) angenehm, nicht sehr heiß, es regnet manchmal; (b) in der Nähe seines Hauses, sauber, und er kennt die Besitzerin; (c) 28–16–98 (d) Strand, Museum, zwei oder drei Diskotheken, Schwimmbad; (e) sein Haus, das Hôtel de la Poste und zwei Restaurants, die er empfehlen kann; (f) am Freitag, dem 17. oder Samstag, dem 18. April.

Übung 3: (a) 24 km; (b) sandig; (c) nein; (d) ja; (e) 4000; (f) nein; (g) Casino, Kino, Restaurants, Cafes, Kirchenbesichtigung.

Grammatik

Aufgabe: (a) il fait du brouillard; (b) il pleut; (c) il fait du vent; (d) il fait froid; il neige; (e) il fait beau; il fait chaud; le soleil brille.

Lesen und Verstehen

(a) a. südliche Richtung; (a) b. südwestliche Richtung; (b) Paulx; (c) Paulx; (d) Notre Dame de la Marne; (e) das château de la Caraterie, die Kirche und die Skulpturen in der Kapelle; (f) Milch, Rindfleisch und ein guter Qualitätswein.

Wiederholung: *Unité* 10 bis 12

Übung 1 – Kreuzworträtsel

Waagrecht: (3) glace; (7) pas mal de; (9) née; (10) pâtisserie; (14) te; (15) mes; (16) horreur; (17) toi; (18) plus; (19) vent; (20) tire; (22) un; (25) été; (26) évite; (27) chemin; (31) nage; (34) s'il; (36) éclaircies; (37) en a.
Senkrecht: (1) là; (2) là; (3) gens; (4) adore; (5) ensemble; (6) menus; (7) proche; (8) supérieure; (11) trente; (12) surtout; (13) était; (18) province;

(21) sec; (23) ne; (24) étage; (25) en; (28) hein; (29) pain; (30) clé; (32) ai; (33) est; (34) se; (35) la.

Übung 2: (1) ton; (2) ta; (3) ma; (4) ma; (5) nos – nos; (6) ton – mon.

Übersetzungen

Wie ist das Wetter?

1   Wo lebt es sich besser?

Jacques: Insgesamt bekommen (wörtlich: haben) die Pariser etwas höhere Löhne ... als die Leute in der Provinz, aber sie leben ... stressiger. Die Zeit ist sehr kostbar in Paris, während man ... in der Provinz -mm- vielleicht ein bisschen mehr Zeit zum Leben hat. Die Lebensqualität ist vielleicht höher -mm- in der Provinz.

2   Das Leben in la Roche-sur-Yon

Denise: Es ist sehr ruhig. Es ist nicht viel los, aber die Stadt ist sehr angenehm, weil die Leute im Allgemeinen nett sind, einfach geblieben sind und die Kaufleute sehr liebenswürdig sind – ja – und das Leben ist noch nicht allzu teuer ... nun – das geht schon. Sonntags bleiben die Leute nicht in la Roche, weil das Meer sehr nahe ist; also sie verbringen ihren Sonntag in Sables d'Olonne oder (woanders) an der Küste.

3   Der Badeort Soulac-sur-Mer

Claire: Jetzt wird es hier ein bisschen überfüllt – es sind ein bisschen zu viele Leute da. Nun, es bleibt ein ungefährlicher Strand, ein schöner Sandstrand -mm-, wo das Klima angenehm, der Strand sauber und das Meer nicht gefährlich ist, nicht so sehr ...

4   Der Wiederaufbau von Caen

Michel: Nun, das ist eine sehr alte Stadt, die restauriert worden ist und nach allgemeiner Ansicht gut restauriert worden ist, weil gleichzeitig noch interessante Sehenswürdigkeiten und dann auch noch ein Wiederaufbau vorhanden ist, der gut gelungen ist.

5 Eine alte Stadt

Marie-Louise: Die Stadt Senlis ist eine interessante Stadt, denn sie ist sehr alt. Es gibt eine Kathedrale und römische Befestigungsanlagen, es gibt ziemlich viele ... mittelalterliche Häuser ...

6 Wie ist das Wetter?
(J = Jeanne, M = Michel)

J: Wie ist hier normalerweise das Wetter?
M: Nun, Sie sehen, in diesen Sommerwochen ist das Wetter angenehm – es ist ziemlich warm, und es ist dennoch immer windig.

7 Scherzhafte Wettervorhersage
(A = Anne, G = Guylaine)

A: Guylaine, wie wird das Wetter deiner Ansicht nach morgen?
G: Ich werde dir die Wettervorhersage für Frankreich liefern (wörtlich sagen). In der Bretagne wird regnerisches Wetter vorhergesagt, weil es in der Bretagne immer regnet. Im Südwesten wolkig, weil es oft Wolken im Südwesten gibt. An der Côte d'Azur sonnig, weil die Sonne (dort) immer scheint. Im Zentralmassiv Schauer, weil es viel regnet. In den Alpen Aufheiterungen, zwischen zwei Wolken. In der Gegend von Paris Nebel – es gibt immer Nebel in der Gegend von Paris. Und im Norden Frankreichs Aufheiterungen – zwischen zwei Schneeflocken!

13 Vous habitez où?

Wegweiser

	Dialoge 1–4: Hören Sie sich die Dialoge an. Das Buch bleibt dabei geschlossen.
	Dialoge 1–4: Hören Sie jeden Dialog einzeln an, lesen Sie ihn im Buch und arbeiten Sie ihn dann durch.
	Dialoge 5–7: Hören Sie sich die Dialoge bei geschlossenem Buch an.
	Dialoge 5–7: Hören Sie jeden Dialog einzeln an, lesen Sie ihn im Buch und arbeiten Sie ihn dann durch.
	Lernen Sie *Wichtige Wörter und Ausdrücke.*
	Machen Sie die *Übungen.*
	Arbeiten Sie die *Grammatik* durch.
	Bearbeiten Sie den Abschnitt *Lesen und Verstehen.*

13   Vous habitez où?

Lesen Sie den Abschnitt *Wissenswertes*.
Jetzt haben Sie das Wort.
Hören Sie sich alle Dialoge noch einmal ohne Buch an.

Lösungen

Übungen

Übung 1: (a) l'entrée; (b) la salle à manger; (c) une chambre; (d) un placard; (e) le salon/la salle de séjour; (f) une chambre; (g) la salle de bains; (h) les toilettes; (i) la cuisine.

Übung 2: (a) L'appartement a quatre pièces – vrai; (b) la salle à manger est à côté du salon – faux; (c) Le placard est ouvert – vrai; (d) Les toilettes sont dans la salle de bains – faux; (e) La salle à manger est plus grande que le salon – faux; (f) Une des chambres est plus grande que l'autre – vrai; (g) C'est une vraie salle de bains avec une baignoire – vrai; (h) La cuisine est en face de la salle à manger – vrai.

Übung 3: (a) in einem Haus (b) fünf (c) drei (e) einen Keller und einen Speicher.

Grammatik

Aufgabe: avons passé... avons visité... avons vu... avons acheté... avons admiré... ai perdu... ai fini... avons fait... ont joué... ont compris... ont écrit.

Lesen und Verstehen

(a) als Ingenieur; (b) ja; (c) sie sind nicht geflogen; (d) sein Flugzeug flog 8 Minuten und 24 Sekunden; (e) die Daily Mail's bot demjenigen, dem dies als Erstem gelingen würde, 1000 Pfund. (f) nein; (g) neblig; (h) am Schloss; (i) ja, leicht; (j) nein.

Übersetzungen

Wo wohnen Sie?

1   Wie ist dein Haus?
(J = Jeanne, D = Denise)

J: Wie ist das Haus?
D: Im Erdgeschoss ist eine Eingangshalle, das Büro meines Mannes, zwei Zimmer, ein Waschraum, Toilette, Wandschränke zum Verstauen, und im ersten Stock haben wir die Küche, das Wohnzimmer, das Bad, drei Zimmer, einen Abstellraum und eine Toilette.

2   Michel hat eine 4-Zimmer-Wohnung

Michel: Ich habe eine 4-Zimmer-Wohnung: ein Zimmer im Erdgeschoss, das mir beruflich als Büro dient (wörtlich: das mein Berufsbüro ist) und drei Zimmer im ersten Stock: Wohnzimmer und zwei Schlafzimmer.

3   Der Speicher ist zur Zeit leer

Barbara: Wir haben -mm- ein kleines Häuschen. Wir haben ein großes Wohnzimmer, worin ... ein Teil Wohnzimmer und ein Teil Esszimmer ist. Es gibt eine Küche. Jeder hat sein (eigenes) Zimmer, und es gibt auch ein Gästezimmer und Bäder ... Und wir haben auch einen Speicher, der im Augenblick leer ist, weil ... wir ihn saubermachen müssen – und auch einen Keller, wo man Dinge unterbringen kann ... Konserven ... bestimmte ähnliche Sachen.

4   Wo wohnst du, Sylvie?
(J = Jeanne, S = Sylvie)

J: Wo wohnst du?
S: In Paris, im zwölften (Bezirk), eine Viertelstunde von meiner Arbeit entfernt.
J: Und du hast eine Wohnung?

S: Ein Appartement im achten Stock mit, wenn es schön ist, einem wunderbaren Himmel.
J: Ein Appartement, was ist das?
S: Es ist im Allgemeinen ein einziger Raum, aber ich habe das Glück, eine richtige Küche zu haben und nicht (nur) einen Wandschrank, der als Küche dient, einen Waschraum, der kein Badezimmer ist, weil es keine Badewanne gibt und Toilette.

5   Ein Geschenk für Pierre-Yves
(N = Nadine, P = Pierre-Yves)

N: Wem gehört das?
P: Mir.
N: Wer hat dir das gegeben?
P: Mm-Fafanie.
N: Ist das ein Geschenk?
P: Ja.
N: Stéphanie ist aber nett, hm?
P: Ja.
N: Hast du dich bei Stéphanie bedankt?
P: Hm – danke.

6   Direktflug nach Abidjan

Michel: Mm – ich habe Caen mit dem Zug verlassen, bis Paris. In Paris habe ich das Flugzeug genommen, am Flughafen Roissy-Charles de Gaulle, einen Direktflug nach Abidjan, der Hauptstadt der Elfenbeinküste. Dort in Abidjan habe ich die Inlandfluglinien nicht benutzen können. Ich habe den Bus genommen.

7   Welche Sprachen hast du gelernt?
(M = Monique, B = Bernadette)

M: Mit welcher Sprache hast du angefangen?
B: Zuerst habe ich Deutsch gelernt – -mm- im Alter von elf Jahren in der Schule – damals gab es keine Tonbandgeräte! Und dann später Englisch, und dann später habe ich auch Italienisch gelernt, aber -mm-, während ich in Italien lebte.
M: Wie viel -mm- Jahre hast du in Italien gelebt?
B: Also in Italien habe ich zehn Jahre gelebt, und dort habe ich Italienisch gelernt.

14 Qu'est-ce que tu vas faire?

Wegweiser

	Dialoge 1–3: Hören Sie sich die Dialoge an. Das Buch bleibt dabei geschlossen.
	Dialoge 1–3: Hören Sie jeden Dialog einzeln an, lesen Sie ihn im Buch und arbeiten Sie ihn dann durch.
	Dialoge 4–5: Hören Sie sich die Dialoge bei geschlossenem Buch an.
	Dialoge 4–5: Hören Sie jeden Dialog einzeln an, lesen Sie ihn im Buch und arbeiten Sie ihn dann durch.
	Lernen Sie *Wichtige Wörter und Ausdrücke*.
	Machen Sie die *Übungen*.

14   Qu'est-ce que tu vas faire?

Arbeiten Sie die *Grammatik* durch.
Bearbeiten Sie den Abschnitt *Lesen und Verstehen*.
Lesen Sie den Abschnitt *Wissenswertes*.
Jetzt haben Sie das Wort.
Hören Sie sich alle Dialoge noch einmal ohne Buch an.

Lösungen

Übungen

Übung 2: (1) Je vais me lever. (2) Je vais faire ma toilette. (3) Je vais préparer le/mon petit déjeuner. (4) Je vais prendre mon petit déjeuner. (5) A huit heures dix. (6) A huit heures vingt-cinq. (7) Je suis médecin.

Übung 3: Merci... gentille... allons... rentrer... venir... a... ont-ils... quitter... loin... 28... vers... va... arriver... plus tard... vol... demander... cher... rencontrer... besoin... prendre... chez.

Grammatik

Aufgabe 1: (a) son; (b) son; (c) ses; (d) sa; (e) sa; (f) son; (g) ses.

Aufgabe 2: (a) leur; (b) leur; (c) leurs; (d) leurs; (e) leur.

Lesen und Verstehen

(a) morgen früh; (b) Koffer packen; (c) 2 Wochen; (d) ja; (e) nein; (f) Rossini; (g) am Freitag; (h) in eine Bar; (i) nein; (j) seine Socken.

Jetzt haben Sie das Wort

Nummer 3 (1) Comment vous appelez-vous? (2) Qu'est-ce que vous aimez comme sports? (3) Et vous allez souvent au cinéma et au théâtre? (4) Quels pays avez-vous visités? (5) Et quels pays est-ce que vous voulez visiter? (6) Pour aller en France, quel est le moyen de transport que vous préférez? (7) Qu'est-ce que vous allez faire pendant les vacances? (8) Que pensez-vous de la langue française?

Übersetzungen

Was willst du machen?

1   Was willst du werden?
(J = Jeanne, I = Isabelle)

J: Was möchtest du werden? (Wörtl. Was hoffst du also im Leben zu tun?)

I: Ich hoffe Journalistin zu werden, Reportagen im Ausland zu machen über -mm- das Zeitgeschehen.

J: Und was willst du machen, um Journalistin zu werden?

I: Ich werde Lehrgänge machen -mm- in einer Schule -mm- in Paris.

J: Wann denn?

I: In einem oder zwei Jahren, nach meiner Lizentiatenprüfung an der Universität.

2   Was hast du morgen vor?

Christian: Also morgen früh werde ich, wie gewöhnlich, ganz früh aufstehen. Ich werde -mm- mich waschen und anziehen. Ich werde -mm- einen Kollegen abholen, der nicht weit von hier wohnt. Ich werde -mm- ihn zu seiner Arbeit mitnehmen, bevor ich zu meiner Arbeit zurückkehre, die sich -mm- in derselben Stadt, aber ungefähr fünf Kilometer entfernt befindet.

3   Christian hat eine neue Arbeitsstelle
(C = Christian, J = Jeanne)

C: Also nach den Ferien -mm- werde ich den Arbeitsplatz wechseln. Ich werde tatsächlich -mm- eine Arbeit am einen Ende der Stadt gegen einen Arbeitsplatz auf der anderen Seite der Stadt eintauschen.

14   Qu'est-ce que tu vas faire?

J: Und was werden Sie an diesem neuen Arbeitsplatz machen?

C: Ich werde für ein -mm- Bürgerhaus verantwortlich sein, das das... Freizeitzentrum des Viertels ist – ein Ort, an dem sich alle Leute treffen können, um -mm- dort verschiedene Verwaltungs-, Sozial- und Ärztedienste anzutreffen – um zu diskutieren, um -mm- ein Gläschen zu trinken – oder um sich zu zerstreuen.

4 Claire ist sehr beschäftigt

Claire: Sie fragen mich, was ich in Paris machen will, wenn ich nach Paris zurückkehren werde? Also, was werde ich tun? Ich werde zunächst den Zug nehmen und, zu Hause angekommen, -mm- habe ich dort viele Sachen zu erledigen, weil mein Sohn wieder zur Schule gehen wird. Dann werde ich mit ihm in die großen Geschäfte gehen, um -mm- das zu kaufen, was ihm an Kleidungsstücken fehlt. Ich werde -mm- seine Bücher und Hefte

vorbereiten, da ist schon ganz schön was zu tun... Und dann habe ich persönlich noch ein anderes Problem: Ich muss eine neue Wohnung für mich finden. Also werde ich suchen, ich werde (Wohnungen) besichtigen, ich werde Stockwerke erklimmen, ich werde Agenturen ... Immobilienbüros anrufen, die mich bestellen werden, und ich werde Straßen besichtigen, auf und ab gehen -mm-, um die Wohnungen zu vergleichen.

5 Wie alt bist du?
(N = Nadine, P = Pierre-Yves)

N: Wie alt bist du?
P: ...
N: Wie alt bist du?
P: ...
N: Wie alt bist du?
P: Zwei!
N: Zwei Jahre.
P: Zwei Jahre.

15 Nous sommes arrivés

Wegweiser

	Dialoge 1–3: Hören Sie sich die Dialoge an. Das Buch bleibt dabei geschlossen.
	Dialoge 1–3: Hören Sie jeden Dialog einzeln an, lesen Sie ihn im Buch und arbeiten Sie ihn dann durch.
	Dialoge 4–5: Hören Sie sich die Dialoge bei geschlossenem Buch an.
	Dialoge 4–5: Hören Sie jeden Dialog einzeln an, lesen Sie ihn im Buch und arbeiten Sie ihn durch.
	Lernen Sie *Wichtige Wörter und Ausdrücke*.
	Machen Sie die *Übungen*.
	Arbeiten Sie die *Grammatik* durch.

15 Nous sommes arrivés

Bearbeiten Sie den Abschnitt *Lesen und Verstehen.*
Lesen Sie den Abschnitt *Wissenswertes.*
Jetzt haben Sie das Wort.
Hören Sie sich alle Dialoge noch einmal ohne Buch an.
Machen Sie die *Wiederholungsübungen* zu Unités 13–15 (im Arbeitsbuch S. 218).

Lösungen

Bevor Sie anfangen

A Pâques j'ai visité Paris. J'ai vu la Tour Eiffel. J'ai pris le métro. J'ai parlé français tous les jours. Tout le monde a compris mon français.

Übungen

Übung 1: (a) weil sie in diesem Jahr mehrmals Urlaub machen konnte; (b) im Juli; (c) einen Monat; (d) mit ihrem Ehemann; (e) spazieren gehen und bergsteigen; (f) in Soulac.

Übung 2: Hier/parti/vélo/allé/tour/centaine/endroit/accident/tombé/s'est cassé/a/presque/conduit/hôpital.

Übung 3: (a) Skiurlaub; (b) nach England; (c) in Birmingham; (d) Weihnachten; (e) am 2. Januar; (f) in London; (g) um 18 Uhr; (h) am nächsten Morgen; (i) um 9 Uhr; (j) er rutschte im Schnee aus und brach sich das Bein; (k) 10 Tage; (l) im Hotel; (m) er hätte einen Skiunfall gehabt; (n) dass Skifahren weniger gefährlich ist, als das englische Klima!

Grammatik

Aufgabe: (a) il est arrivé; (b) elle est entrée; (c) nous sommes venu(e)s; (d) je suis resté(e); (e) tu es descendu(e); (f) il est né; (g) elle est sortie; (h) ils sont montés.

Lesen und Verstehen

(a) am ersten des Monats; (b) in Buchhandlungen; (c) von 12–14 Uhr; (d) nein; (e) Tourneeveranstaltungen, Konzerte, Treffen; (f) Kirchen; (g) im Städtischen Museum, in Jungarbeiterheimen und in soziokulturellen Zentren; (h) ja; (i) nein; (j) nichts.

Wiederholung: *Unité* 13 bis 15

Übung 1: (1) i.; (2) g.; (3) e.; (4) j.; (5) c.; (6) d.; (7) b.; (8) a.; (9) g.; (10) h.

Übung 2: vous allez jouer; vous avez joué/nous allons voir; nous voyons/tu manges; tu as mangé/elle va préparer; elle prépare/elle monte; elle est montée/tu vas descendre; tu es descendu(e)/tu vas tomber; tu es tombé(e)/il va écrire; il a écrit/ils vont sortir; ils sont sortis/elle vient; elle est venue/il va avoir; il a eu.

Übersetzungen

Wir sind angekommen

1 Eine Reise nach Korsika

Isabelle: Also ich bin abgereist -mm- über -mm- Nizza, und ich habe die Autofähre bis Bastia genommen. Wir sind bis Calvi gereist. Ich bin nach Ajaccio gefahren. Ich habe das ... Napoleonmuseum ... besichtigt, ich habe alle Sehenswürdigkeiten der Stadt gesehen. Und dann bin ich nach Calvi zurückgekehrt. Ich habe Tennis gespielt und bin geschwommen. Das Wetter war sehr schön.

2 Wie habt ihr den gestrigen Tag verbracht?

Barbara: -Mm- gestern -mm- haben wir ein bisschen -mm- mit unseren Nachbarn zu Hause gespielt. Danach -mm- sind wir zusammen -mm- ins

Schwimmbad gegangen. Wir haben gespielt, wir sind geschwommen, wir sind um die Wette gelaufen. Danach -mm- haben wir ein kleines Getränk zu uns genommen (wörtlich: sind wir gegangen, ein kleines Getränk zu trinken), weil... wir Durst hatten. Und danach -mm- haben wir versucht, einen Platz zum Tennisspielen zu bekommen, aber es ist uns nicht gelungen (wörtlich: wir haben nicht gekonnt). Dann haben wir unsere Räder genommen... wir haben eine große Rundfahrt durch den Wald gemacht... und... danach -mm- sind wir nach Hause zurückgekehrt.

3 Mit dem Segelschiff unterwegs

Brigitte: -Mm- ich bin mit dem Segelschiff nach Marokko gefahren. Wir sind in Frankreich -mm- Ende Juli mit dem Schiff abgereist und sind -ehm- fünf Tage später in Spanien angekommen. Wir sind wieder abgefahren, aber wir mussten wieder in Spanien einen Hafen anlaufen -mm- ungefähr hundert Kilometer weiter. Und ... dort ist es uns gelungen, günstigere Winde zu bekommen und ... wir sind direkt nach Casablanca in Marokko gefahren.

4 Ein Motorradunfall
(J = Jean Claude, M = Michèle)

J: Und dein Chef? Du hast mir gesagt, dass er einen Motorradunfall gehabt hat ...

M: O ja, das ist jetzt so Mode! Er hat einen Motorradunfall gehabt. Also, er ist gefallen; er hat sich den Ellbogen gebrochen, in mehrere Stücke; man hat ihn ins Krankenhaus gebracht, und man hat ihn sofort operiert.

J: Und sein Motorrad?

M: Es ist vollständig kaputt. Er war dann gezwungen..., ein Taxi zu nehmen und -mm- in Paris mit einem herunterhängenden Arm anzukommen, bevor er einen Arzt konsultierte. Das war wirklich eine Katastrophe! (nicht wahr)

5 Ferien an der Côte d'Azur

Michèle: Also diesen Sommer bin ich in den Ferien an die Côte d'Azur gefahren, zu Freunden, und ich habe die Gelegenheit benutzt, um ein wenig die... Côte d'Azur anzuschauen, die zu den schönsten Flecken Frankreichs zählt. Wir sind natürlich fast jeden Tag zum Strand gegangen, aber wir haben den Strand gewechselt. Wir haben also eine Menge Orte besucht, und weniger frequentierte Orte als... als die großen Strände, die überfüllt sind. Und dann -mm- derzeit ist es Mode an der Côte d'Azur -mm- sind wir, wie alle, gesurft, und wir haben miteinander diese Strandtennisspiele gespielt, die dem Tennisspiel ähneln, aber unterenwickelter Tennis sind. Und dann haben wir noch in kleinen Restaurants am Strand gegessen, in kleinen, sehr einfachen Restaurants... und -em- das war wirklich sehr angenehm.

15 Nous sommes arrivés

Kurzgrammatik

Dieser Abschnitt soll Ihnen den Überblick über den in den einzelnen Unités behandelten Grammatikstoff erleichtern. Außerdem werden grammatikalische Grundbegriffe erläutert sowie wichtige Funktionen besprochen, die im Textteil nur am Rande gestreift werden konnten. Bei speziellen Problemen sollten Sie die ausführlicheren Erklärungen im Grammatik- oder Dialogteil nachschlagen oder auch eine allgemeine französische Grammatik zu Rate ziehen.

Substantive (Hauptwörter)

Das Substantiv bezeichnet Lebewesen (z. B. *secrétaire* – Sekretär/in; *enfant* – Kind; *chat* – Katze), unbelebte Gegenstände (z. B. *train* – Zug; *gare* – Bahnhof) und Begriffe (z. B. *départ* – Abfahrt). Die französischen Substantive sind maskulin (männlich) oder feminin (weiblich) und können einen bestimmten oder unbestimmten Artikel (Begleiter) mit sich führen.

Der bestimmte Artikel lautet im Singular vor maskulinen Substantiven **le** und vor femininen Substantiven **la** (*le taxi* – das Taxi; *le fils* – der Sohn; *la pomme* – der Apfel; *la fille* – die Tochter). Beginnt das Substantiv mit einem Vokal (Selbstlaut) oder einem stummen h, werden *le* oder *la* zu *l'* verkürzt (*l'enfant* (m.) – das Kind; *l'heure* (f.) – die Stunde). Im Plural (Mehrzahl) steht **les** für beide Geschlechter (*les taxis* – die Taxis; *les fils* – die Söhne; *les pommes* – die Äpfel; *les filles* – die Töchter/die Mädchen; *les enfants* – die Kinder; *les heures* die Stunden).

Im Singular lautet **der unbestimmte Artikel** vor maskulinen Substantiven **un**, vor femininen Substantiven **une**, im Plural vor beiden Geschlechtern **des** (*un taxi* – ein Taxi; *une pomme* – ein Apfel; *des taxis* – Taxis; *des pommes* – Äpfel).

Siehe dazu auch *Unité 1, 2* und *3*, S. 21, 35 und 48.

Das Französische verfügt noch über einen weiteren Artikel, den wir im Deutschen nicht kennen, den **Teilungsartikel: du, de la, de l'** und **des**. Er besteht aus der Präposition *de* und dem bestimmten Artikel und bezeichnet einen nicht näher bestimmten Teil aus einer Menge zählbarer oder messbarer Dinge (*avoir du courage* – Mut haben; *avoir de la chance* – Glück haben; *chercher de l'eau* – Wasser holen; *acheter des oranges* – Orangen kaufen; *consulter des dictionnaires* – Wörterbücher zu Rate ziehen). Es besteht im Plural kein Unterschied zwischen dem unbestimmten Artikel und dem Teilungsartikel.

Flexion (Beugung)

Bei den meisten Substantiven wird im Plural (Mehrzahl) ein **-s** angefügt. Merken Sie sich aber bitte die folgenden vier Ausnahmen:

1. Diejenigen Substantive, die im Singular (Einzahl) auf **-s, -x** oder **-z** enden, ändern sich im Plural nicht, z. B.

le fils	der Sohn	*les fils*	die Söhne
le choix	die Wahl	*les choix*	die Wahlmöglichkeiten
le nez	die Nase	*les nez*	die Nasen

2. Die -Singularendung **-eau** wird im Plural zu **-eaux**, z. B.

le seau	der Eimer	*les seaux*	die Eimer
le tableau	das Bild	*les tableaux*	die Bilder

3. Die Singularendung **-al** wird im Plural zu **-aux**, z. B.

le journal	die Zeitung	*les journaux*	die Zeitungen
le cheval	das Pferd	*les chevaux*	die Pferde

4. Die Singularendung **-eu** wird im Plural zu **-eux**, z. B.

le jeu	das Spiel	*les jeux*	die Spiele
le cheveu	das Haar	*les cheveux*	die Haare

Adjektive (Eigenschaftswörter)

Das Adjektiv beschreibt ein Substantiv oder Pronomen (Fürwort) näher. Es richtet sich im Französischen sowohl in attributiver (dem Substantiv beigefügter) als auch in prädikativer (zur Satzaussage gehörender) Stellung in Geschlecht und Zahl nach seinem Beziehungswort. Das Femininum wird durch Anhängen eines **-e** gebildet, falls das Adjektiv nicht schon im Maskulinum auf **-e** endet. Im Plural wird an die maskuline oder feminine Form ein **-s** angehängt.

le chien noir	der schwarze Hund
la grande boîte	die große Schachtel
le garçon est grand	der Junge ist groß
elle est grande aussi	sie ist auch groß

Merken Sie sich für die Femininbildung bitte außerdem:

1. Wenn das Maskulinum auf **-er** endet, lautet die Endsilbe beim Femininum **-ère**, z. B. *cher, chère; premier, première.*

2. Wenn das Maskulinum auf **-eux** endet, lautet die Endsilbe beim Femininum **-euse**, z. B. *heureux, heureuse* (glücklich).

3. Wenn das Maskulinum auf **-f** endet, lautet die Endsilbe beim Femininum **-ve**, z. B. *neuf, neuve* (neu).

4. Wenn das Maskulinum auf **-el, -en, -et** oder **-on** endet, verdoppelt sich der Endkonsonant (Mitlaut), z. B. *visuel, visuelle* (visuell); *ancien, ancienne; net, nette* (klar, rein); *bon, bonne.*

Unregelmäßige Adjektive

beau, bel (m. Sg. vor einem Vokal z. B. *bel ami*), *belle*
nouveau, nouvel (m. Sg. vor einem Vokal), *nouvelle*
vieux, vieil (m. Sg. vor einem Vokal), *vieille*
blanc, blanche
sec, sèche
gentil, gentille
gros, grosse
bas, basse (niedrig)

Verb (Zeitwort)

Das Verb beschreibt eine Handlung oder einen Zustand, z. B. er geht; ich bin; sie spielt.
In den Wörterbüchern sind immer die Infinitive (Grundformen) des Verbs angegeben, z. B. *jouer* – spielen; *être* – sein. Es gibt drei Hauptgruppen von regelmäßigen Verben:

1. mit der Infinitivendung **-er**, z. B. *parler, donner*

2. mit der Infinitivendung **-re**, z. B. *attendre* (warten), *vendre*

3. mit der Infinitivendung **-ir**, z. B. *finir* (beenden), *choisir*

Die Verben verändern sich in den verschiedenen Personen und Zeitstufen, man nennt dies Konjugation.
Beispiele für die regelmäßige Konjugation der drei Verbklassen in den bisher behandelten Zeitstufen:

parler – sprechen

Präsens (Gegenwart)

je parl**e**	ich spreche
tu parl**es**	du sprichst
il/elle parl**e**	er/sie spricht
nous parl**ons**	wir sprechen
vous parl**ez**	ihr sprecht/Sie sprechen
ils/elles parl**ent**	sie sprechen

Imperfekt (unvollendete Vergangenheit)

je parl**ais**	ich sprach
tu parl**ais**	du sprachst
il/elle parl**ait**	er/sie sprach
nous parl**ions**	wir sprachen
vous parl**iez**	ihr spracht/Sie sprachen
ils/elles parl**aient**	sie sprachen

Perfekt (vollendete Vergangenheit)

j'**ai** parl**é**	ich habe gesprochen
tu **as** parl**é**	du hast gesprochen
il/elle **a** parl**é**	er/sie hat gesprochen
nous **avons** parl**é**	wir haben gesprochen
vous **avez** parl**é**	ihr habt/Sie haben gesprochen
ils/elles **ont** parl**é**	sie haben gesprochen

Grammatik

Futur proche (nahe Zukunft)

je **vais** parler	ich werde sprechen
tu **vas** parler	du wirst sprechen
il/elle **va** parler	er/sie wird sprechen
nous **allons** parler	wir werden sprechen
vous **allez** parler	ihr werdet/Sie werden sprechen
ils/elles **vont** parler	sie werden sprechen

attendre – warten

Präsens	*Imperfekt*
j'atten**ds**	j'attend**ais**
tu atten**ds**	tu attend**ais**
il/elle atten**d**	il/elle attend**ait**
nous atten**dons**	nous attend**ions**
vous atten**dez**	vous attend**iez**
ils/elles atten**dent**	ils/elles attend**aient**

Perfekt	*Futur proche*
j'**ai** attend**u**	je **vais** attendre
tu **as** attend**u**	tu **vas** attendre
il/elle **a** attend**u**	il/elle **va** attendre
nous **avons** attend**u**	nous **allons** attendre
vous **avez** attend**u**	vous **allez** attendre
ils/elles **ont** attend**u**	ils/elles **vont** attendre

Finir – beenden

Präsens	*Imperfekt*
je fin**is**	je finiss**ais**
tu fin**is**	tu finiss**ais**
il/elle fin**it**	il/elle finiss**ait**
nous fin**issons**	nous finiss**ions**
vous fin**issez**	vous finiss**iez**
ils/elles fin**issent**	ils/elles finiss**aient**

Perfekt	*Futur proche*
j'**ai** fini	je **vais** finir
tu **as** fini	tu **vas** finir
il/elle **a** fini	il/elle **va** finir
nous **avons** fini	nous **allons** finir
vous **avez** fini	vous **allez** finir
ils/elles **ont** fini	ils/elles **vont** finir

Tempus (Zeit)

Das Präsens *(le présent)* drückt vor allem Handlungen und Zustände aus, die der Sprechende miterlebt. Daneben wird es auch benutzt, um regelmäßig wiederkehrende Handlungen, allge-

meingültige Aussagen, zukünftige Handlungen, deren Durchführung als sicher gilt, und – in lebhafter Erzählung – Geschehnisse der Vergangenheit zu schildern.

Das Imperfekt *(l'imparfait)* hat beschreibenden Charakter und schildert andauernde Handlungen sowie anhaltende Zustände in der Vergangenheit, vor allem, wenn diese wiederholt und gewohnheitsmäßig geschehen sind und ihre Dauer nicht bestimmt ist. In diesem Buch haben Sie die Imperfektformen am Beispiel des Verbes *être (j'étais, tu étais, il/elle était, nous étions, vous étiez, ils/elles étaient)* kennen gelernt.

Das Perfekt *(le passé composé)* drückt etwas in der Vergangenheit Vollendetes, Abgeschlossenes aus. Die meisten Verben bilden das *passé composé* mit den Präsensformen des Verbes *avoir* und dem Partizip Perfekt (Mittelwort der Vergangenheit) des jeweiligen Verbes *(j'ai acheté)*. Eine Liste der wichtigsten Partizipialformen finden Sie in *Unité 13*, S. 178.

Die reflexiven Verben und einige Verben der Bewegung bilden das *passé composé* mit den Präsensformen von *être (je suis allé, elle s'est réveillée)*. In *Unité 15*, S. 205 finden Sie eine Zusammenstellung der wichtigsten Verben dieser Gruppe.

Die nahe Zukunft *(le futur proche)* oder die Absicht wird durch die Präsensformen von *aller* und nachfolgenden Infinitiv ausgedrückt *(je vais venir, ils ne vont pas jouer, elle va se lever)*.

Subjekt (Satzgegenstand)

Das Subjekt ist der Gegenstand des Satzes, nach dem man mit „wer oder was...?" fragen kann.
Beispiele: Das Buch ist alt. Was ist alt? →
Das Buch = Subjekt des Satzes.
Die Mädchen spielen. Wer spielt? →
Die Mädchen = Subjekt des Satzes.
Verben und ihre Ergänzungen richten ihre Form nach Geschlecht und Zahl des Subjekts, auf das sie sich beziehen.

Beispiele:
Les enfant**s** jou**ent** au tennis.
– Die Kinder spielen Tennis.
Robert et Chantal mang**ent** und glace.
– Robert und Chantal essen ein Eis.

Objekt (Satzergänzung)

Das Objekt ist der Satzteil, der eine durch das Prädikat (die Satzaussage) ausgedrückte Handlung ergänzt. Es gibt im Französischen das indirekte Objekt, entsprechend dem deutschen Dativ, und das direkte Objekt, das dem deutschen Akkusativ entspricht.
Beispiele: Der Arzt (Subjekt) gibt (Prädikat) dem Mädchen (wem? indirektes Objekt) die Tabletten (wen/was? direktes Objekt).
Le médecin donne les comprimés à la fille.
Das Subjekt steht im Französischen vor dem Verb, das direkte Objekt steht nach dem Verb, das indirekte Objekt wird mit der Präposition *à* angeschlossen und steht meist nach dem direkten Objekt. Beachten Sie also bitte, dass sich die Reihenfolge der Objekte vom Deutschen unterscheidet.

Das Adverb (Umstandswort)

Das Adverb bezeichnet ein Verb, ein Adjektiv oder ein anderes Adverb näher, indem es Menge, Grad, Zeit, Ort oder Art und Weise angibt, z. B. Nicole liest gut. Sie ist außergewöhnlich schön. Sie läuft ziemlich schnell. Die meisten Adverbien werden im Französischen durch Anhängen der Silbe **-ment** an die feminine Form des entsprechenden Adjektivs gebildet, z. B. *heureusement* (glücklicherweise) von *heureuse*. Wenn die männliche Form des Adjektivs mit einem Vokal auslautet, so wird die Silbe **-ment** an diese gehängt, z. B. *vraiment* (wirklich) von *vrai*.
Ajektive, die auf **-ent** oder **-ant** auslauten, bilden das Adverb mit der Endsilbe **-emment** bzw. **-amment** (die Aussprache ist in beiden Fällen gleich, nämlich **-amment**), z. B. *violent-violemment* (heftig); *évident-évidemment* (offensichtlich); *constant-constamment* (beständig).

Adverbien, die eine eigene Form besitzen:
1. *bien* (gut)   *mieux* (besser)
   mal (schlecht)   *souvent* (oft)
   vite (schnell)
2. Die Adjektive *soudain, bref* und *fort* werden auch als Adverbien in der Bedeutung „plötzlich", „kurzum" und „stark, laut, sehr" gebraucht. Im Gegensatz zum Adjektiv, das eine Eigenschaft angibt und veränderlich ist (*und*

vie brève – ein kurzes Leben; *une mort soudaine* – ein plötzlicher Tod; *avoir une forte constitution* – eine kräftige Konstitution haben) ist das Adverb grundsätzlich unveränderlich: *parler fort*, laut sprechen.

Komparation (Vergleich)

Bei einem Vergleich werden Personen, Begriffe oder Gegenstände einander gegenübergestellt. Die Vergleichswörter sind im Französischen *plus... que* – mehr... als, *moins... que* – weniger... als, *meilleure... que* – besser... als, *pire que* – schlimmer als.
Simone est plus jeune que Michel. – Simone ist jünger (wörtlich: mehr jung) als Michel.
Le train est moins cher que l'autocar. – Der Zug ist billiger (wörtl.: weniger teuer) als der Bus.

Präpositionen (Verhältniswörter)

Die meisten Präpositionen geben örtliche oder zeitliche Beziehungen an, z. B. in der Schule, seit zwei Monaten. Die im Französischen am häufigsten gebrauchten Präpositionen sind *de* (von, aus), ersetzt häufig den deutschen Genitiv), z. B. *je suis de Munich* – ich bin aus München
le départ de l'avion – der Abflug des Flugzeuges
und *à* (in, an, mit, nach, um, Wiedergabe von deutschen Dativkonstruktionen), z. B.:

il reste à Paris – er bleibt in Paris
je vais à Bordeaux – ich gehe nach Bordeaux
je pars à 9 heures – ich reise um 9 Uhr ab
elle donne un cadeau à son mari – sie gibt ihrem Mann ein Geschenk

Aufgeführt sind hier nur die wichtigsten Bedeutungen dieser beiden Präpositionen. Beachten Sie bitte, dass sich beide ändern, wenn *le* oder *les* hinzutreten:
de + le = du   *je viens du café*
de + les = des *les jeux des enfants*
à + le = au   *on va au cinéma*
à + les = aux   *il est aux États-Unis* (er ist in den Vereinigten Staaten)
Ebenso: **près de** und **jusqu'à**.
Eine Liste von einigen anderen Präpositionen finden Sie in *Unité 5*, S. 74.

Grammatik

Das Pronomen (Fürwort)

In dem Satz *Nicole chante, elle est heureuse* steht *elle* für das Nomen (= Substantiv) Nicole. Diese Wortart heißt Pronomen oder Fürwort. In dem Satz „sie liebt ihn" ist das Wort „sie" Subjektpronomen und „ihn" Objektpronomen.
Die Subjektpronomen lauten im Französischen *je, tu, il, elle, nous, vous, ils* und *elles.*

Die Objektpronomen stehen unmittelbar vor dem Verb:

Direktes Objektpronomen

il me comprend	er versteht mich
il te comprend	er versteht dich
il le comprend	er versteht ihn
il la comprend	er versteht sie
il nous comprend	er versteht uns
il vous comprend	er versteht Sie/euch
il les comprend	er versteht sie

Indirektes Objektpronomen

Im Französischen lauten die Formen für „mich" und „mir", „dich" und „dir" gleich. Ebenso wie im Deutschen unterscheiden sich direkte und indirekte Objektpronomen auch nicht bei „uns" und „euch", lediglich die Entsprechungen für „ihn" und „ihm", „sie" und „ihr" sowie „sie" und „ihnen" werden unterschiedlich wiedergegeben:

il me dit la vérité	er sagt mir die Wahrheit
il te dit la vérité	er sagt dir die Wahrheit
il lui dit la vérité	er sagt ihm die Wahrheit / er sagt ihr die Wahrheit
il nous dit la vérité	er sagt uns die Wahrheit
il vous dit la vérité	er sagt euch/Ihnen die Wahrheit
il leur dit la vérité	er sagt ihnen die Wahrheit

Y bedeutet dort, da oder dorthin, dahin, z. B.

elle y est	sie ist dort
elle y va	sie geht dorthin

En bedeutet von dort, daher, davon

il en vient	er kommt daher
j'en parle	ich spreche davon
il en achète trois	er kauft drei (davon)

Possessivpronomen (besitzanzeigendes Fürwort)

Schlagen Sie bitte in den entsprechenden *Unités* nach:

mon, ma, mes (Unité 11, S. 154)
ton, ta, tes (Unité 11, S. 154)
son, sa, ses (Unité 14, S. 192/193)
notre, nos (Unité 9, S. 127)
votre, vos (Unité 9, S. 127)
leur, leurs (Unité 14, S. 192/193)

Die Zahlen

1	un	60	soixante
2	deux	70	soixante-dix
3	trois	71	soixante et onze
4	quatre	72	soixante-douze
5	cinq	73	soixante-treize
6	six	74	soixante-quatorze
7	sept	75	soixante-quinze
8	huit	76	soixante-seize
9	neuf	77	soixante-dix-sept
10	dix	78	soixante-dix-huit
11	onze	79	soixante-dix-neuf
12	douze	80	quatre-vingts
13	treize	81	quatre-vingt-un
14	quatorze	82	quatre-vingt-deux
15	quinze	83	quatre-vingt-trois
16	seize	90	quatre-vingt-dix
17	dix-sept	91	quatre-vingt-onze
18	dix-huit	92	quatre-vingt-douze
19	dix-neuf	93	quatre-vingt-treize
20	vingt	94	quatre-vingt-quatorze
21	vingt et un	95	quatre-vingt-quinze
22	vingt-deux	96	quatre-vingt-seize
23	vingt-trois	97	quatre-vingt-dix-sept
24	vingt-quatre	98	quatre-vingt-dix-huit
25	vingt-cinq	99	quatre-vingt-dix-neuf
26	vingt-six		
27	vingt-sept		
28	vingt-huit		
29	vingt-neuf		
30	trente		
31	trente et un		
32	trente-deux		
40	quarante	100	cent
41	quarante et un	101	cent un

42 quarante-deux   102 cent deux etc.
50 cinquante   1000 mille

Beachten Sie bitte:

1. Bei den Zahlen 81 und 91 wird der Einer 1 nicht mit *et*, sondern nur mit Bindestrich angeschlossen. *(trente et un,* aber: *quatre-vingt-un, quatre-vingt-onze).*

2. 80 *(quatre-vingts)* wird vor Vokal oder stummem h im Lautbild gebunden *(quatre-vingts ans).*

3. *Quatre-vingts* verliert das *-s,* wenn eine weitere Zahl folgt *(quatre-vingt-cinq).*

4. Die auf die Zahl *cent* folgenden Zahlen werden ohne *et* angeschlossen *(cent un, cent dix-huit, cent quatre-vingt-dix-neuf).*

5. Auch 200 *(deux cents),* 300 *(trois cents),* 400 *(quatre cents)* etc. verlieren das *-s,* wenn eine weitere Zahl folgt, also: *sept cents francs,* aber: *sept cent soixante francs; neuf cent quatre-vingt douze francs.*

6. Auch bei Jahreszahlen steht *cent* grundsätzlich ohne *-s: en 1800 = en dix-huit cent* (im Jahre 1800)

7. Für das 18., 19. und 20. Jahrhundert kann man im Französischen alternativ *dix-sept cent* oder *mil sept cent, dix-huit cent* oder *mil huit cent, dix-neuf cent* oder *mil neuf cent* sagen (die Zahl 1000 wird bei Jahreszahlen also *mil* geschrieben, die Aussprache ändert sich dadurch nicht).

Die übrigen Jahrhunderte werden mit *treize cent, quatorze cent, quinze cent* und *seize cent* bezeichnet.

Die Lautschrift

Wenn Sie in Wörterbüchern nachschlagen, werden Sie mit der Umschrift konfrontiert, die wir im Vokabelteil dieses Buches bewusst ausgespart haben. Um Ihnen jedoch den späteren Umgang mit diesen Hilfsmitteln zu erleichtern, geben wir Ihnen im Begleitheft eine kurze Beschreibung derjenigen Lautschriftzeichen, die nicht ohne weiteres verständlich sind.

Lautschrift-zeichen	Beschreibung	Beispiele
[a]	helles a	la
[ɑ]	dunkleres a	pas
[ã]	nasales a	dans
[e]	geschlossenes e	avez, les, j'ai
[ɛ]	offenes e (ähnlich dem deutschen ä)	lait, père, neige
[ɛ̃]	nasales e	vin, pain
[o]	geschlossenes o (dt.: ohne)	beau, aussi
[ɔ]	offenes o (dt.: offen)	porte
[õ]	nasales o	ton, bon
[ɵ]	geschlossenes ö (dt.: schön)	peu
[œ]	offenes ö (dt.: öffnen)	fleur
[œ̃]	nasales ö	lundi, un
[ə]	kurzer, ö-artiger Laut	le, chemise

Grammatik

Lautschrift-zeichen	Beschreibung	Beispiele
[y]	ü-Laut	une, du, sûr
[ɥ]	kurzer ü-Laut (Halbkonsonant)	suis, Suisse
[v]	w-Laut (dt.: Wein)	vin
[w]	kurzer u-Laut (Halbkonsonant)	oui, toi
[s]	stimmloses s (dt. Masse)	c'est, sac
[z]	stimmhaftes s (dt.: Rose)	valise
[ʃ]	stimmloses sch (dt.: Schuld)	chambre
[ʒ]	stimmhaftes sch	je, journal
[ɲ]	n-j-Laut (vgl.: Lasagne)	espagnol

Ein Doppelpunkt hinter einem Vokal bezeichnet einen langen Vokal.

Lösungen der Abschlusstests

Unité 1
a. Bonjour, Monsieur. Vous êtes allemand?
b. Bonjour, Madame. Non, je suis autrichien. Et vous?
c. (Moi,) je suis française. Vous êtes de Vienne?
d. Oui, je suis de Vienne mais j'habite ici. Et vous?
e. (Moi,) j'habite (à) Bordeaux.
f. Vous êtes touriste?
g. Oui, je suis en vacances ici.

Unité 2
a. Je suis homme d'affaires.
   Je ne suis pas homme d'affaires.
b. Tu habites chez un ami?
   Tu n'habites pas chez un ami?
c. Vous parlez français?
   Vous ne parlez pas français?
d. Elles ont plusieurs patrons.
   Elles n'ont pas plusieurs patrons.

Unité 3
a. L'
b. une
c. le – du
d. le
e. des

Unité 4
a. vas
b. prenons
c. fait
d. vont
e. prennent
f. faites

Unité 5
a. Pour aller à la Tour Eiffel, s'il vous plaît?
b. Vous allez/prenez tout droit jusqu'au carrefour.
c. Là, vous tournez à gauche.
d. A quel étage se trouve la réception de l'hôtel?

Unité 6
a. huit heures et demie / huit heures trente
b. deux heures moins le quart / une heure quarante-cinq

c. quatorze/deux heures dix
d. neuf heures – douze heures/midi

Unité 7
a. blanche
b. mûres
c. allemands
d. grosse
e. noirs

Unité 8
a. mal – aimerais – contre
b. comprimés
c. huile
d. fait

Unité 9
a. dites
b. partent
c. savons
d. part

Unité 10
a. (Moi,) je prends le menu à 25 euros avec un verre de vin rouge.
b. (Moi,) je prends la côte de porc grillée et comme dessert une tarte maison.
c. Je suis pressé(e), je voudrais seulement une omelette au jambon et une pression.
d. Est-ce qu'il y a un bon restaurant par ici/près d'ici?

Unité 11
a. nos
b. ta
c. votre
d. mes
e. vos

Unité 12
a. Es schneit.
b. Es ist windig.
c. Die Sonne scheint nicht.
d. Es ist nebelig.
e. Es ist sehr warm/heiß.
f. Es regnet.

Lösungen der Abschlusstests

Unité 13
a. tu as pris
b. j'ai écrit
c. vous avez mis
d. elle a lu
e. nous avons fait
f. ils ont ouvert
g. j'ai pu
h. il a su

Unité 14
a. vous appelez-vous
b. se lave
c. nous approchons
d. me regarde

Unité 15
a. Hier nous sommes arrivé(e)s aux Etats-Unis.
b. Il a eu un accident de bicyclette/vélo.
c. Il s'est cassé la jambe.
d. Je suis venu pour vous dire au revoir.

Umfassend – gründlich – unterhaltsam

Großer Lernwortschatz Französisch

von Thérèse Buffard
15.000 Wörter zu 150 Themen
368 Seiten
ISBN 3-19-006369-9

Vokabeln lernen sich leichter, wenn sie nach Themenbereichen gegliedert und in thematischen Zusammenhängen präsentiert werden. Diesem Prinzip folgt der **Große Lernwortschatz**:

- Rund 15.000 Wörter in 20 thematisch geordneten Kapiteln
- Themen wie soziale Probleme und Weltanschauung
- Fast jeder Begriff in einem typischen Anwendungsbeispiel
- Extras zu Grammatik, Aussprache, Wortgebrauch und Landeskunde
- Topaktueller Wortschatz durch Berücksichtigung von neuesten Pressetexten
- Mit phonetischer Lautschrift

Auch für Englisch, Italienisch und Spanisch lieferbar.

Hueber
Sprachen der Welt
www.hueber.de

Andere Länder entdecken & verstehen

Sie erwarten sich von Ihrem Aufenthalt im jeweiligen Land mehr als nur touristische Eindrücke?
Die *KulturSchlüssel* zeigen Ihnen den Weg, um Land und Leute richtig kennen zu lernen.

Die KulturSchlüssel sind erhältlich für:

Ägypten	ISBN 3-19-005295-6
Australien	ISBN 3-19-005310-3
Frankreich	ISBN 3-19-003291-2
Malaysia & Singapur	ISBN 3-19-005297-2
Türkei	ISBN 3-19-005296-4
Vietnam	ISBN 3-19-005309-X

Hueber
Sprachen der Welt
www.hueber.de

Brian Hill • Stéphanie Rybak

FRANZÖSISCH
ganz leicht
NEU

Deutsche Bearbeitung
Renate Grebing

Übungsbuch

Max Hueber Verlag

Bildnachweis

Image Bank/Martin Butch: Coverfoto; Guido Meier, Günzburg: S. 27, 50, 52, 55, 64, 68, 76, 77, 88, 98, 101, 102, 103, 104, 106, 121, 130, 135, 143, 195; Hans Jörg Buhr, Emden: S. 90, 155; Jens Funke, München: S. 92; Jean-Louis Gavat, Charbonnières-les-Bains: S. 95; Stéphanie Rybak: S. 129; Süddeutscher Verlag, München: S. 179, 180; Volkmar E. Janicke, München: S. 199, 207, 208.

 Dieses Werk folgt der seit dem 1. August 1998 gültigen Rechtschreibreform.

Das Werk und seine Teile sind urheberrechtlich geschützt. Jede Verwertung in anderen als den gesetzlich zugelassenen Fällen bedarf deshalb der vorherigen schriftlichen Einwilligung des Verlages.

€   3.   2.   1. | Die letzten Ziffern bezeichnen
2007 06 05 04 03 | Zahl und Jahr des Druckes.
Alle Drucke dieser Auflage können, da unverändert, nebeneinander benutzt werden.
1. Auflage
© 2003 Max Hueber Verlag, D-85737 Ismaning
Lizenzausgabe von Palgrave Publishers Ltd, Basingstoke, England
Titel der deutschen Originalausgabe: Hueber-Selbstlernkurs Französisch für Beruf und Urlaub, © 1984 Max Hueber Verlag
Titel der englischen Originalausgabe: Breakthrough French, Pan Books, London 1982
Umschlaggestaltung: Atelier Kontraste, München
Zeichnungen: Riccardo Rinaldi, München
Projektberatung: Prof. Dr. Reinhold Freudenstein, Universität Marburg
Druck und Bindung: Friedrich Pustet, Regensburg
Printed in Germany
ISBN 3–19–003314–5 (Package)
1.3314 (Übungsbuch)

Inhalt

Vorwort	5	9 Un aller simple pour Nantes	117
1 Bonjour	11	10 Moi, je prends le menu	131
2 Vous travaillez?	25	11 Qu'est-ce que vous aimez?	145
3 Qu'est-ce que vous prenez?	39	12 Quel temps fait-il?	157
4 Il vous reste une chambre?	51	13 Vous habitez où?	169
5 Pour aller à la gare?	65	14 Qu'est-ce que tu vas faire?	183
6 On arrive à quelle heure?	79	15 Nous sommes arrivés	197
7 Et avec ça?	91	Wiederholung	210
8 Je vais prendre ça	105	Wortschatz	221
		Abschlusstests	236

Symbole und Abkürzungen

 Die erste Zahl gibt an, um welche der 3 Audio-CDs es sich handelt, die zweite den Track, den Sie ansteuern können.

▶ Dieses Zeichen weist auf wichtige Wörter und Ausdrücke hin.

f.	= feminin (weiblich)	Sing.	= Singular (Einzahl)
m.	= maskulin (männlich)	Pl.	= Plural (Mehrzahl)
		wörtl.	= wörtlich
		Adj.	= Adjektiv (Eigenschaftswort)
		Adv.	= Adverb (Umstandswort)

Vorwort

Nehmen Sie sich die Zeit, diese Einführung genau durchzulesen, denn die allgemeinen Hinweise, die wir Ihnen hier geben, werden Ihnen das Lernen erleichtern.

Wenn Sie den Lernstoff Schritt für Schritt durcharbeiten, werden Sie am Ende die französische Sprache so weit beherrschen, dass Sie sich in Alltagssituationen zurechtfinden und Spaß daran haben, sich mit Franzosen zu unterhalten.

Was zeichnet diesen Sprachkurs besonders aus?

● Das Französischlernen soll Ihnen Freude machen. Wir haben den Kurs deshalb so abwechslungsreich aufgebaut, dass keine Langeweile aufkommen kann. Jedes Kapitel – das wir *Unité* nennen – beginnt mit französischen Dialogen, die sozusagen „auf der Straße" aufgenommen wurden. Die Personen, die Sie hören, sind „Menschen wie du und ich", also keine besonders ausgewählten Sprecher oder Schauspieler.

● Eine Sprache ist eine sehr komplexe Angelegenheit, und Sie sollten von Anfang an wissen, dass Sie nach Abschluss dieses Kurses die französische Sprache nicht „perfekt" beherrschen. Was Sie lernen werden, sind Grundbegriffe des Französischen. Wir haben uns deshalb auch bei der Auswahl der Wörter und Ausdrücke auf das konzentriert, was Sie bei der

Begegnung mit Franzosen tatsächlich brauchen.

● Jede *Unité* beschäftigt sich mit einem ganz bestimmten Thema, z. B. wie man Bestellungen aufgibt, wie man sich begrüßt und verabschiedet oder wie man sagt, dass einem etwas gefällt – oder auch nicht … Auf der ersten Seite einer jeden *Unité* sagen wir Ihnen, was Sie im jeweiligen Kapitel lernen werden (siehe auch „Aufbau des Selbstlernkurses" S. 7).

● Zuhören und verstehen können ist einfacher, als eine Sprache selbst zu sprechen. Darum werden Sie auch in jeder Unité dieses Sprachkurses zunächst nur zuzuhören brauchen. Über verschiedene Lernschritte wie Erklärungen der Dialoge, Lesen, Grammatikerläuterungen etc. führen wir Sie dann zum selbständigen Sprechen. Wir unterscheiden sehr genau zwischen der Sprache, die Sie nur zu *verstehen* brauchen, und solchen Änderungen, die Sie unbedingt beherrschen müssen, wenn Sie mit Franzosen *sprechen* wollen.

● Bevor dieser Sprachkurs entstanden ist, haben wir Hunderte von Erwachsenen danach gefragt, warum sie Fremdsprachen lernen und wie sie dabei vorgehen. Nach ihren Antworten und Wünschen haben wir uns bei der Erarbeitung der Materialien gerichtet. Auf diese Weise ist ein sehr praktischer Sprachkurs entstanden, der Ihnen das Wichtigste vermittelt, das Sie als Besucher Frankreichs wissen müssen.

5

Vorwort

Ein paar allgemeine Tipps

● Vertrauen Sie sich unserer Führung an! Die menschliche Sprache ist eine komplizierte Sache, und Sie werden darum in jeder *Unité* immer wieder auf Erscheinungen stoßen, die nicht bis in die letzte Einzelheit hinein erklärt werden. Machen Sie sich deswegen keine Sorgen! Wir möchten Ihre Französischkenntnisse stufenweise aufbauen, und Sie sollen auf jeder Stufe nur das lernen, was wirklich unerlässlich ist.

● Wenn Sie einmal eine Erklärung, eine Äußerung oder auch nur ein Wort nicht verstehen, dann arbeiten Sie ruhig weiter. Das Lernen einer Sprache hat nämlich viel mit einem Puzzlespiel gemeinsam: man muss immer wieder ausprobieren, welche Stücke zusammenpassen könnten, bis man schließlich zum Ziel gelangt.

● Versuchen Sie, möglichst regelmäßig zu arbeiten, am besten häufig und kurz. In der Regel sind 20 bis 30 Minuten pro Tag Erfolg versprechender, als wenn Sie sich nur einmal in der Woche drei oder vier Stunden lang hintereinander mit dem Französischen befassen.

● Benutzen Sie dieses Buch als Arbeitsmaterial – schreiben Sie ruhig hinein und machen Sie Notizen, wo Sie das für nötig halten. Oft werden die Freiräume in den Übungen nicht ausreichen, weil wir die unterschiedlichen Handschriften nicht alle berücksichtigen können. Machen Sie sich in diesen Fällen Notizen auf einem Extrablatt. Scheuen Sie sich auch nicht davor, die französischen Wörter und Sätze laut auszusprechen; das gehört zum Sprachenlernen einfach dazu, denn Ihre Sprechwerkzeuge – vor allem die Zunge – müssen sich an die neuen Laute gewöhnen.

● Nach jeder dritten *Unité* bieten wir Ihnen eine Wiederholungslektion an (siehe Anhang S. 210). Zusätzlich sollten Sie die bereits erarbeiteten *Unités* in regelmäßigen Abständen noch einmal durchnehmen, damit sich der Stoff im Gedächtnis festsetzen kann. Bei solchen Wiederholungen werden Sie übrigens häufig überrascht sein, an wie vieles Sie sich tatsächlich ohne weiteres erinnern können.

● Es wäre ganz gut, wenn Sie jemand abhören könnte; diese Person braucht nicht unbedingt Französisch zu können. Der Kurs ist auch gut dazu geeignet, zu zweit oder in einer kleinen Gruppe zu lernen, denn dann können Sie sich gegenseitig helfen.

● Das Erlernen der französischen Sprache kann länger dauern, als Sie es sich vorgestellt haben. Haben Sie darum Geduld und werden Sie nicht nervös, wenn es Ihnen nicht schnell genug geht.

Aufbau des Selbstlernkurses

Dieser Kurs ist in 15 *Unités* eingeteilt. Jede *Unité* besteht aus mehreren Dialogen, Erklärungen zu den Dialogen und zur Grammatik, aus Übungen und einem landeskundlichen Kapitel. Im Anhang des Buches finden Sie die Wiederholungslektionen, ein alphabetisches französisch-deutsches Wort-

Vorwort

schatzverzeichnis und die Abschlusstests. Zum Buch gehören drei Audio-CDs, auf denen die Dialoge und ausgewählte Übungen aufgenommen sind. In einem Begleitheft bieten wir Ihnen die Lösungen zu den Übungen, die deutsche Übersetzung der Dialoge und einen systematischen Überblick über die behandelte Grammatik an.

Modell für Ihr Lernprogramm

Für einen guten Lernerfolg ist es wichtig, dass Sie nach einem sinnvollen Programm arbeiten. Wir empfehlen Ihnen, sich zunächst an unseren „Wegweiser" zu halten. Fachleute haben ihn für Sie aufgestellt, damit Sie alle Möglichkeiten, die Ihnen dieses Material bietet, in vollem Umfang nutzen können. Sollten Sie im Laufe der Arbeit an den ersten Lektionen aber feststellen, dass Sie aufgrund persönlicher Lerngewohnheiten mit anderen Lernschritten besser zurechtkommen, können Sie Ihren Lernplan ohne weiteres individuell gestalten. Und vergessen Sie nicht: Regelmäßig eine halbe Stunde am Tag ist besser als mehrere Stunden einmal in der Woche!

Die erste Seite

Jede Einheit beginnt unter dem Titel *Sie lernen in dieser Unité* mit einem Überblick über den jeweiligen Lernstoff. Ab der zweiten *Unité* geben wir Ihnen unter der Rubrik *„Bevor Sie beginnen"* einen wiederholenden Rückblick auf die wichtigsten Strukturen der vorangegangenen Einheit, denn diesen werden Sie in der neuen (und in späteren) *Unité* wieder begegnen. Der *Wegweiser* erinnert Sie immer wieder an die Lernschritte, die wir Ihnen vorschlagen. Was Sie beherrschen, können Sie hier systematisch abhaken.

Die Dialoge

Hören Sie sich die Dialoge oder Dialoggruppen bei geschlossenem Buch zunächst immer erst einmal von Anfang bis Ende an, ohne die CD anzuhalten. Auf diese Weise können Sie sich am besten in das „einhören", was Sie anschließend erarbeiten sollen. Beschäftigen Sie sich dann mit jedem einzelnen Dialog: Hören Sie ihn sich mehrmals an, zuerst wieder ohne Buch, dann mit dem Text vor Augen und schließlich in Verbindung mit dem Wortschatz und den Anmerkungen. (Die für das allgemeine Verständnis unbedingt notwendigen Wörter stehen unmittelbar unter dem Dialog. Ausführliche Erläuterungen schließen sich an.) Lesen Sie jeden Dialog mehrmals laut.

Wichtig ist in dieser Lernphase nicht, jedes einzelne Wort zu verstehen, sondern die Gesamtaussage des Dialogs erfassen zu lernen. Wir legen darauf besonderen Wert, weil Sie als Ausländer ständig damit konfrontiert sein werden, dass Sie nicht jedes Wort verstehen. Um so entscheidender ist es dann, dass Sie nicht „am Wort kleben bleiben", sondern lernen, Zusammenhänge trotzdem zu erfassen. Wenn Sie im Wortschatz oder bei den Erläuterungen auf das Zeichen ▶ stoßen, dann zeigen wir Ihnen damit an, dass wir dieses Wort oder diesen Ausdruck für besonders wichtig halten.

Vorwort

Wichtige Wörter und Ausdrücke

Unter dieser Rubrik fassen wir noch einmal alles besonders „Lernenswerte" zusammen. Wir unterscheiden dabei häufig zwischen Sprachmaterial, das Sie aktiv beherrschen, d.h. in den jeweiligen Situationen selbst anwenden können sollten, und Wörtern bzw. Wendungen, die Sie in jedem Fall verstehen sollten, aber nicht unbedingt selbst können müssen. Bemühen Sie sich, zumindest den Lernstoff „zur aktiven Beherrschung" auswendig zu lernen. Was wir Ihnen hier anbieten, ist die Grundlage für viele Übungen und für die weiteren *Unités*.

Übungen

In diesem Abschnitt finden Sie Übungen, die sich auf die wichtigsten Sprachstrukturen der *Unité* beziehen. Sie arbeiten dabei sowohl mit dem Buch als auch mit dem CD-Player. (Zuweilen werden Sie aufgefordert, eine Übung zu machen und die Lösungen dann auf der CD nachzuprüfen.) Bei den Übungen auf der CD haben wir Sprechpausen eingeschnitten. Da das Sprechtempo bei jedem einzelnen aber unterschiedlich ist, können Sie die CD für Ihre Antwort auch anhalten.

Grammatik

Für viele ist das ein lästiges Kapitel. Trotzdem möchten wir nicht darauf verzichten, denn es bietet uns die Möglichkeit, Ihnen im Überblick zu zeigen, wie die Sprache, die Sie lernen, aufgebaut ist. Lesen Sie sich diesen Teil zumindest einmal durch. Wir sind sicher, dass Ihnen manche Zusammenhänge dadurch klarer werden. Außerdem finden Sie in diesem Teil Übungen, die auf besondere grammatische Probleme abgestimmt sind.

Lesen und Verstehen

In diesem Teil der *Unité* geht es darum, dass Sie geschriebene Texte lesen und im Ganzen verstehen lernen sollen. Anhand von Realien aus dem französischen Alltagsleben wie Speisekarten, Fahrplänen usw. können Sie wiederum üben, Inhalte zu erfassen.

Wissenswertes

Unter diesem Titel führen wir Sie in französische Sitten und Gebräuche ein und geben Ihnen Hintergrundinformationen und praktische Tipps, die Sie bei Ihrem Frankreichaufenthalt gut verwerten können.

Jetzt haben Sie das Wort

An dieser Stelle sind Sie aufgefordert, das Gelernte aktiv anzuwenden. Von der CD werden Ihnen Aufgaben gestellt, die Sie mündlich lösen müssen. In den meisten Fällen geht es darum, dass Sie an einem Gespräch teilnehmen sollen. Bei Ihrem Gesprächspart hören Sie eine Ansage auf Deutsch, die Sie dann ins Französische übertragen sollen. Anschließend geben wir Ihnen die richtige Version auf der CD. Wahrscheinlich müssen Sie diese Übung mehrmals durchmachen, bis Sie sie gut beherrschen.

Vorwort

Die Audio-CDs

Sie spielen in diesem Sprachkurs eine besondere Rolle, denn sie übernehmen über weite Strecken den Part eines Sprachlehrers. Dominique wird Sie akustisch durch diesen Kurs führen. Folgen Sie ihren Hinweisen bei der Durcharbeitung der einzelnen Abschnitte. Machen Sie häufig von der Pausentaste und von der Rücklauftaste an Ihrem CD-Player Gebrauch. Sie bestimmen selbst, wie viel Zeit Sie zum Nachdenken brauchen, und Sie können sich die einzelnen Äußerungen mehrfach anhören. Im Buch finden Sie dort, wo Sie mit der CD arbeiten sollen, ein Piktogramm mit zwei Zahlen. Die erste Zahl gibt an, um welche der drei CDs es sich handelt, die zweite den Track, den Sie ansteuern können. Falls Sie beim Sprachenlernen noch nie einen CD-Player benutzt haben, empfiehlt es sich, ganz zu Anfang etwa fünf Minuten darauf zu verwenden, sich mit der Technik vertraut zu machen.

Das Begleitheft

Im Begleitheft finden Sie die Lösungen aller Übungen (mit Ausnahme der „freien Übungen", bei denen die Antwort dem Lernenden überlassen bleibt) sowie der Abschlusstests. Außerdem bieten wir Ihnen hier die Übersetzungen aller Dialoge aus dem Übungsbuch an. Es handelt sich dabei nicht um wörtliche Übersetzungen, sondern um idiomatisch richtige Übertragungen ins Deutsche. Wir wollen Ihnen damit eine Verständnishilfe für den Notfall geben und empfehlen Ihnen nicht, sich bei Ihrer Arbeit grundsätzlich auf die Übersetzungen zu stützen. Versuchen Sie lieber zuerst, die Dialoge selbst zu verstehen

und anhand der Hilfen durchzuarbeiten. Nur so prägen Sie sich die Strukturen ein. Gewöhnen Sie sich an, das Begleitheft nur bei Schwierigkeiten, die Sie anderweitig nicht lösen können, zu Rate zu ziehen. Auch der systematische Grammatiküberblick ist eher zum Nachschlagen als zum Lernen gedacht.

Und zum Schluss noch ein Tipp: Nutzen Sie jede Gelegenheit, mit Franzosen zu sprechen und richtiges Französisch zu hören. Auch wenn Ihr Französisch zwangsläufig am Anfang lückenhaft und mit Sicherheit nicht fehlerfrei ist, werden Sie ein Erfolgserlebnis haben, wenn Ihr Gesprächspartner Sie versteht. Eine gute Ergänzungsübung ist auch, sich französischsprachige Sendungen im Fernsehen und Radio anzusehen bzw. anzuhören.

Und jetzt wünschen wir Ihnen «bon courage et bon travail»!

Die französische Sprache

Für jede Sprache gibt es ein System von Regeln und Ausnahmen, und keine Sprache ist in ihrem Aufbau identisch mit anderen. Für das Französische haben wir Ihnen hier ein paar Überlegungen zusammengestellt, die Sie lesen sollten, bevor Sie mit dem Lernen beginnen.

Die Schreibung des Französischen wird Ihnen zunächst nicht leichtfallen, da sich das Schriftbild vom Lautbild deutlich unterscheidet. Wenn Sie sich einige Dialoge angehört haben und sie dann geschrieben vor sich sehen, werden Sie feststellen, dass Sie viel mehr Buchstaben sehen, als Sie Laute gehört

Vorwort

haben. So sind Konsonanten am Wortende meist stumm, und auch ein -e am Wortende wird nicht gesprochen. Ebensowenig ist ein „h" im Anlaut oder Inlaut eines Wortes zu hören. Auf der anderen Seite werden Sie aber mit der Groß- und Kleinschreibung keine Probleme haben, denn im Französischen werden grundsätzlich alle Wörter – außer Eigennamen – kleingeschrieben, wenn sie nicht am Satzanfang stehen.

Natürlich können korrekte Aussprache (einzelner Laute und Wörter) und Betonung (ganzer Sätze) nicht durch ein Buch vermittelt werden; deshalb ist es äußerst wichtig, dass Sie den Sprechern auf der CD genau zuhören und sie so genau wie möglich imitieren. Wenn Sie in Wörterbüchern nachschlagen, werden Sie mit der Umschrift konfrontiert, die wir im Vokabelteil dieses Buches bewusst ausgespart haben. Um Ihnen jedoch den späteren Umgang mit diesen Hilfsmitteln zu erleichtern, geben wir Ihnen im Begleitheft eine kurze Beschreibung derjenigen Lautschriftzeichen, die nicht ohne weiteres verständlich sind.

Wie das Deutsche ist auch das Französische eine Sprache, in der die Endungen bestimmter Wortklassen je nach ihrer Funktion verändert werden. Wie die Endungen im Französischen lauten und wie sie sich verändern, wird durch einfache Regeln festgelegt; die wichtigsten davon lernen Sie in diesem Kurs. Machen Sie sich nichts daraus, wenn Sie einmal eine falsche Endung an ein Wort gesetzt haben. Ihr französischsprachiger Gesprächspartner versteht Sie trotzdem fast immer, und das ist zu Beginn viel wichtiger als hundertprozentige Korrektheit.

Die französische Sprache hat sich im Gebiet des heutigen Frankreich aus dem Vulgärlateinischen entwickelt. Sie wurde im Jahre 813, ein Jahr vor dem Tode Karls des Großen, offiziell als Volkssprache anerkannt. Das älteste überkommene Sprachzeugnis stammt aus dem Jahre 842. Im Laufe des 17. Jahrhunderts bekam das Französische seine klassische Gestalt. Seit der Gründung der *Académie Française* hat eine staatliche Institution die Sorge um die Reinhaltung und Pflege der französischen Sprache übernommen. Die Beschlüsse der Grammatiker haben deshalb in keinem anderen Land einen so starken Einfluss gehabt wie in Frankreich, nirgendwo ist der künstlich geschaffene Abstand zwischen Volks- und Literatursprache in den vergangenen drei Jahrhunderten so groß wie im Französischen gewesen. Obwohl in unserem Jahrhundert zu beobachten ist, dass sich das Gefälle verringert, spielt die Normsprache noch immer eine sehr große Rolle. So gibt es beispielsweise einen staatlichen Erlass, der die Verwendung von Fremdwörtern in offiziellen Dokumenten unter Strafe stellt. Die Betonung der Sprachnorm bedeutet allerdings nicht, dass in allen Regionen und von allen Bevölkerungsschichten Frankreichs Standardfranzösisch gesprochen wird. Es existieren zahlreiche Dialekte und z. T. sogar – etwa im Roussillon und in der Bretagne – eigene Sprachen. Sie können sich aber überall auf der Basis des Standardfranzösischen verständigen.

1 Bonjour

Bevor Sie anfangen

Lesen Sie bitte zunächst das Vorwort auf Seite 5. Dort finden Sie einige nützliche Hinweise, wie man selbständig und ohne Lehrer lernen kann und wie Sie diesen Kurs am besten durcharbeiten.

Wir wollen Ihnen von Anfang an dazu verhelfen, gesprochenes Französisch auch dann zu verstehen, wenn Sie nicht jedes einzelne Wort kennen, das Sie hören. Geben Sie also bitte den Mut nicht auf, wenn Ihnen ein paar unbekannte Wörter begegnen!

Sie lernen in dieser Unité

- wie Sie jemanden begrüßen
- wie Sie sich verabschieden
- wie Sie einfache Fragen über sich selbst beantworten
- wie Sie sich mit einfachen Fragen über andere erkundigen
- die Zahlen von 1 bis 10
- Wissenswertes über Reisedokumente
- Wissenswertes über touristisches Informationsmaterial

Wegweiser

In der Einführung auf Seite 7 haben wir die Lernschritte jeder *Unité* ausführlich erläutert. Zur schnellen Orientierung finden Sie unter der Rubrik *Wegweiser* jeweils noch einmal eine Zusammenstellung dieser Lernschritte.

Dialoge: Hören Sie sich die Dialoge oder Dialoggruppen in der unten aufgeführten Reihenfolge bei geschlossenem Buch an. Hören Sie dann jeden Dialog einzeln an, lesen Sie ihn und arbeiten Sie ihn durch. Reihenfolge: Dialoge 1 und 2; 3 und 4; Dialog 5; Dialoge 6 und 7.

Lernen Sie *Wichtige Wörter und Ausdrücke.*

Machen Sie die *Übungen* auf S. 18.

Arbeiten Sie die *Grammatik* durch.

Bearbeiten Sie den Abschnitt *Lesen und Verstehen.*

Lesen Sie den Abschnitt *Wissenswertes.*

Jetzt haben Sie das Wort.

Hören Sie sich alle Dialoge noch einmal ohne Buch an.

Dialoge

1
Guten Tag

Robert:	Bonjour, Madame.
	Bonjour, Monsieur.
Nadine:	Bonjour, Monsieur.
Henri:	Bonjour, Madame.
Claude:	Bonjour, Madame.
Nadine:	Bonjour, Monsieur.
Michel:	Bonjour, Madame.
Anne:	Bonjour, Monsieur.
Michèle:	Bonjour, Mademoiselle.
Nicole:	Bonjour, Madame.
Nicole:	Bonjour, Messieurs-dames.

Die wichtigsten Ausdrücke sind mit ▶ gekennzeichnet, bitte versuchen Sie, sich diese zu merken. Auf Seite 17 werden sie nochmals aufgelistet.

▶ **bonjour** – guten Morgen, guten Tag

▶ **Madame** – meine Dame, gnädige Frau, Frau

▶ **Monsieur** bedeutet wörtlich mein Herr und wird ebenso wie **Madame** als höfliche Anredeform benutzt. Beachten Sie bitte, dass bei der Anrede kein Name folgen muss (im Deutschen: Guten Tag, Frau Maier; im Französischen: **Bonjour, Madame**).

▶ **Mademoiselle** – Fräulein. Wird neben **Monsieur** und **Madame** als Anredeform verwendet, bezeichnet aber eine unverheiratete Frau oder eine Frau, die zu jung aussieht, um verheiratet zu sein.

▶ **Messieurs-dames** (umgangssprachlich) – meine Damen und Herren. Mit **Messieurs-dames** würde z. B. ein Ladeninhaber seine Kunden ansprechen, wenn er sich nicht an eine bestimmte Person wendet.

---

2 (1/2)
Und gegen Abend...

Michel:	Bonsoir, Monsieur.
Claude:	Bonsoir, Monsieur.
Nadine:	Bonsoir, Monsieur.
Luc:	Bonsoir, Madame.
Cécile:	Bonne nuit.
Nicole:	Bonne nuit.

▶ **bonsoir** – guten Abend. Wird am späten Nachmittag gebraucht.

bonne nuit – gute Nacht

Dialoge

3 (1/3)

Danke und auf Wiedersehen

(P = Paul, R = réceptionniste, J = Julie)

P: Bon. Merci. Merci, Madame. Au revoir, Madame.
R: Au revoir, Monsieur.
P: Au revoir, Monsieur. Merci.

J: Merci.
R: Bonnes vacances.
J: Merci. Au revoir, Madame.

▶ merci — danke
▶ au revoir — auf Wiedersehen
une réceptionniste — eine Empfangsdame

▶ **bon** bedeutet wörtlich „gut". Es wird hier und auch sonst oft gebraucht, um ein Gespräch zu beenden (wir würden vielleicht „also dann" sagen).

▶ **bonnes vacances** – schöne (wörtl. gute) Ferien.

1 Bonjour

Dialoge

4 1/4

Ein Bier, bitte

(P = Paul, J = Jacques)

P: S'il vous plaît, Monsieur?
J: Un café et une bière, s'il vous plaît.

(R = réceptionniste, N = Nicole)

R: Votre nom, s'il vous plaît?
N: Durand.
R: Et votre prénom?
N: Nicole.
R: Et votre adresse, s'il vous plaît?
N: Six (6), avenue Général-de-Gaulle.

▶ et	und
votre	Ihr/Ihre
▶ un nom	ein Name
▶ une adresse	eine Adresse
▶ un prénom	ein Vorname
une avenue	eine breite Straße

▶ **s'il vous plaît** – bitte, bitte schön. Wird als Höflichkeitsformel und im Anschluss an einen Wunsch verwendet.

▶ Bitte, „gern geschehen", „keine Ursache" als Antwort auf einen Dank lautet **de rien** bzw. **il n'y a pas de quoi** oder **je vous en prie**.

▶ **un café et une bière, s'il vous plaît** – einen Kaffee und ein Bier, bitte. Wenn Sie einen Kaffee verlangen, bekommen Sie schwarzen Kaffee. Wie Sie Kaffee mit Milch bestellen, lernen Sie in *Unité 3*.

5 1/5

Zahlen von 1 bis 10

(N = Nadine, P = Pierre-Yves)

N: Un crayon, deux crayons, trois crayons, quatre crayons, cinq, six. Tu comptes avec moi?
P: Nnnn.
N: Un, deux... tu dis? Deux, trois, quatre, cinq, six, sept...
P: Maman!
N: Huit.
P: C'est quoi?
N: Neuf.
P: Maman!
N: Dix!
P: Non!
N: Tu comptes avec moi?
P: Non! C'est quoi?
N: C'est un micro.

1 Bonjour

Dialoge

un crayon	ein Bleistift
Maman	Mama
▶ non	nein

▶ **zéro, un, deux, trois, quatre, cinq, six, sept, huit, neuf, dix** – 0, 1, 2, 3, 4, 5, 6, 7, 8, 9, 10.

tu comptes avec moi? – zählst du mit mir? (wörtl. du zählst mit mir?) Im Französischen genügt es, die Stimme am Satzende zu heben, um eine Aussage in eine Frage umzuformen.

tu dis? – hier: zählst du mit? (wörtl. du sagst?)

▶ **c'est quoi?** (umgangssprachlich) – was ist das? (wörtl. das ist was?) Der kleine Junge hat das Mikrophon entdeckt!

c'est un micro – das ist ein Mikro-(phon). **C'est** wird häufig verwendet und bedeutet „das ist".

6 (1/6)

Sind Sie Deutsche?

(H = Henri, S = Stéphanie)

H: Vous êtes allemande?
S: Oui – et vous?
H: Je suis français. Vous êtes en vacances?
S: Oui.
H: Vous êtes de Bonn?
S: Ah non – de Munich. Et vous?
H: Moi, j'habite Paris.

1 Bonjour

▶ oui   ja

▶ **vous êtes allemande?** – sind Sie Deutsche? Wenn Henri einen Mann angesprochen hätte, hätte er sagen müssen **vous êtes allemand?** (siehe auch *Grammatik*, Seite 21).

▶ **et vous?** – und Sie? und ihr? Auf diese Weise kann man eine Frage zurückgeben. **Vous** bedeutet sowohl „Sie" als auch „ihr".

▶ **je suis français** – ich bin Franzose. Eine Frau würde sagen **je suis française** (siehe S. 21). „Ich bin Deutscher" würde heißen **je suis allemand**, „ich bin Deutsche", **je suis allemande**.

vous êtes en vacances? – sind Sie im Urlaub?

▶ **vous êtes de Bonn?** – sind Sie aus Bonn? Wenn Sie mit einem Franzosen sprechen, können Sie beispielsweise fragen **vous êtes de Paris?** Sind Sie aus Paris?

▶ **moi, j'habite Paris** – ich wohne in Paris (wörtl. ich, ich bewohne Paris). **Moi** wird zur Verstärkung des Personalpronomens (persönlichen Fürworts) **je** (ich) benutzt, dessen **-e** hier durch einen Apostroph ersetzt wird, weil **habite** mit einem stummen h beginnt. Auch wenn das auf **je** folgende Verb mit einem Vokal (Selbstlaut) beginnt, steht anstelle des **-e** ein Apostroph z. B. **j'utilise** – ich gebrauche.

15

Dialoge

> Henri möchte hier betonen, dass er im Gegensatz zu seiner aus München stammenden Gesprächspartnerin in Paris wohnt. Merken Sie sich außerdem: **j'habite Bonn** – ich wohne in Bonn, **j'habite Munich** – ich wohne in München; möglich auch: **j'habite à Paris, j'habite à Bonn**.

7 1/7

Ich wohne in Paris

(J = Jean Claude, S = Stéphanie)

J: Bonjour, Madame.
S: Bonjour, Monsieur.
J: C'est... euh... Madame ou Mademoiselle?
S: Mademoiselle.
J: Ah bon... vous êtes allemande ou autrichienne?
S: Allemande. Et vous?
J: Je suis français. Et... vous habitez Berlin?
S: Ah non – Munich.
J: Ah bon, Munich. Moi, j'habite Paris. Vous êtes touriste?
S: Je suis en vacances, oui.
J: En vacances? Ah bon. Et vous êtes avec un groupe ou vous êtes toute seule?
S: Toute seule.
J: Toute seule?

▶ ou	oder
autrichienne	Österreicherin
un/une touriste	ein Tourist/eine Touristin
▶ en vacances	im Urlaub
▶ avec	mit
un groupe	eine Gruppe

> **...euh:** Überlegungspause, die Zögern oder Zweifel ausdrücken kann.
> **c'est Madame ou Mademoiselle?** – Frau oder Fräulein? Jean-Claude stellt diese Frage nur, weil er wissen will, ob seine Gesprächspartnerin verheiratet ist.
>
> **vous habitez Berlin?** – wohnen Sie in Berlin?
>
> ▶ **ah bon** – ach so (wörtl. ah gut)
>
> ▶ **vous êtes avec un groupe?** – sind Sie mit einer Reisegruppe zusammen? Sie könnten beispielsweise antworten: **non, je suis avec ma famille** – nein, ich bin mit meiner Familie zusammen.
>
> **toute seule** – ganz allein. Ein Mann würde in der entsprechenden **Situation tout seul** sagen.

16 1 *Bonjour*

Wichtige Wörter und Ausdrücke

Im folgenden Abschnitt sind die wichtigsten Wörter und Sätze zusammengestellt, die Sie in dieser *Unité* angetroffen haben. Sie sollten sie sicher beherrschen, ehe Sie sich mit den letzten Teilen der *Unité* beschäftigen, in den Übungen werden sie nämlich gebraucht.

bonjour	guten Morgen, guten Tag
bonsoir	guten Abend
Monsieur	mein Herr, Herr
Madame	meine Dame, Frau
Mademoiselle	mein Fräulein, Fräulein
Messieurs-dames	meine Damen und Herren (siehe S. 12)
oui	ja
non	nein
bon	gut
merci	danke
au revoir	auf Wiedersehen
s'il vous plaît	bitte (nach einem Wunsch)
de rien	
il n'y a pas de quoi	bitte (als Erwiderung, wenn sich jemand bedankt hat)
je vous en prie	
un café et une bière	einen Kaffee und ein Bier

zéro	null
un	eins
deux	zwei
trois	drei
quatre	vier
cinq	fünf
six	sechs
sept	sieben
huit	acht
neuf	neun
dix	zehn

c'est quoi?	was ist das?
vous êtes français?	sind Sie Franzose?
vous êtes française	sind Sie Französin?
et vous?	und Sie?
je suis allemand	ich bin Deutscher
je suis allemande	ich bin Deutsche
vous êtes de Paris?	sind Sie aus Paris?
j'habite Bonn	ich wohne in Bonn
je suis en vacances	ich bin im Urlaub
avec un groupe	mit einer Gruppe
avec ma famille	mit meiner Familie
ah bon	ach so
bonnes vacances!	schöne Ferien!

1 Bonjour

17

Übungen

Die Übungen dieses Abschnitts sollen dazu beitragen, dass sie bei der eigenen Anwendung der französischen Sprache, die Sie in den Dialogen gehört haben, Sicherheit gewinnen. Um die Aufgaben bearbeiten zu können, brauchen Sie sowohl das Buch als auch die CD. Die Arbeitsanweisungen stehen immer im Buch.

1

Auf der CD hören Sie, wie eine Frau die Fragen des Hotelangestellten beantwortet. Hören Sie der Konversation so oft Sie wollen zu. Tragen Sie danach die Personalien in den Vordruck ein. Die einzelnen Angaben stehen – allerdings nicht in der richtigen Reihenfolge – in dem Kästchen.

une nationalité	eine Nationalität
une rue	eine Straße

Kästchen: allemande, Paris, Schmidt, Lamartine, rue, 7 (sept), Barbara

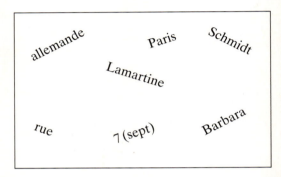

18   *1 Bonjour*

Übungen

2

1. Bonjour Madame
2. Bonjour Monsieur
3. Bonjour Mademoiselle
4. Bonjour Messieurs-dames
5. Bonsoir Monsieur
6. Bonsoir Messieurs-dames

Welche Grußform würden Sie in den jeweiligen Situationen wählen? Denken Sie daran, dass die Höflichkeit gebietet, *Monsieur, Madame, Mademoiselle* oder *Messieurs-dames* dem Gruß hinzuzufügen. Schreiben Sie Ihre Antworten in die Lücken.

1 Bonjour

Übungen

3

Wählen Sie aus der folgenden Liste die richtigen Wörter und Ausdrücke für die Lücken in dem Gespräch aus. Schreiben Sie sie zuerst auf und vergleichen Sie sie dann mit der Lösung. Ihren CD-Player brauchen Sie dazu nicht.

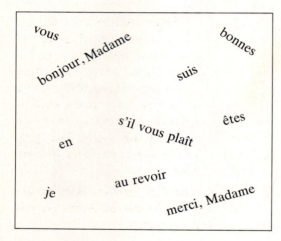

vous
bonjour, Madame
bonnes
suis
s'il vous plaît
êtes
en
au revoir
je
merci, Madame

(K = Kellnerin, G = Gast)

K: Bonjour, Monsieur.
G: _Bonjour Madame_
   Une bière, _s'il vous plaît_
K: Oui, Monsieur.
   (Sie bringt es.) Votre bière, Monsieur.
G: _Merci, Madame_
   Vous êtes de Paris?
K: Non, je _suis_ de Rouen.
G: Vous _êtes_ française?
K: Oui – et _vous_ ?
G: Moi, _je_ suis allemand.
K: Ah bon? Vous êtes _en_ vacances?
G: Oui.
K: _Bonnes_ vacances, Monsieur!
G: Merci, Madame _au revoir_ !

4

a. Nun haben Sie Gelegenheit, die in vielen Situationen äußerst wichtigen Zahlen von 1 bis 10 zu üben; Sie müssen beispielsweise sagen können, wie viele Kuchenstücke Sie bestellen wollen oder für wie viele Personen Sie Zimmer reservieren lassen. Versuchen Sie, die Ergebnisse der unten stehenden Aufgaben in Worten und Ziffern einzutragen.

a. deux + deux = _quatre_
b. quatre + un = _cinq_
c. cinq + trois = _huit_
d. neuf + un = _dis_
e. huit − cinq = _trois_
f. dix − trois = _sept_
g. six − quatre = _deux_
h. deux × quatre = _huit_
i. trois × trois = _neuf_
j. dix : deux = _cinq_

b. Decken Sie nun die soeben gelösten Aufgaben ab. Hören Sie sich den nächsten Abschnitt an und versuchen Sie, die gesprochenen Zahlen in Ziffern aufzuschreiben. Die Antworten decken sich mit den Lösungen in der vorangegangenen Übung.

a. _quatre_
b. _cinq_
c. _huit_
d. _dix_
e. _trois_
f. _sept_
g. _deux_
h. _huit_
i. _neuf_
j. _cinq_

Grammatik

Geschlecht

Während das Deutsche die drei Geschlechter Maskulinum (männlich), Femininum (weiblich) und Neutrum (sächlich) kennt, gibt es im Französischen nur zwei Formen: Maskulinum (abgekürzt: m.) und Femininum (abgekürzt: f.). Manchmal entspricht das Genus (Geschlecht) dem natürlichen Geschlecht: *un Français* (ein Franzose) ist natürlich Maskulinum, während *une Française* (eine Französin) Femininum ist.

Ebenso wie im Deutschen ist allerdings bei den meisten Substantiven (Hauptwörtern) das Genus willkürlich. Beispiele: *un groupe* (m.) – eine Gruppe, *une bière* (f.) – ein Bier. Sie können das Genus der französischen Substantive bestimmen, wenn ihnen – entsprechend dem deutschen „der, die, das" – der bestimmte Artikel (Begleiter) *le* oder *la* oder – entsprechend dem deutschen „ein, eine, ein" – der unbestimmte Artikel *un* oder *une* vorausgeht.

Merken Sie sich grundsätzlich das Genus der Substantive. Machen Sie sich aber nichts daraus, wenn Sie einmal den falschen Artikel benutzen, Ihre Gesprächspartner werden Sie trotzdem verstehen. Vielleicht sollten Sie sich merken, dass feminine Substantive und Adjektive oft auf *-e* enden.

un, une

Der unbestimmte Artikel „ein, eine, ein" lautet vor einem maskulinen Substantiv *un*, vor einem femininen Substantiv *une*. (*Un* und *une* werden auch gebraucht, um die Zahl „eins" auszudrücken.) *Un* und *une* sind Ihnen schon in dem Satz *un café et une bière, s'il vous plaît* begegnet.

Andere Beispiele: *un nom* – ein Name, *un crayon* – ein Bleistift, *une adresse* – eine Adresse, *une nuit* – eine Nacht.

Die Übereinstimmung mit dem deutschen Genus ist rein zufällig.

Adjektive

Das Adjektiv (Eigenschaftswort) erscheint in maskuliner Form, wenn es eine männliche, in femininer Form, wenn es eine weibliche Person oder Sache näher bezeichnet (ähnlich im Deutschen: ein guter Mann, eine gute Frau). So müssen Sie *un café français* – ein französischer Kaffee sagen, aber *une bière française* – ein französisches Bier. (Die meisten Adjektive stehen im Französischen nach dem Substantiv.)

In den Vokabellisten im Anschluss an die Dialoge wird das Genus der Adjektive mit (m.) oder (f.) angegeben.

être „sein"

Das Verb (Tätigkeitswort) *être* ist ebenso unregelmäßig wie das entsprechende deutsche Verb „sein" – und genauso wichtig. Im folgenden sind die Formen des Präsens (der Gegenwart) abgedruckt. Sie sind auch auf Ihrer CD nach den Dialogen zu hören.

je suis	ich bin
tu es	du bist
il/elle est	er/sie/es ist
nous sommes	wir sind
vous êtes	ihr seid, Sie sind
ils/elles sont	sie sind

Grammatik

Zur Beachtung:

1. Im Französischen gibt es die neutrale Form „es" nicht. „Es ist" (auf das Mikrophon bezogen) wird mit *il est (le micro)* wiedergegeben, „es ist" (auf das Bier bezogen) wird mit *elle est (la bière)* wiedergegeben.

2. Normalerweise wird das deutsche „sie" (Plural) mit *ils* übersetzt. *Elles* wird nur gebraucht, wenn alle Personen der in Rede stehenden Gruppe weiblichen Geschlechts sind. Wenn Sie also von 100 Frauen und einem Mann sprechen, müssen Sie *ils* sagen.

Lesen und Verstehen

Hier unten ist ein Auszug aus einem französischen Personalausweis *(une carte d'identité)* abgebildet.
Können Sie die Fragen zur Inhaberin dieses Personalausweises beantworten?

a. Wie heißt sie mit Zunamen?
   Gudimard

b. Wie heißt sie mit Vornamen?
   Nadine, Françoise, Marie

c. In welcher Stadt lebt sie?
   Savigny/Orge

d. Welche Nationalität hat sie?
   Française

e. In welchem Jahr ist sie geboren?
   19. Avril 1961

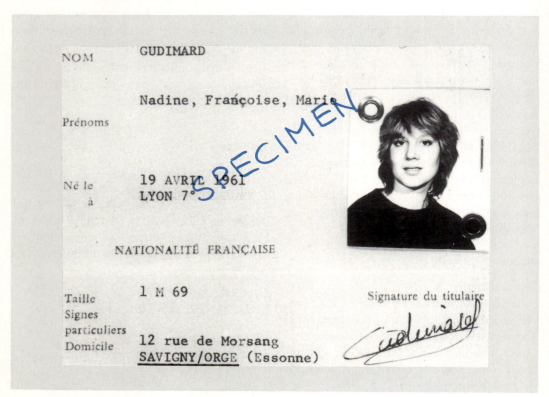

Wissenswertes

Höflichkeit

Man wird oft als taktlos angesehen, wenn man die Umgangsformen im Ausland nicht kennt; Höflichkeitsfloskeln wie *s'il vous plaît, merci* usw. sind deshalb sehr wichtig. In den französischsprachigen Ländern ist es zum Beispiel ein Gebot der Höflichkeit, *Monsieur, Madame* oder *Mademoiselle* hinzuzufügen, wenn man mit jemandem spricht, vor allem bei kurzen Wendungen wie *oui, non, bonjour, au revoir* oder *merci*.

Wenn Franzosen sich mit Vornamen anreden, bedeutet das nicht automatisch, dass sie sich duzen. Ab einem gewissen Bekanntheitsgrad begrüßen sie sich, indem sie sich auf beide Wangen küssen.

Personalausweis

Einem deutschen Personalausweis ist in Frankreich *une carte d'identité* vergleichbar. Als Tourist sollten Sie Ihren Ausweis ebenfalls immer bei sich haben. Wenn Sie ein Fahrzeug führen, müssen Sie Ihren Führerschein und Ihren Pass oder Personalausweis griffbereit halten und auf Verlangen vorzeigen, wenn ein Polizist nach *vos papiers* (Ihren Papieren) fragt. Die „grüne Versicherungskarte" ist nicht zwingend vorgeschrieben, die Automobilclubs empfehlen jedoch weiterhin, sich eine zu besorgen.

Reisen im französischsprachigen Europa

Sie können sich bei den Automobilclubs und den Fremdenverkehrsämtern Informationsmaterial beschaffen. Hier sind nützliche Adressen:

Frankreich

Maison de la France
Französisches Fremdenverkehrsamt
Westendstraße 47
60325 Frankfurt/Main
Tel. 0190-57 00 25
www.franceguide.com

Belgien

Belgisches Verkehrsamt
Berliner Allee 47
40212 Düsseldorf
Tel. 0211-86 48 40
www.belgique-tourisme.net

Schweiz

Kostenlose Info-Nummer von *Schweiz Tourismus*: 00800 100 200 30
www.myswitzerland.com

1 Bonjour

Jetzt haben Sie das Wort

Am Ende dieser *Unité* erhalten Sie nun die Möglichkeit, die wichtigsten Wörter und Ausdrücke noch einmal selbst anzuwenden und zu üben. Dazu können Sie das Buch beiseite legen, Sie brauchen es nämlich nur dann, wenn Sie etwas nachschlagen möchten.

Bei den CD-Übungen sollen Sie an einem Gespräch teilnehmen. Dominique wird Ihnen jeweils mitteilen, was Sie zu tun haben. Halten Sie dann die CD an und sprechen Sie laut auf Französisch, was Sie sagen sollen. Danach hören Sie die richtige Antwort auf der CD. Wenn Sie diese Übungen mehrmals wiederholen, sind sie sicherlich bald mit dem Verfahren vertraut.

1

In der ersten Übung sollen Sie sich vorstellen, Sie seien in einer Bar oder einem Café und wollten Bier und Kaffee bestellen. Dominique wird Ihnen auf der CD das Stichwort geben. Vergessen Sie bitte nicht, die entsprechenden Höflichkeitsfloskeln zu verwenden.

2 1/12

Jetzt spielen Sie die Rolle eines Deutschen in Frankreich. Eine junge Französin kommt zu Ihnen und beginnt ein Gespräch. Dominique wird Sie darauf aufmerksam machen, wenn Sie antworten müssen. Denken Sie daran, dass mit dem Ausdruck *et vous?* eine Frage geschickt zurückgegeben werden kann.

Bevor Sie mit *Unité 2* beginnen, gehen Sie bitte noch einmal an den Anfang der CD zurück und hören sich alle Dialoge nacheinander an. Stellen Sie anhand des *Wegweisers* fest, ob Sie auch wirklich alles durchgearbeitet haben, die nächste *Unité* wird Ihnen dann nämlich leichter fallen.

2 Vous travaillez?

Bevor Sie anfangen

1. In *Unité 1* haben Sie die Präsensformen des Verbs *être* gelernt: *je suis, tu es, il/ elle est, nous sommes, vous êtes, ils/elles sont*. Sie werden sie in dieser *Unité* u. a. brauchen, wenn Sie gefragt werden, was Sie beruflich machen, z. B. *je suis secrétaire* – ich bin Sekretärin.

2. Rufen Sie sich auch noch einmal ins Gedächtnis zurück, wie man eine Frage zurückgibt: *Vous êtes réceptionniste? Oui (non), et vous?*

3. Die Zahlen, die Ihnen in dieser *Unité* vorgestellt werden, bauen auf den bereits gelernten auf. Hier sind sie noch einmal: *zéro, un, deux, trois, quatre, cinq, six, sept, huit, neuf, dix.*

Sie lernen in dieser Unité

- wie Sie Fragen nach Ihrem Arbeitsplatz beantworten
- wie Sie Fragen über Ihre Familie beantworten
- wie Sie sich mit einfachen Fragen über andere erkundigen
- wie Sie etwas ablehnen
- die Zahlen bis 20
- Wissenswertes über die Geographie Frankreichs
- Wissenswertes über andere französischsprachige Länder

Wegweiser

Dialoge: Hören Sie sich die Dialoge oder Dialoggruppen in der unten aufgeführten Reihenfolge bei geschlossenem Buch an. Hören Sie dann jeden Dialog einzeln an, lesen Sie ihn und arbeiten Sie ihn durch. Reihenfolge: Dialoge 1 und 2; 3 und 4; 5 bis 7.

Lernen Sie *Wichtige Wörter und Ausdrücke.*

Machen Sie die *Übungen* auf S. 33.

Arbeiten Sie die *Grammatik* durch.

Bearbeiten Sie den Abschnitt *Lesen und Verstehen.*

Lesen Sie den Abschnitt *Wissenswertes.*

Jetzt haben Sie das Wort.

Hören Sie sich alle Dialoge noch einmal ohne Buch an.

Dialoge   Dialoge

1 (1/13)

Arbeiten Sie?

(A = Anna, H = Henri)

A: Vous travaillez?
H: Ah oui, je travaille.
A: A Paris?
H: Oui. Et vous?
A: Oui, moi aussi je travaille – à Paris également.

également | auch

> **vous travaillez?** – arbeiten Sie? (wörtl. Sie arbeiten?) Die Frage wird hier in Aussageform gestellt und nur durch das Heben der Stimme am Satzende kenntlich gemacht. Dies kommt in der gesprochenen Sprache häufig vor.
>
> ▶ **je travaille** – ich arbeite. Wenn das Personalpronomen (persönliche Fürwort) **je** vorangeht, endet das Verb häufig auf **-e** (siehe *Grammatik*, S. 35).
>
> ▶ **moi aussi** – ich auch
>
> **à Paris** – in Paris. Merken Sie sich bitte, dass Großbuchstaben im Französischen in der Regel keinen Akzent haben.

2 (1/14)

Was sind Sie von Beruf?

Henri: Je suis commerçant.
Fabienne: Je suis secrétaire.
Claude: Je suis comptable.
Georges: Je suis homme d'affaires.
Brigitte: Je suis dans l'enseignement – je suis professeur de gymnastique.
Lisette: Je suis employée dans un établissement d'enseignement – je suis fonctionnaire.
Daniel: Euh... j'ai un emploi de bureau.

un commerçant	ein Kaufmann, ein Händler
un/une secrétaire	ein Sekretär/eine Sekretärin
un/une comptable	ein Buchhalter/eine Buchhalterin
un homme d'affaires	ein Geschäftsmann

2 Vous travaillez?

Dialoge

un professeur	ein Lehrer/eine Lehrerin
(la) gymnastique	Turnen, Gymnastik
un/une fonctionnaire	ein Beamter/eine Beamtin

 1/15

Weitere Berufsbezeichnungen, die auf der CD vorgestellt werden:

un facteur	ein Briefträger/eine Briefträgerin
un plombier	ein Klempner
un/une dentiste	ein Zahnarzt/eine Zahnärztin
un médecin	ein Arzt/eine Ärztin
un coiffeur	ein Friseur
une coiffeuse	eine Friseuse
un/une réceptionniste	ein Empfangschef/eine Empfangsdame
un ingénieur	ein Ingenieur (Mann oder Frau)
un technicien	ein Techniker
je suis en retraite	ich bin pensioniert

Dialoge

▶ **je suis homme d'affaires** – ich bin Geschäftsmann. Einige Berufsbezeichnungen sind im Französischen für Mann und Frau gleich, z. B. **ingénieur, professeur,** während in anderen Fällen zwei Wörter existieren, z. B. **coiffeur** (m.) und **coiffeuse** (f.). Beachten Sie bitte: **un professeur** – ein Lehrer/eine Lehrerin; **un dentiste** – ein Zahnarzt, **une dentiste** – eine Zahnärztin.

je suis dans l'enseignement – ich bin im Lehrfach (tätig).

je suis professeur de gymnastique – ich bin Sportlehrer(in) (wörtl. ich bin Lehrer[in] von Gymnastik). Achten Sie auf die unterschiedliche Wortbildung im Französischen und im Deutschen.

employée – beschäftigt. Das Wort bedeutet auch „Angestellte". **Employé** (ohne zusätzliches **-e** am Ende) bedeutet „beschäftigt", wenn von einem Mann die Rede ist, und „Angestellter".

un établissement d'enseignement – eine Lehranstalt. Die Franzosen lieben Wortspiele und greifen oftmals, wenn sie die Wahl zwischen einem einfachen und einem komplizierten Begriff haben, zu letzterem. In diesem Fall meint Lisette eine Schule – das einfache Wort für Schule ist **une école**; ein Gymnasium ist **un lycée.**

j'ai un emploi de bureau – ich habe eine Stelle im Büro; **un emploi** – eine Stelle, **un bureau** – ein Büro. (Was das Verb **avoir** – haben betrifft, siehe S. 35.)

2 Vous travaillez?

Dialoge

3 (1/16)

Ein Hochzeitstag

(S = Stéphanie, D = Denise)

S: Vous êtes mariée?

D: Oui, nous sommes mariés depuis trente-six ans demain.

S: Félicitations! Et vous avez des enfants?

D: Six enfants.

S: Des garçons ou des filles?

D: Quatre filles et deux garçons.

▶ demain	morgen
marié (m.)	verheiratet
▶ un an	ein Jahr
▶ félicitations!	herzlichen Glückwunsch! (wörtl.: Glückwünsche!)
un enfant	ein Kind
▶ un garçon	ein Junge
▶ une fille	ein Mädchen, eine Tochter

▶ **vous êtes mariée?** – sind Sie verheiratet? Wenn diese Frage einem Mann gestellt wird, muss man **vous êtes marié?** schreiben.

nous sommes mariés depuis trente-six ans demain – morgen sind wir 36 Jahre verheiratet (wörtl. wir sind seit 36 Jahren verheiratet). **Mariés** wird am Ende mit **-s** geschrieben, weil es sich auf mehr als eine Person bezieht. Wenn Sie einen Vorgang darstellen, der in der Vergangenheit begonnen hat, aber immer noch andauert, verwenden Sie diese Konstruktion, z. B. **je suis marié depuis un an** – ich bin seit einem Jahr verheiratet; **je suis marié depuis deux ans** – ich bin seit zwei Jahren verheiratet.

▶ **vous avez des enfants?** – haben Sie Kinder? **Des** bezeichnet eine unbestimmte Anzahl und wird im Deutschen nicht übersetzt. Wie das Verb **avoir** – haben gebeugt wird, erfahren Sie auf S. 35.

des garçons ou des filles? – Jungen oder Mädchen? Französische Substantive werden fast immer von Artikeln begleitet, z. B. von **des** (im Deutschen nicht zu übersetzen) oder **les** (**les filles** – die Mädchen). Siehe auch *Grammatik* S. 35.

4 (1/17)

Sind Sie verheiratet?

(M = Michel, C = Christian)

M: Vous êtes marié?

C: Oui – et vous?

M: Non, je ne suis pas marié – je suis célibataire. Et vous, avez-vous des enfants?

C: Ah oui, j'ai trois filles: Claire, Isabelle et Céline.

M: Avez-vous des frères et sœurs?

C: Ah oui, j'ai . . . trois frères et deux sœurs.

M: Et votre père vit toujours?

C: Ah oui, oui et ma mère aussi.

28   *2 Vous travaillez?*

Dialoge

célibataire	ledig
un frère	ein Bruder
une sœur	eine Schwester
un père	ein Vater
votre père	Ihr Vater/euer Vater
ma	meine
une mère	eine Mutter
▶ aussi	auch
▶ toujours	immer (hier: noch)

je ne suis pas marié – ich bin nicht verheiratet. Die Negation (Verneinung) **ne...pas** wird im *Grammatikteil* S. 35 erklärt.

▶ **j'ai trois filles** – ich habe drei Töchter, ebenso: **j'ai trois frères** – ich habe drei Brüder oder **j'ai trois sœurs** – ich habe drei Schwestern. Wenn Sie wissen wollen, ob jemand Geschwister hat, müssen Sie die Frage, wie im Dialog gezeigt, stellen: **avez-vous des frères et sœurs?**, da im Französischen kein entsprechendes Wort für „Geschwister" existiert.

avez-vous des enfants? – haben Sie Kinder? Sie lernen hier eine andere Möglichkeit der Fragestellung kennen. Neben dem in fragendem Ton gesprochenen Satz **vous avez des enfants?** können Sie – ähnlich wie im Deutschen – durch Umstellung von Personalpronomen und Verb eine Frage formulieren. Beachten Sie bitte den Bindestrich.

et votre père vit toujours? – und Ihr Vater lebt noch?

Dialoge

5

Eine erste Begegnung

(H = Henri, G = Guylaine)

H: Vous habitez chez vos parents?
G: Oui.
H: Et vous travaillez?
G: Oui, je travaille.
H: Où ça?
G: A Paris.
H: Quel travail?
G: Je suis secrétaire.
H: Vous avez un patron?
G: J'ai plusieurs patrons.
H: Ils sont gentils?
G: Dans l'ensemble, oui.
H: Et moi, je suis gentil?
G: Je ne sais pas: je ne vous connais pas.

vos parents	Ihre Eltern/eure Eltern
quel? (m.)	welcher, was für ein?
un travail	eine Arbeit
un patron	ein Chef
plusieurs	mehrere
moi	ich (betonte Form)

vous habitez chez vos parents? – leben Sie bei Ihren Eltern? Henri versucht, mit dieser Allerweltsfrage (in der einfachen Intonationsfrageform) ein Gespräch anzuknüpfen.

chez bedeutet „bei/zu Hause bei", z. B. **chez moi, chez nous, chez Michel.**

2 Vous travaillez?

Dialoge

quel travail? – was arbeiten Sie? (wörtl. welche Arbeit?) **quel** bezieht sich auf **le travail** – die Arbeit und wird hier in der männlichen Form gebraucht. Die weibliche Form von **quel** wird gleich ausgesprochen, jedoch **quelle** geschrieben; z. B. **quelle secrétaire?** – welche Sekretärin?

où ça? – wo denn? (wörtl. wo das?)

gentils – nett, liebenswürdig. Das Wort endet mit einem Plural-**s**, weil es sich um mehrere Chefs handelt.

dans l'ensemble – im (Großen und) Ganzen

▶ **je ne sais pas** – ich weiß nicht

▶ **je ne vous connais pas** – ich kenne Sie nicht

6

Sind Sie sicher?

(H = Henri, G = Guylaine)

H: Vous voulez sortir ce soir?
G: Ah non – je ne peux pas ce soir.
H: Vous êtes sûre?
G: Oui, oui, je suis sûre!
H: Vous parlez allemand?
G: Très mal.
H: Ça n'a pas d'importance. Vous n'apprenez pas l'allemand?
G: Non, non, je recommence à apprendre l'espagnol.

▶ très — sehr
je recommence à — ich beginne wieder zu
(je commence) — (ich beginne)
▶ apprendre — lernen
l'espagnol — Spanisch

▶ **vous voulez sortir ce soir?** – wollen Sie heute Abend ausgehen? Das Wort **sortir** bedeutet „ausgehen". Wörtlich übersetzt heißt **ce soir** „diesen Abend".

▶ **je ne peux pas** – ich kann nicht. **Je peux** (ich kann) kann wie jedes andere Verb negiert werden, indem man **ne** vor und **pas** hinter das Verb stellt (siehe *Grammatik* S. 35).

vous êtes sûre? – sind Sie sicher?

oui, oui, je suis sûre – ja, ja, ich bin sicher. Wenn ein Mann antworten würde, klänge dies zwar gleich, würde aber **sûr** geschrieben.

▶ **vous parlez allemand?** – sprechen Sie Deutsch?

très mal – sehr schlecht. **Mal** ist ein Adverb (Umstandswort), z. B. **je parle mal l'espagnol** – ich spreche schlecht Spanisch.

ça n'a pas d'importance – das macht nichts (wörtl. das hat keine Bedeutung).

vous n'apprenez pas? – lernen Sie nicht? Vor einem Vokal verkürzt sich das **ne** zu **n'**.

Dialoge

7 1/20

Die Zahlen von 1 bis 20

Yves: Un, deux, trois, quatre, cinq, six, sept, huit, neuf, dix, onze, douze, treize, quatorze, quinze, seize, dix-sept, dix-huit, dix-neuf, vingt.

11 onze *onse*   16 seize *sase*
12 douze *douse*   17 dix-sept *diset*
13 treize *träse*   18 dix-huit *disvit*
14 quatorze *Ratorse*   19 dix-neuf *disnöff*
15 quinze *känse*   20 vingt *wäa*

Dialoge

Zahlen sind wichtig! Sie sollten sie verstehen und anwenden können. Üben Sie die Zahlen, indem Sie sie zuerst Yves nachsprechen und dann allein aufsagen.

Probieren Sie das folgende Spiel: Schreiben Sie die Zahlen, die Sie bis jetzt gelernt haben, verstreut auf ein Blatt, und tippen Sie – ohne hinzusehen – mit Ihrem Stift darauf. Sagen Sie laut die Zahl, die Ihrem Stift am nächsten steht.

2 Vous travaillez?

Wichtige Wörter und Ausdrücke

je travaille	ich arbeite	vous voulez sortir (ce soir/demain soir)?	wollen Sie (heute Abend/morgen Abend) ausgehen?
je suis (homme d'affaires)	ich bin (Geschäftsmann)	je ne peux pas	ich kann nicht
moi aussi	ich auch	je ne sais pas	ich weiß nicht
vous êtes marié? (m.) vous êtes mariée? (f.)	sind Sie verheiratet?	je ne connais pas (Jean)	ich kenne (Jean) nicht
non, je suis célibataire	nein, ich bin ledig	demain	morgen
vous avez (des enfants?)	haben Sie (Kinder)?	un an	ein Jahr
j'ai (une fille/un garçon)	ich habe (eine Tochter/einen Sohn)		
félicitations!	herzliche Glückwünsche		
vous parlez allemand? français?	sprechen Sie Deutsch? Französisch?		

Die Zahlen 11 bis 20

11	onze	16	seize
12	douze	17	dix-sept
13	treize	18	dix-huit
14	quatorze	19	dix-neuf
15	quinze	20	vingt

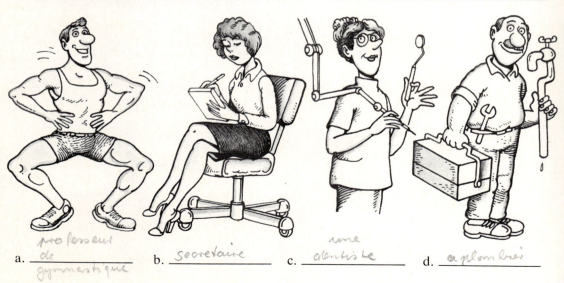

a. _professeur de gymnastique_   b. _secretaire_   c. _une dentiste_   d. _a plombier_

2 Vous travaillez?

Übungen

1

Auf der CD hören Sie einige Zahlen zwischen 1 und 20. Schreiben Sie sie in Ziffern auf.

a. _7_ b. _13_ c. _17_
d. _15_ e. _8_ f. _16_
g. _12_

2

Unter diesen Zeichnungen finden Sie eine Reihe von Berufsbezeichnungen. Ordnen Sie den verschiedenen Personen jeweils den ausgeübten Beruf zu.

facteur – en retraite – comptable – médecin – professeur de gymnastique – secrétaire – plombier – dentiste – réceptionniste

i. _une réceptionniste_

h. _en retraite_

e. _comptable_ f. _facteur_ g. _médecin_

2 Vous travaillez?

Übungen

3 (1/22)

Hören Sie so oft Sie wollen der Unterhaltung auf der CD zu und kreuzen Sie dann die richtigen Angaben an.

a. Er ist	Deutscher	☒
	Franzose	☐
	Spanier	☐
b. Er spricht	sehr gut Französisch	☐
	ganz gut	☐
	sehr schlecht	☒
c. Er wohnt	in Deutschland	☒
	in Frankreich	☐
	in Spanien	☐
d. Sie wohnt	in München	☐
	in Paris	☒
	in Madrid	☐
e. Sie ist	Krankenschwester	☐
	Lehrerin	☐
	Sekretärin	☒
f. Er ist	Buchhalter	☐
	Beamter	☒
	Lehrer	☐

4

Versuchen Sie bitte, den Familienstammbaum aufgrund der Ihnen im Folgenden gegebenen Informationen zu ergänzen. Sie brauchen dazu Ihren CD-Player nicht.

le mari	der Ehemann
mais	aber

a. Robert est le mari de Denise.
b. Ils ont trois filles.
c. Michèle est mariée mais elle n'a pas d'enfants.
d. Pierre est le mari de Michèle.
e. Claude est le mari de Brigitte; ils ont une fille, Monique.
f. Philippe est le mari d'Odette; ils ont deux garçons, Bertrand et Jean-Luc.

34

2 Vous travaillez?

Grammatik

Verben

parler – sprechen
Das Verb *parler* endet im Infinitiv (Grundform) wie zahlreiche andere Verben im Französischen (ca. 90 %) auf -*er*. Im Folgenden ist das Präsens von *parler* abgedruckt.

je parle	ich spreche
tu parles	du sprichst
il/elle parle	er/sie/es spricht
nous parlons	wir sprechen
vous parlez	ihr sprecht/Sie sprechen
ils/elles parlent	sie sprechen

Andere Verben, die diesem Schema folgen, sind beispielsweise *donner* – geben, *pousser* – stoßen, drücken, *tirer* – ziehen, *habiter* – wohnen. Denken Sie bitte daran, dass „ich wohne" *j'habite* heißt.

avoir – haben
Das neben *être* am häufigsten gebrauchte unregelmäßige Verb ist *avoir*.

j'ai	ich habe
tu as	du hast
il/elle a	er/sie/es hat
nous avons	wir haben
vous avez	ihr habt/Sie haben
ils/elles ont	sie haben

Beide Verben können Sie auf Ihrer CD nach den Dialogen hören.

des

Des bezeichnet im Französischen eine unbestimmte Menge im Plural und wird im Deutschen nicht übersetzt.

j'ai des sœurs – ich habe Schwestern
vous avez des enfants? – haben Sie Kinder?

Wie Sie sehen, wird im Französischen im Plural ein -*s* an das Substantiv gehängt. Dieses -*s* wird jedoch nicht gesprochen.

die Verneinung

Im Französischen wird „nicht" dadurch ausgedrückt, dass man *ne* vor und *pas* hinter das Verb stellt, z. B.

je ne suis pas français — ich bin kein Franzose (wörtl. ich bin nicht Franzose)
je ne parle pas français — ich spreche nicht Französisch
je ne vous connais pas — ich kenne Sie nicht

Wenn das Verb mit einem Vokal oder einem stummen *h* (dies ist bei *h* meistens der Fall) beginnt, wird *ne* zu *n'* verkürzt, z. B.
elle n'est pas française – sie ist keine Französin
je n'habite pas Paris – ich wohne nicht in Paris

Aufgabe 1

Verneinen Sie die folgenden Sätze.

▶ Beispiel:
je parle français
je ne parle pas français

a. Je sais. kann
   Je ne sais pas ✓

b. Nous sommes mariés.
   Nous ne sommes pas mariés ✓

c. Je suis célibataire.
   Je ne suis pas célibataire ✓

Grammatik

Lesen und Verstehen

d. Vous habitez chez vos parents.
   Vous n'habitez pas chez vos parents. ✓

e. Vous travaillez bien.
   Vous ne travaillez pas bien. ✓

f. Vous avez dix euros.
   Vous n'avez pas dix euros. ✓

g. Je connais Henri. _connais_
   Je ne connais pas Henri. ✓

h. Je suis fonctionnaire. ✓
   Je ne suis pas fonctionnaire.

Aufgabe 2

Die Verben im Kasten fehlen im folgenden Dialog. Versuchen Sie, die Lücken richtig zu füllen.

> vous habitez   vous avez
> je travaille   je recommence   j'ai
> vous êtes   j'habite   vous parlez   je suis

(M = Mann, F = Frau)

M: _Vous êtes_ mariée?
F: Non. Et vous?
M: Moi, _je suis_ marié.
F: _Vous avez_ des enfants?
M: Oui, _j'ai_ trois enfants: une fille et deux garçons.
F: _Vous habitez_ Versailles?
M: Non, Paris. Et vous?
F: _J'habite_ chez mes parents à Versailles et _je travaille_ à Paris.
M: _Vous parlez_ allemand?
F: Très mal. _Je recommence_ à apprendre l'allemand.

Lesen Sie den folgenden Text über die Familie Dampierre. Beantworten Sie auf Deutsch die Fragen.

Monsieur Dampierre est français. Il habite Versailles, au 15, avenue Louis XIV, et il travaille à Paris, dans un bureau. Il est comptable. Madame Dampierre travaille dans un établissement d'enseignement; elle est fonctionnaire. Ils ont deux enfants: une fille et un garçon. La fille, Fabienne, est secrétaire à Paris et elle parle très bien allemand. Le garçon, Daniel, a un emploi de bureau; il travaille chez Renault.

a. Welche Nationalität hat Herr Dampierre? _Franzose_
b. Wie lautet seine Adresse? _Versailles au 15 avenue Louis IX_
c. Wo ist sein Büro? _Paris_
d. Was macht er? _Buchhalter_
e. Wo arbeitet Frau Dampierre? _Lehranstalt_
f. Was macht sie? _Beamtin_
g. Wie viele Kinder haben sie? _2_
h. Was macht Fabienne? _Sekretärin_
i. Wo arbeitet der Sohn? _Renault_
j. Wer von ihnen spricht gut Deutsch? _Fabienne_

Wissenswertes

Mit 550.000 km² ist Frankreich um gut die Hälfte größer als Deutschland (357.000 km²), aber wesentlich dünner besiedelt (Frankreich hat nur 58 Millionen Einwohner, Deutschland dagegen fast 82 Millionen). Verwaltungsmäßig ist Frankreich in 22 *régions* (historisch gewachsene Landstriche, siehe Karte) und diese wiederum in insgesamt 95 *départements* gegliedert. Letztere sind in alphabetischer Reihenfolge von 1 bis 95 durchnummeriert (z. B. 01 Ain, 67 Bas-Rhin, 68 Haut-Rhin, 75 Paris etc.). Diese

2 Vous travaillez?

37

Wissenswertes

Nummern finden sich auf den französischen Autokennzeichen wieder (sie geben an, wo das Auto angemeldet ist) und bilden die ersten Ziffern der Postleitzahlen (*code postal*).

Französisch ist die offizielle Sprache von 21 Staaten, darunter sind 18 ehemalige französische Kolonien in Afrika. Darüber hinaus ist Französisch in vier anderen Ländern eine der offiziellen Sprachen: in Belgien, der Schweiz, Luxemburg und Kanada. Die frankophonen Wallonen leben hauptsächlich in Südbelgien, während die 20 % französischsprachigen Schweizer vor allem im Westen dieses Landes wohnen.

Jetzt haben Sie das Wort

In der Konversation auf Ihrer CD übernehmen Sie die Rolle einer jungen Französin. Dominique wird Ihnen das Stichwort geben. *Mon anniversaire* bedeutet übrigens „mein Geburtstag".

Vergessen Sie bitte nicht, sich zum Schluss noch einmal alle Dialoge der *Unité 2* anzuhören, ohne dabei im Buch mitzulesen.

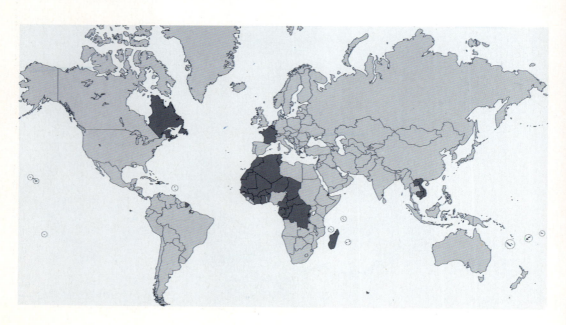

2 Vous travaillez?

3 Qu'est-ce que vous prenez?

Bevor Sie anfangen

Wiederholen Sie zunächst einmal die Präsensformen des Verbs *avoir*, denn Sie werden sie in dieser *Unité* häufig brauchen:
j'ai, tu as, il/elle a, nous avons, vous avez, ils/elles ont

Wissen Sie noch, wie man Aussagen verneint? Hier sind einige Beispiele:
je ne connais pas
je ne parle pas
je n'habite pas
je ne sais pas
je ne peux pas

Sie lernen in dieser Unité

● wie Sie Getränke und Schnellgerichte bestellen können
● wie Sie Fragen des Bedienungspersonals beantworten
● Wissenswertes über typische französische Getränke und Schnellgerichte

Wegweiser

Dialoge: Hören Sie sich die Dialoge oder Dialoggruppen in der unten aufgeführten Reihenfolge bei geschlossenem Buch an. Hören Sie dann jeden Dialog einzeln an, lesen Sie ihn und arbeiten Sie ihn durch. Reihenfolge: Dialoge 1 bis 4; 5 bis 9.

Lernen Sie *Wichtige Wörter und Ausdrücke.*

Machen Sie die *Übungen* auf S. 46.

Arbeiten Sie die *Grammatik* durch.

Bearbeiten Sie den Abschnitt *Lesen und Verstehen.*

Lesen Sie den Abschnitt *Wissenswertes.*

Jetzt haben Sie das Wort.

Hören Sie sich alle Dialoge noch einmal ohne Buch an.

Machen Sie die *Wiederholungsübungen* auf S. 210.

Dialoge

1 (1/25)

Telefonische Bestellung

Réceptionniste: Oui? Alors deux petits déjeuners. Qu'est-ce que vous prenez? Alors un lait – chaud ou froid? Un lait chaud et un café-lait? Et tous les deux complets? D'accord.

alors	dann
un lait	eine Milch
▶ chaud	heiß
▶ froid	kalt
ou	oder
▶ d'accord	einverstanden

> ▶ **deux petits déjeuners** – zweimal Frühstück. **Un déjeuner** bedeutet „ein Mittagessen", **un petit déjeuner** „ein Frühstück" (wörtl. ein kleines Mittagessen).
>
> ▶ **qu'est-ce que vous prenez?** – was nehmen Sie? **Qu'est-ce que ...?** bedeutet „was ...?" Näheres hierzu im *Grammatikteil.*
>
> ▶ **un café-lait** – ein Milchkaffee. Gewöhnlich heißt es: **un café au lait.**
>
> **tous les deux** – beide
>
> ▶ **complets** (Plural) – vollständig

2 (1/26)

Ein Frühstück

(J = Jeanne, G = garçon)

J: Bonjour, Monsieur.
G: Bonjour, Madame. Qu'est-ce que vous désirez?
J: Euh ... Qu'est-ce que vous avez?
G: Alors, pour le petit déjeuner nous avons du café, du café au lait, du lait, du chocolat et du thé.
J: Un thé, s'il vous plaît.
G: Oui. Citron? Nature?
J: Au citron!
G: Au citron. Parfait.
J: Merci.

un garçon (de café/ de restaurant)	ein Kellner
▶ un chocolat	eine Schokolade
▶ un thé	ein Tee
parfait	perfekt

> **Monsieur** bedeutet hier „Herr Ober".
>
> **qu'est-ce que vous désirez?** – was möchten Sie? (wörtl. was wünschen Sie?)
>
> **euh ...** Überlegungspause
>
> **pour le petit déjeuner** – zum Frühstück (wörtl. für das Frühstück)
>
> **du café** – Kaffee. Wenn Sie **du café** verlangen, bekommen Sie Kaffee ohne Milch. **Du** ist im Deutschen nicht zu übersetzen. Es wird maskulinen Sub-

3 Qu'est-ce que vous prenez?

Dialoge

stantiven vorangestellt, wenn, wie in dieser Aufzählung verschiedener Getränke, von einer unbestimmten Menge die Rede ist.

citron? – mit Zitrone?
nature? – ohne Zusatz?

3 (1/27)

In der Hotelbar

(J = Joëlle, G = garçon)

J: Qu'est-ce que vous avez comme bière, s'il vous plaît?
G: Comme bière nous avons de la pression et de la Kronenbourg en bouteilles.
J: Bon... euh... deux pressions, s'il vous plaît.
G: Deux pressions? Des petits, des grands...?
J: Des petits.
G: Des petits – d'accord.
J: Merci. Et pour les enfants, qu'est-ce que vous avez?
G: Pour les enfants: Orangina, Coca-Cola, Schweppes – euh – du lait, lait-fraise et tout ça.
J: Ben... deux Orangina, s'il vous plaît.
G: Deux Orangina.
J: Merci.

▶ bon | gut
une bière | ein Bier
une Kronenbourg | Markenbezeichnung für ein Bier

en | in
une bouteille | eine Flasche
un Orangina | Markenbezeichnung für eine Orangenlimonade
du lait-fraise | Milchmixgetränk mit Erdbeeren

▶ **qu'est-ce que vous avez comme bière?** – welche Biersorten haben Sie? (wörtl. was haben Sie als Bier?). Ebenso: **qu'est-ce que vous avez comme vin?** – welche Weinsorten haben Sie?

de la pression – vom Fass. **De la** bezeichnet eine unbestimmte Menge vor femininen Substantiven, analog wird **du** vor maskulinen Substantiven verwendet.

des petits, des grands...? – große, kleine...? Dies bezieht sich auf große oder kleine Biergläser. **Un verre** – ein Glas.

pour les enfants – für die Kinder. **Les** wird im *Grammatikteil* (S. 48) erklärt.

et tout ça – und all dies

ben – umgangssprachlich für **eh bien** im Sinne von „also".

3 Qu'est-ce que vous prenez?

Dialoge

4 1/28
Ein Aperitif

(A = Alain, S = serveuse,
M = Marguerite, J = Julie)

A: Une vodka-orange – euh – un Byrrh, un kir.
S: Merci.

S: La vodka-orange.
M: C'est pour moi.
S: Le Byrrh.
J: C'est pour moi.
S: Pour Madame. Et le kir pour Monsieur. Voilà.
J: Merci.

une serveuse	eine Kellnerin
une vodka-orange	ein Wodka-Orange
▶ voilà	hier: bitte schön

un kir ist eine Mischung aus Weißwein oder Champagner (**un kir royal**) und schwarzem Johannisbeerlikör, die nach ihrem Erfinder Canon Kir benannt ist.

la vodka-orange ... le Byrrh. La ist das Wort für „der, die oder das" vor einem femininen Substantiv, während **le** einem maskulinen Substantiv vorangeht (siehe *Grammatik*, S. 48)

▶ **c'est pour moi** – das ist für mich

voilà – da ist es/da ist ... /da sind ...
Die Kellnerin serviert Alain einen **kir** und sagt **voilà** – bitte schön.

Dialoge

5 1/29
Im Bistro

(B = Bernadette, J = Jeanne, G = garçon,
P = Philippe, M = Monique)

B: Bon, moi je prends un café noir ... vous prenez un café-crème?
J: Un café noir, s'il vous plaît.
B: Café noir. Alors deux cafés noirs.
G: Alors deux noirs.
B: Deux noirs. Pour les enfants ... euh ...
P: Un Orangina.
M: Un Coca.
G: Orangina et un Coca?
B: Attendez! Attendez! Et – et – et à manger, qu'est-ce que vous avez?
G: A manger, maintenant? Alors, maintenant, hot-dog, croque-monsieur, pizza, sandwichs (camembert, gruyère, jambon, pâté, saucisson, rillettes) ...

▶ un café-crème	Kaffee mit Sahne
noir	schwarz
attendez!	wartet/warten Sie!
à manger	zu essen
▶ maintenant	jetzt
du jambon	Schinken
du saucisson	Wurst

je prends – ich nehme. Eine andere Form des Verbes **prendre** – nehmen haben Sie in **qu'est-ce que vous prenez?** gesehen.

croque-monsieur ist ein mit Käse überbackener Schinkentoast

42   *3 Qu'est-ce que vous prenez?*

Dialoge

▶ **un sandwich** ist ein Stück französisches Weißbrot **(une baguette)**, das mit Käse, Schinken oder Wurst belegt ist.

camembert, gruyère sind zwei verschiedene Sorten Käse: Camembert und Greyerzer.

rillettes (f. Pl.) ist eine Pastete aus kleingehacktem Schweine- oder Gänsefleisch.

6 1/30

Verschiedene Eissorten

(L = Lisette, G = garçon, C = Claude, J = Jeanne)

L: Alors – un café liégeois.
G: Alors un café liégeois.
C: Une glace antillaise, s'il vous plaît.
G: Une antillaise.
J: Un sorbet, s'il vous plaît.
G: Un sorbet cassis ou citron?
J: Euh – cassis, s'il vous plaît.
G: Cassis. Un sorbet cassis. Merci.

▶ une glace	ein Eis
un sorbet	ein Fruchteis (Wassereis)
un sorbet cassis	ein Johannisbeereis

un café liégeois – ein Eiskaffee

une glace antillaise ist ein Eis mit Rumfrüchten.

7 1/31

Wollen Sie auch etwas trinken?

(S = serveuse, D = Danielle)

S: Madame, vous désirez?
D: Trois galettes, s'il vous plaît, une galette au jambon et au fromage, une galette à la saucisse et une galette aux œufs et au jambon.
S: Et vous voulez boire quelque chose?
D: Oui – du cidre, s'il vous plaît.
S: Une grande bouteille, une petite...?
D: Une grande bouteille, je pense, s'il vous plaît.
S: Très bien, Madame.

une bouteille de cidre	eine Flasche Apfelwein
▶ je pense	ich denke
▶ très bien	hier: sehr wohl, in Ordnung

galettes (f. Pl.) sind dünne, pikante Pfannkuchen aus Buchweizen- oder Maismehl. Ein dünner Pfannkuchen aus Weizenmehl wird **une crêpe** genannt.

une galette au jambon et au fromage (es gibt auch: **une crêpe au jambon** oder **une crêpe au fromage**) – ein Pfannkuchen mit Schinken und Käse. Ebenso: **un sandwich au jambon** – ein Schinkensandwich, **un sandwich au fromage** – ein Käsesandwich.

une galette à la saucisse – ein Pfannkuchen mit Wurst

3 Qu'est-ce que vous prenez?

Dialoge

une galette aux œufs et au jambon – ein Pfannkuchen mit Eiern und Schinken. **Au, à la** und **aux** werden erst später (in *Unité 6*) erklärt.

vous voulez boire quelque chose? – wollen Sie etwas trinken?

8
Die Rechnung, bitte!

Claude: S'il vous plaît, Monsieur – l'addition.

▶ l'addition | die Rechnung

Die früher häufig gebrauchte Anrede **Garçon** wird von **Monsieur** langsam verdrängt.

Dialoge

9 1/33
Süßer Tee

(N = Nadine, P = Pierre-Yves)

N: Tu veux jouer?
P: Boire du thé.
N: Tu veux boire du thé.
P: Mm – c'est bon, Maman.
N: Oui. Tu aimes bien le thé, alors?
P: C'est sucré.
N: Qu'est-ce que tu as dans le thé?
P: Citron.

sucré | gezuckert, süß
▶ dans | in

tu veux jouer? – möchtest du spielen? Neben **vous voulez?** – wollen Sie?, das Sie in der letzten *Unité* gelernt haben, kennen Sie nun auch **tu veux?** – willst du?

boire du thé – (ich möchte) Tee trinken. Pierre-Yves spricht noch die Babysprache.

c'est bon – das ist gut

tu aimes bien le thé, alors? – du trinkst wohl gern Tee? (wörtl. dann liebst du wohl den Tee?)

citron: hier müsste es heißen **du citron** (siehe *Grammatik*, S. 48)

Wichtige Wörter und Ausdrücke

je prends (un lait)	ich nehme (eine Milch)	une glace	ein Eis
qu'est-ce que vous prenez?	was nehmen Sie?	une galette	ein dünner Pfannkuchen aus Buchweizen- oder Maismehl
un petit déjeuner complet	ein vollständiges Frühstück	un sandwich	ein belegtes Brot
un café	ein Kaffee	au fromage	mit Käse
un café-crème	ein Kaffee mit Sahne	au jambon	mit Schinken
		c'est pour moi	das ist für mich
un café au lait	ein Milchkaffee	l'addition, s'il vous plaît	die Rechnung bitte
un lait (chaud/ froid)	eine (heiße/kalte) Milch		
un chocolat	ein Kakao	maintenant	jetzt
un thé (au citron)	ein Tee (mit Zitrone)	d'accord	einverstanden
		voilà	bitte schön (wörtl. da ist/da sind...)
...s'il vous plaît	...bitte		
qu'est-ce que vous avez comme (bière)?	welche (Bier)sorten haben Sie?	bien	gut

Schlagen Sie jetzt Seite 42 im Begleitheft auf und lernen Sie die Zahlen von 21 bis 30. In den Dialogen sind sie zwar noch nicht vorgekommen, Sie werden jedoch Gelegenheit bekommen, sie in *Übung 3*, Seite 46 anzuwenden.

qu'est-ce que vous avez à manger?	was haben Sie zu essen?
je pense...	ich denke...

3 Qu'est-ce que vous prenez?

Übungen

1 (1/34)

Auf der CD können Sie hören, wie Yves und Carole in einer Bar kleine Gerichte bestellen. Schreiben Sie bitte unter jedes Bild den Anfangsbuchstaben der Person, die den Imbiss bestellt hat.

a. Y
b. C
c. Y
d. C
e. Y
f. C
g. Y
h. C

2

Für diese Übung brauchen Sie Ihren CD-Player nicht. Sie sollen versuchen, die einzelnen Satzbestandteile richtig zu ordnen.

a. au sandwich prends un jambon je.
   Je prends un sandwich au jambon ✓

b. comme avez vous qu'est-ce que bière?
   qu'est-ce que vous avez comme bière ✓

c. voulez déjeuner qu'est-ce que le petit pour vous?
   qu'est-ce que vous voulez pour le petit déjeuner ✓

d. du thé votre prenez avec vous lait?
   Vous prenez votre thé avec du lait

e. le apprendre je à français recommence.
   je recommence a apprendre le français ✓

3 (1/35)

Ein Lehrer macht mit seiner Klasse einen Ausflug. Auf der CD hören Sie, dass er in einem Lokal für seine Schüler eine Bestellung aufgibt. Tragen Sie bitte in der folgenden Karte ein, wie oft die einzelnen Speisen und Getränke gewünscht werden.

Hot-dog	21	Coca Cola	14
Sandwich (fromage)	7	Orangina	5
Pizza	8	Lait-fraise	3
Glace au chocolat	29	Chocolat	11
Sorbet au citron	6	Café	1
Schweppes	2		

3 Qu'est-ce que vous prenez?

Übungen

4

Jetzt können Sie hören, wie sich Yves und Carole eine Mahlzeit nach der Speisekarte zusammenstellen. Wenn Sie das Gespräch mehrmals abspielen, können Sie sicher die unten gestellten Fragen auf Deutsch beantworten.

À manger

Galettes
– au jambon
– à la saucisse
– au fromage
– aux œufs
– aux œufs et au jambon

Sandwichs
– jambon
– rillettes
– camembert
– gruyère

Glaces
– café
– chocolat
– citron
– cassis
– antillaise
– café liégeois

Sorbet au cassis
Sorbet au citron

À boire

Café
Café-crème
Thé au citron
Thé au lait
Lait-fraise
Orangina
Coca Cola
Schweppes

Bière   Cognac
Cidre   Vodka
Martini Kir
Whisky

a. Welchen Imbiss bestellt sie?
   Galette aux œufs et au jambon

b. Welchen Imbiss bestellt er?
   Galette à la saucisse

c. Welchen Nachtisch möchte sie haben?
   Sorbet au cassis

d. Welchen Nachtisch möchte er haben?
   Glaces citron

e. Was möchte sie trinken?
   Cidre

f. Was möchte er trinken?
   Bière

3 Qu'est-ce que vous prenez?

Grammatik

le, la, les

Während es im Deutschen drei Artikel (der, die, das) gibt, kennt das Französische im Singular nur zwei Artikel: vor einem maskulinen Substantiv *le*, z. B. *le citron* – die Zitrone, und vor einem Femininum *la*, z. B. *la vodka* – der Wodka. Wenn das auf den Artikel folgende Substantiv mit einem Vokal oder einem stummen *h* beginnt, werden *le* und *la* zu *l'* verkürzt, z. B. *l'adresse* – die Adresse, *l'enfant* – das Kind, *l'hôtel* – das Hotel.

Im Plural lautet der Artikel für maskuline und feminine Substantive *les*, z. B. *les enfants* – die Kinder, *les sœurs* – die Schwestern.

In den Vokabelverzeichnissen werden von jetzt an *le* und *la* bei allen Substantiven das Genus angeben. Wenn das Substantiv mit einem Vokal oder stummen *h* beginnt, wird das Genus in der Vokabelliste durch (m.) für maskulin und (f.) für feminin deutlich gemacht.

du, de la, des

Wenn man im Deutschen eine unbestimmte Menge von Dingen bezeichnen will, sagt man beispielsweise „geben Sie mir Kaffee", „geben Sie mir Bier" oder „geben Sie mir Eier". Das Fehlen eines Artikels besagt hier, dass keine bestimmte Menge angegeben wird. Im Französischen drückt man das mit *du café, de la bière* und *des œufs* aus; ursprünglich bedeutete das: von dem Kaffee, den Sie hier anbieten, oder von den Eiern, die Sie verkaufen. *Du, de la* und *des* werden auch Teilungsartikel genannt, da sie einen nicht

näher bestimmten Teil aus einer Menge zählbarer oder messbarer Dinge bezeichnen.

prendre „nehmen"

Die meisten französischen Verben sind regelmäßig. Allerdings sind einige der am häufigsten vorkommenden Verben unregelmäßig, und deshalb schlagen wir Ihnen vor, sie schon frühzeitig zu lernen. Hier ist also ein weiteres unregelmäßiges Verb:

je prends	ich nehme
tu prends	du nimmst
il/elle prend	er/sie/es nimmt
nous prenons	wir nehmen
vous prenez	ihr nehmt/Sie nehmen
ils/elles prennent	sie nehmen

Wenn Sie Speisen oder Getränke bestellen, verwenden Sie bitte das Verb *prendre: je prends un café* – ich nehme einen Kaffee. Nach dem Muster des Verbs *prendre* werden auch die Formen der Verben *comprendre* – verstehen und *apprendre* – lernen gebildet.

qu'est-ce que?

Qu'est-ce que . . . ? bereitet zwar Schwierigkeiten beim Buchstabieren, Aussprache und Anwendung sind jedoch, wie Sie in den *Dialogen 1, 2, 3, 5* und *9* bemerken konnten, leicht. Der ganze Ausdruck bedeutet einfach „was . . . ?", z. B.
qu'est-ce que tu as dans le thé? – was hast du im Tee? (wörtl. was du hast im Tee?)
qu'est-ce que vous prenez? – was nehmen Sie?

Lesen und Verstehen

Unten finden Sie eine Speise- und Getränke-karte für den Straßenverkauf (*vente à empor-ter* bedeutet wörtlich „Verkauf zum Mit-nehmen"). Viele Bezeichnungen sind Ihnen bereits bekannt, einige können Sie erraten.

a. Mit welchem Belag ist ein Pfannkuchen am teuersten?
_____ *Jambon et fromage* ✓ _____

b. Ist die Trinkschokolade heiß oder kalt?
_____ *froid* ✓ _____

c. Ist ein Schokoladenpfannkuchen oder Orangensaft teurer?
_____ *um Crepes chocolat* ✓ _____

d. Sind auf der Karte auch alkoholische Ge-tränke zu finden?
_____ *non* ✓ _____

e. Ist ein Käsepfannkuchen billiger als ein Erdbeereis?
_____ *non* ✓ _____

Wissenswertes

Das *petit déjeuner* besteht in Frankreich gewöhnlich aus schwarzem Kaffee und heißer Milch – in Kannen serviert – sowie *croissants* (Hörnchen) oder *tartines beur-rées* (Weißbrotschnitten mit Butter), die von vielen Franzosen in den Kaffee getunkt werden. Meistens trinkt man aus einer Schale *(un bol)*. Unter *un petit déjeuner complet* versteht man ein „vollständiges" Frühstück mit Weißbrot, Butter, Marmelade, *croissants* sowie Kaffee und Milch, Tee oder Kakao.

Französische Cafés sind vom frühen Mor-gen bis spät in die Nacht geöffnet. Es wer-den dort alle Arten von alkoholfreien und heißen Getränken sowie Weine und Spirituo-sen angeboten. Meistens bekommt man auch verschiedene Schnellgerichte. Im Som-mer trinkt man gern *un panaché* (Bier mit Limonade), *un citron pressé* (Saft einer Zitrone, serviert mit Eis, kaltem Wasser und

Vente à emporter

Galettes		Crêpes		Boissons		Glaces	
Beurre	2,50 €	Beurre sucre	3 €	Jus d'orange	3 €	Vanille	2,50 €
Fromage	3,50 €	Abricot	3,50 €	Chocolat froid	2,50 €	Chocolat	2,50 €
Jambon	3,50 €	Pommes	3,50 €	Coca Cola	2,80 €	Citron	2,50 €
Jambon et fromage	4 €	Marrons	3,50 €	Limonade	2,80 €	Fraises	2,50 €
		Chocolat	3,50 €			Ananas	2,50 €
		Noisettes	3,50 €			Noisettes	2,50 €

3 Qu'est-ce que vous prenez?

Wissenswertes

Zucker) oder *un diabolo menthe* (Pfefferminzsirup mit Limonade und Eis). Wenn Sie die Getränke an der Theke einnehmen, sind sie billiger als „im Saal" *(dans la salle)* oder im Freien.

In der Bretagne, der Normandie und immer mehr auch in anderen Landesteilen finden Sie ausgezeichnete *crêperies*, wo Sie *crêpes* mit den verschiedensten Beilagen bekommen können. Eine *crêpe* ist ein hauchdünner Pfannkuchen. Aus Milch, Weizenmehl und Eiern wird ein flüssiger Teig angerührt und auf einer sehr heißen Spezialplatte auf beiden Seiten goldgelb gebacken. Eine *galette* ist ebenfalls ein hauchdünner Pfannkuchen, aber aus Buchweizen- oder Maismehl hergestellt. Zu den *crêpes* wird vorwiegend *cidre* (Apfelwein) getrunken.

Jetzt haben Sie das Wort

Auf der CD ist eine Szene am Hotelempfang aufgezeichnet. Sie werden gefragt, was Sie morgen frühstücken wollen. Tragen Sie Ihre Wünsche auf Französisch vor und hören Sie sich dann die korrekte Antwort an.

Vergessen Sie nicht, sich alle Dialoge zum Schluss noch einmal ohne Unterbrechung anzuhören.

Wiederholung

Jetzt können Sie den Stoff der *Unités 1–3* wiederholen. Schlagen Sie dazu die Seite 210 Ihres Buches auf. Sie brauchen auch Ihren CD-Player. Die CD-Übungen zu diesem Wiederholungsprogramm schließen sich an die Tonübungen von *Unité 3* an.

3 Qu'est-ce que vous prenez?

4 Il vous reste une chambre?

Bevor Sie anfangen

Vergewissern Sie sich, ob Sie die Präsensformen des Verbs *prendre* beherrschen. *je prends, tu prends, il/elle prend, nous prenons, vous prenez, ils/elles prennent.*

Und so stellt man Fragen:
Qu'est-ce que vous avez comme fromages?
Qu'est-ce que vous prenez?
Pouvez-vous me donner la clé?
Que font les oiseaux?

Sehr wichtig ist es auch, die Zahlen ständig zu üben: *onze, douze, treize, quatorze, quinze, seize, dix-sept, dix-huit, dix-neuf, vingt, vingt et un, vingt-deux, vingt-trois, vingt-quatre, vingt-cinq, vingt-six, vingt-sept, vingt-huit, vingt-neuf, trente.*

Sie lernen in dieser Unité

- wie Sie Fragen stellen
- wie Sie ein Hotelzimmer oder einen Campingplatz buchen
- wie Sie nach bestimmten Dingen fragen
- wie die Zahlen bis 100 gebildet werden
- wie Sie auf Französisch buchstabieren

Wegweiser

Dialoge: Hören Sie sich die Dialoge oder Dialoggruppen in der unten aufgeführten Reihenfolge bei geschlossenem Buch an. Hören Sie dann jeden Dialog einzeln an, lesen Sie ihn und arbeiten Sie ihn durch. Reihenfolge: Dialoge 1 bis 4; 5 bis 8.

Lernen Sie *Wichtige Wörter und Ausdrücke.*

Machen Sie die *Übungen* auf S. 59.

Arbeiten Sie die *Grammatik* durch.

Bearbeiten Sie den Abschnitt *Lesen und Verstehen.*

Lesen Sie den Abschnitt *Wissenswertes.*

Jetzt haben Sie das Wort.

Hören Sie sich alle Dialoge noch einmal ohne Buch an.

Dialoge

1

Zimmerreservierung

Réceptionniste: Allô! Palym Hôtel... Bonjour... Le 18 septembre oui, ne quittez pas... oui – euh – avec cabinet de toilette, oui, d'accord, à quel nom?... Rodriguez... Vous pouvez me confirmer par lettre?... Non, P-A-L-Y-M... Oui, 4, rue Émile-Gilbert, dans le douzième... G-I-L-B-E-R-T...
Voilà... C'est ça. C'est entendu.

| septembre | September |

▶ **allô!** – hallo. Wird nur am Telefon benutzt. Bei Privatgesprächen ist es in Frankreich nicht üblich, sich mit dem Namen zu melden, man sagt nur «allô».

ne quittez pas – legen Sie nicht auf (wörtl. verlassen Sie nicht) – Telefonjargon.

avec cabinet de toilette – mit Waschgelegenheit. Dies bedeutet, dass Sie ein Waschbecken und möglicherweise auch ein Bidet vorfinden, aber keine eigene Toilette.

à quel nom? – auf welchen Namen?

vous pouvez me confirmer par lettre? – können Sie mir das schriftlich (wörtl. durch Brief) bestätigen? Manche Hotels verlangen auch **des arrhes** (eine Anzahlung).

dans le douzième – in dem zwölften. Paris ist in 20 Bezirke **(arrondissements)** eingeteilt.

▶ **c'est ça** – richtig, so ist's (drückt Zustimmung aus)

c'est entendu – abgemacht (wörtl. das ist gehört)

2

Alles besetzt

Réceptionniste: Allô! Palym Hôtel... Bonjour... Ah non, nous sommes complets, Monsieur... Oui... Au revoir.

▶ **complets (m. Pl.)** | (voll) besetzt

Wenn in einem Hotel keine Zimmer mehr frei sind, wird dies durch das Schild „**complet**" angezeigt.

4 Il vous reste une chambre?

Dialoge

3 (1/42)

Ein Zimmer mit Dusche

(J = Jeanne, H = hôtelier)

J: Bonsoir, Monsieur.

H: Bonsoir, Madame.

J: Vous avez des chambres pour ce soir, s'il vous plaît?

H: Oui, nous avons des chambres, oui. Vous êtes combien de personnes?

J: Deux personnes.

H: Deux personnes. Pour combien de temps?

J: Une nuit seulement.

H: Une nuit.

J: C'est combien?

H: Euh – nous avons trois catégories de chambre: la première, qui fait soixante-deux euros, la seconde, avec douche, quatre-vingts, et la troisième, avec W.-C. et salle de bains, qui fait cent vingt-six euros.

J: Avec douche, alors.

H: Avec douche. Bon, je vais vous donner la treize.

l'hôtelier (m.)	der Hotelbesitzer
la chambre	das Zimmer
▶ la personne	die Person
▶ la nuit	die Nacht
seulement	nur
▶ première (f.)	erste
soixante-deux	62
seconde (f.)	zweite
▶ la douche	die Dusche
quatre-vingts	80
▶ troisième	dritte
▶ la salle de bains	das Bad(ezimmer)
cent vingt-six	126

▶ **vous avez des chambres pour ce soir?** – haben Sie Zimmer für heute Nacht? (wörtl. diesen Abend)

▶ **vous êtes combien de personnes?** – für wie viele Personen? (wörtl. Sie sind wie viele Personen?) **Combien de ...?** bedeutet wie viel ...? oder wie viele?

pour combien de temps? – für wie lange? (wörtl. für wie viel Zeit?)

▶ **c'est combien?** – wie viel kostet das? (wörtl. das ist wie viel?)

qui fait – welche kostet (bezieht sich auf die 1. Kategorie). Das Verb **faire,** das normalerweise mit „machen" übersetzt wird, hat darüber hinaus noch eine Reihe anderer Bedeutungen, z. B. fragt man mit ▶ **ça fait combien?** einen Verkäufer nach dem Preis, den man zu zahlen hat.

W-C. müsste eigentlich **double vé-cé** ausgesprochen werden, die verkürzte Form **vé-cé** hat sich jedoch durchgesetzt. Wird synonym mit **les toilettes** gebraucht.

je vais vous donner – ich werde Ihnen geben. Mit Hilfe der Präsens-Form des Verbs **aller** und nachfolgendem Infinitiv drückt man die nahe Zukunft aus. Mehr darüber erfahren Sie in *Unité 14.* Von jetzt an werden Ihnen derartige Wendungen in den Dialogen häufig begegnen.

4 Il vous reste une chambre?

Dialoge

4 1/43

Auf dem Campingplatz

(R = *réceptionniste*, M = *Marie-Claude*)

R: Bonjour, Madame. Que désirez-vous?
M: Est-ce qu'il reste encore des places pour deux personnes?
R: Combien de jours vous voulez rester?
M: Trois semaines je pense.
R: Trois semaines. Bon. Je vais regarder ... Bon, d'accord. Trois semaines – c'est d'accord. Est-ce que vous pouvez me donner votre nom et votre adresse, s'il vous plaît?
M: Oui, bien sûr.

encore	noch
la place	der Platz
le jour	der Tag
la semaine	die Woche
bien sûr	natürlich, selbstverständlich

▶ **que désirez-vous?** – kann ich Ihnen helfen? (wörtl. was wünschen Sie?) Sie können auch sagen **vous désirez?**

▶ **est-ce que ...?** Hiermit können Fragen eingeleitet werden, die mit ja oder nein zu beantworten sind. Nähere Erläuterungen zu den verschiedenen Möglichkeiten, Fragen zu stellen, finden Sie auf Seite 60.

est-ce qu'il reste des places? – sind noch Plätze frei? **il reste** – es bleibt oder

es bleiben. „Bleiben" ist hier im Sinne von „vorhanden sein" zu verstehen.

combien de jours vous voulez rester? – wie viele Tage möchten Sie bleiben? auch: **combien de jours voulez-vous rester?**

je vais regarder – ich werde nachschauen (wörtl. ich gehe, um zu sehen).

est-ce que vous pouvez me donner ...? – können Sie mir ... geben?

5 1/44

Eine wichtige Frage

(J = Jeanne, R = *réceptionniste*)

J: Où sont les toilettes, s'il vous plaît?
R: Euh – première porte ici à gauche.
J: Bon, merci.

▶ la porte	die Tür
▶ ici	hier
▶ à gauche	links

▶ **où sont les toilettes?** – wo sind die Toiletten? **Les toilettes** erscheint im Französischen auch dann im Plural, wenn nur eine einzige Toilette gemeint ist. – Weitere Richtungsangaben lernen Sie in *Unité 5*.

Dialoge

▶ **où peut-on changer des chèques de voyage?** – wo kann man Reiseschecks einlösen (wörtl. wechseln)? **Chèques de voyage** werden oft auch einfach **travellers** genannt (mit Betonung auf der letzten Silbe).

▶ **excusez-moi, Madame** – es tut mir Leid (wörtl. entschuldigen Sie mich), gnädige Frau

▶ **je ne comprends pas** – ich verstehe nicht

je suis anglais – ich bin Engländer. Sie würden sagen: ▶ **je suis allemand** – ich bin Deutscher. Wenn Sie eine Frau sind, denken Sie daran, **je suis allemande** bzw. **autrichienne** (Österreicherin) zu sagen. Beachten Sie bitte: **je suis suisse** – ich bin Schweizer/Schweizerin.

6

Ich verstehe nicht!

(D = Danielle, H = homme)

D: Pardon, Monsieur – où peut-on changer des chèques de voyage, s'il vous plaît?
H: Excusez-moi, Madame, je ne comprends pas – je suis anglais.

▶ l'homme (m.)	der Mann, der Mensch
▶ pardon	Verzeihung
anglais	Engländer

4 Il vous reste une chambre?

Dialoge

7 (1/46)

Wie machen die Tiere?

(N = Nadine, P = Pierre-Yves)

N: Qu'est-ce qu'il fait, Sam?
P: Ouâou!
N: Mm mm. Et qu'est-ce qu'elle fait, Isis?
P: Maou!
N: Oui. Qu'est-ce qu'ils font, les oiseaux?
P: Maou!
N: Non! Qu'est-ce qu'ils font, les oiseaux?
P: Tou-ite!

les oiseaux (l'oiseau m.) | die Vögel

> **qu'est-ce qu'il fait, Sam?** – was macht Sam? Sam ist der Name des Hundes.
>
> ▶ Was **qu'est-ce que?** (was?) betrifft, schlagen Sie bitte auf Seite 60 nach. **Il fait** kommt von dem Verb **faire** – tun, machen, dessen übrige Formen auf Seite 61 abgedruckt sind.
>
> Isis ist der Name der Katze.

Dialoge

> **ils font** – sie machen ist ebenfalls von dem Verb **faire** abgeleitet.

8 (1/47)

Pierre-Yves' Mittagessen

(N = Nadine, P = Pierre-Yves)

N: Et Pierre-Yves, qu'est-ce qu'il mange?
P: ...
N: De la viande?
P: Oui.
N: Avec quoi?
P: ...
N: De la purée?
P: Oui.
N: Et puis, comme dessert?
P: Hein?
N: Qu'est-ce que tu manges?
P: La soupe!
N: De la soupe? Non!
P: Ah?
N: On mange la soupe d'abord. Et qu'est-ce qu'on mange comme dessert?
P: Vanille-citron.
N: Une glace à vanille-citron?
P: Oui.
N: Oui. Mm mm.
P: Et à framboise.
N: A la framboise aussi?
P: Tout ça!
N: Tout ça?
P: Oui.
N: Tu vas être malade!
P: ...?
N: Oh oui.

56

4 Il vous reste une chambre?

Dialoge

puis	dann
comme	als
le dessert	der Nachtisch
hein?	hm? was? (wenn man eine Frage nicht versteht)
d'abord	zuerst
vanille-citron	Vanille-Zitrone
à la framboise	mit Himbeergeschmack
tout ça	all das

et Pierre-Yves, qu'est-ce qu'il mange? – und was isst Pierre-Yves? Möglich auch: **que mange Pierre-Yves?**

de la viande? – Fleisch? Im Französischen kann man nicht einfach «viande» sagen, sondern muss **de** + Artikel voranstellen, um eine unbestimmte Menge zu bezeichnen. In dem Dialog finden Sie dazu noch weitere Beispiele: **de la purée** und **de la soupe**. „Ich esse Suppe" heißt also **je mange de la soupe**, während **je mange la soupe** „ich esse die Suppe" bedeutet.

avec quoi? – mit was? womit? Während das eine Frage einleitende „was?" mit **qu'est-ce que ...?** oder **que** wiedergegeben wird – Sie haben dies bereits in *Dialog 7* gesehen – wird „was?" in Verbindung mit Präpositionen (Verhältniswörtern) mit **quoi?** ausgedrückt, z. B. **avec quoi?** – womit, **dans quoi?** – worin?, **sur quoi?** – worauf?

de la purée? – Kartoffelpüree? Da es sich um eine unbestimmte Menge handelt, muss **de la** wieder vorangehen.

on mange – man isst. **On** wird im Französischen viel häufiger verwendet als „man" im Deutschen. So verdrängt es vor allem in der Umgangssprache immer mehr **nous** – wir, z. B. **qu'est-ce qu'on fait?** – was machen wir? Außerdem wird es oftmals in Wendungen gebraucht, die im Deutschen durch Passivformen (Leideformen) ausgedrückt werden: **on ne mange pas ici** – hier wird nicht gegessen.

une glace à vanille-citron – ein Vanillezitroneneis. Sprachlich korrekt müsste es **une glace vanille-citron** heißen. Aber: **une glace à la vanille**.

tu vas être malade! – dir wird schlecht (wörtl. du wirst krank werden!). Dies ist wiederum ein Beispiel dafür, wie Sie mit Hilfe der Präsensformen (Gegenwartsformen) des Verbs **aller** (gehen) und dem Infinitiv die nahe Zukunft ausdrücken können. In *Unité 14* wird dies ausführlich behandelt.

4 Il vous reste une chambre?

Wichtige Wörter und Ausdrücke

Hier finden Sie noch einmal die wichtigsten Sätze aus den Dialogen. Die Sätze, die mit ● gekennzeichnet sind, müssen Sie nur verstehen können.

● qu'est-ce que vous voulez? — was möchten Sie?

vous avez des chambres pour ce soir? — haben Sie Zimmer (frei) für heute nacht?

avec cabinet de toilette — mit Waschgelegenheit

avec douche — mit Dusche

avec salle de bains — mit Bad

● pour combien de personnes/nuits? — für wie viele Personen/Nächte?

pour (quatre) personnes — für (vier) Personen

pour (deux) nuits — für (zwei) Nächte

un homme — ein Mann

une femme — eine Frau

est-ce que vous avez encore des places? — haben Sie noch Plätze (frei)?

● pour combien de temps? — für wie lange?

pour (trois) jours — für (drei) Tage

pour une semaine — für eine Woche

● nous sommes complets — wir sind (voll) besetzt

c'est combien?/ça fait combien? — wie viel kostet das?

où sont les toilettes? — wo sind die Toiletten?

où peut-on changer des chèques de voyage? — wo kann man Reiseschecks einlösen?

qu'est-ce que c'est? — was ist das?

pardon — Verzeihung

je ne comprends pas — ich verstehe nicht

excusez-moi — Entschuldigung

c'est ça — richtig; ja, genau; in Ordnung

bien sûr — natürlich, selbstverständlich

Lernen Sie jetzt bitte die Zahlen bis 100. Sie sind im Begleitheft abgedruckt. Bei den Zahlen zwischen 70 und 99 müssen Sie aufpassen! „Siebzig" ist nämlich *soixante-dix* (wörtl. sechzig-zehn), „achtzig" bedeutet *quatre-vingts* (wörtl. vier Zwanziger) und „neunzig" wird mit *quatre-vingt-dix* wiedergegeben. Achten Sie bitte darauf, dass *quatre-vingts* das -*s* verliert, wenn eine weitere Zahl folgt. In der Schweiz, in Belgien und in Kanada existieren für die Zahlen 70, 80 und 90 auch die Varianten *septante, octante* oder *huitante* und *nonante,* die in Frankreich jedoch kaum verstanden werden.

4 Il vous reste une chambre?

Übungen

1 (1/48)

Sie können jeden Aussagesatz in einen Fragesatz verwandeln, indem Sie die Stimme am Satzende heben. Auf der CD werden Sie die folgenden Sätze jeweils zweimal hören: als Aussage und als Frage. Hören Sie genau zu und versuchen Sie herauszufinden, ob die erste oder die zweite Version als Frage zu verstehen ist. Markieren Sie die Frage mit einem Fragezeichen.

a. Oui _____
b. Oui _____
c. C'est ça _____
d. C'est ça _____
e. C'est complet _____
f. C'est complet _____
g. Vous aimez la France _____
h. Vous aimez la France _____

Wenn Sie diese Übung mehrmals wiederholen und die Sätze nachsprechen, schulen Sie Ihre Aussprache.

2 (1/49)

In der folgenden Übung sollen Sie lernen, die französischen Zahlen zu verstehen. Auf der CD hören Sie, wie Barbara ihr Geld zählt. Sie werden bemerken, dass sie die Cents weglässt, wenn sie *vingt-huit euros vingt* sagt. Schreiben Sie bitte alle Beträge in Ziffern auf, z. B. 28 € 20. Wiederholen Sie die Übung so oft, bis Sie alles verstehen. Notieren Sie Ihre Antworten im Buch. Barbara beginnt mit 14 €.

3 (1/50)

In dem ersten Gespräch, das die Empfangsdame des Hotels Palym mit einem Gast geführt hat, konnten Sie feststellen, wie nützlich es ist, wenn man auf Französisch buchstabieren kann. Stärkere Abweichungen im Vergleich zum deutschen Alphabet betreffen vor allem die Buchstaben E, G, H, J, Q, U, V, W und Y. Hören Sie sich das Alphabet auf der CD an und sprechen Sie es so lange nach, bis Sie es können. Überprüfen Sie sich selbst, indem Sie Ihren eigenen Namen buchstabieren.

4 Il vous reste une chambre?

Übungen

4

Hier folgt ein Dialog zwischen der Empfangsdame in einem Hotel und einem Gast. Die Äußerungen des Gastes fehlen und sind in ungeordneter Reihenfolge in dem darunter stehenden Kästchen gesammelt. Stellen Sie fest, welche Äußerung an welcher Stelle im Dialog eingefügt werden muss, und füllen Sie die entsprechenden Lücken.

(R = réceptionniste, C = client)

R: Bonjour, Monsieur.
C: _____
R: Qu'est-ce que vous désirez?
C: _____
R: Oui, nous avons des chambres. C'est pour combien de personnes?
C: _____
R: Et pour combien de temps?
C: _____
R: J'ai une chambre avec douche ou une chambre avec cabinet de toilette.
C: _____
R: Cent euros.
C: _____
R: Alors, je vais vous donner la vingt-huit.
C: _____

> Pour deux nuits – Bonjour, Madame – Bon, d'accord – Pour deux personnes – Vous avez des chambres, s'il vous plaît? – C'est combien avec douche? – La 28? Très bien, merci

Dieser Dialog dient als Modell für Gespräche, die Sie führen müssen, wenn Sie in Frankreich ein Hotelzimmer buchen. Üben Sie deshalb intensiv.

Grammatik

Fragen

Sie haben gerade die einfachste Form der Fragestellung geübt: die Intonationsfrage, bei der ein fragender Ton in die Stimme gelegt wird. Eine andere Möglichkeit besteht darin, *est-ce que...?* an den Beginn eines Satzes zu stellen. Wenn Sie sich nicht mehr an die Aussprache von *est-ce que ...?* erinnern können, hören Sie sich *Dialog 4* noch einmal an. Wie Sie an dem folgenden Beispiel sehen, ändert sich die Satzstellung gegenüber dem Aussagesatz nicht.

la clé est dans la chambre – der Schlüssel ist im Zimmer

est-ce que la clé est dans la chambre? – ist der Schlüssel im Zimmer?

Wenn das folgende Wort mit einem Vokal beginnt, wird *est-ce que ...?* zu *est-ce qu' ...?* verkürzt.

elle est dans la chambre – er (gemeint ist hier der Schlüssel) ist im Zimmer

est-ce qu'elle est dans la chambre? – ist er im Zimmer?

Da *la clé* im Französischen Femininum ist, muss es hier *elle* (und nicht etwa *il*) heißen. *Elle est dans la chambre* kann natürlich in einem entsprechenden Kontext auch „sie (eine Frau) ist im Zimmer" bedeuten.

Fragewörter

Est-ce que ...? ist nur in Fragen zu benutzen, die mit ja oder nein beantwortet werden können. Andere Fragetypen sind mit ande-

Grammatik

ren Fragewörtern einzuleiten. Sie haben bereits *qu'est-ce que …?* (was?) in *Unité 3* und *où?* (wo?) sowie *combien?* (wieviel) in dieser *Unité* kennen gelernt.

Aufgabe

Où est…? – Wo ist…?
Où sont…? – Wo sind…?

Entscheiden Sie, welche der folgenden Sätze mit *où est…?* bzw. mit *où sont…?* eingeleitet werden müssen. Tragen Sie Ihre Lösungen in die dafür vorgesehenen Lücken ein. Vergessen Sie aber bitte nicht, das Fragewort *où* mit einem Akzent zu versehen, denn *ou* ohne Akzent bedeutet „oder".

a. _____ le bar?
b. _____ la chambre?
c. _____ les enfants?
d. _____ la rue Émile-Gilbert?
e. _____ la salle de bains?
f. _____ Monsieur et Madame Fleury?
g. _____ les toilettes?

Verben

faire – machen

Einige Präsensformen des Verbs *faire* sind Ihnen schon begegnet. Jetzt sollen Sie sie alle lernen, denn *faire* ist eines der am häufigsten vorkommenden Verben im Französischen.

je fais	nous faisons
tu fais	vous faites
il/elle fait	ils/elles font

vendre – verkaufen

Auch die Formen des Verbs *vendre* sollten Sie sich einprägen, denn eine ganze Gruppe von Verben, die im Infinitiv auf *-re* enden, folgt diesem Modell, z. B. *rendre* – zurückgeben, *tendre* – hinhalten und *suspendre* – aufhängen.

je vends	nous vendons
tu vends	vous vendez
il/elle vend	ils/elles vendent

aller – gehen

Im Zusammenhang mit Wendungen, die sich auf die nahe Zukunft bezogen, sind Ihnen schon verschiedene Formen des Verbs *aller* begegnet. Im Folgenden sind alle Präsensformen zusammengestellt:

je vais	nous allons
tu vas	vous allez
il/elle va	ils/elles vont

je vais au cinéma	ich gehe ins Kino
elle va à la mer	sie geht (im Sinne von fährt) ans Meer
ils vont chez le médecin	sie gehen zum Arzt
nous allons regarder	wir werden nachschauen

4 Il vous reste une chambre?

Lesen und Verstehen

Unten finden Sie einen Auszug aus einem Hotelverzeichnis. Sie erhalten derartige Verzeichnisse für bestimmte Städte und Regionen bei den meisten französischen Reisebüros – und übrigens auch beim Französischen Fremdenverkehrsamt in Frankfurt.

Die Fragen sollen dazu beitragen, dass Sie solche Listen schnell überblicken und das Hotel herausfinden können, das Ihren Vorstellungen entspricht.

le nombre	die Anzahl
le prix	der Preis
par	pro
sans	ohne
la pension	die Vollpension

a. Wo können Sie das billigste Frühstück bekommen?

b. In welchen beiden Hotels sind die Einzelzimmer am billigsten?

c. Welche Hotels verlangen für Einzel- und Doppelzimmer denselben Preis?

d. Wie viele Zimmer haben im Hotel Métropole weder Bad noch Dusche?

e. In welchem Hotel gehört zu jedem Zimmer eine eigene Toilette?

| Nom de l'hôtel | Nombre de chambres | | | Prix des chambres | | Petit déjeuner | Pension par personne |
| | Total | Avec bains ou douches | | 1 personne | 2 personnes | | |
		Avec WC	Sans WC	Mini / Maxi	Mini / Maxi		
Hôtel Métropole	25	6	6	53 / 85 €	90 / 137 €	11 €	–
Hôtel de Paris	38	25	13	137 €	137 €	13 €	–
Hôtel Terminus	67	67	–	105 / 170 €	105 / 170 €	12 €	205 / 270 €
Hôtel de la Poste	36	7	7	53 / 125 €	65 / 150 €	10 €	–
Hôtel de France	33	3	8	50 / 75 €	75 / 135 €	–	–
Grand Hôtel	56	15	13	85 €	125 €	13 €	–
Hôtel Molière	10	–	4	50 / 75 €	50 / 75 €	10 €	210 /235 €
Hôtel du Midi	40	4	8	80 / 105 €	105 /120 €	9 €	134 €

Wissenswertes

Campingplätze

Die französischen Campingplätze werden amtlich nach Sternen eingestuft. Mehr als ein Drittel gehört der Drei- bzw. Vier-Sterne-Kategorie an, und Sie sind gut beraten, wenn Sie sich für diese Plätze entscheiden, da auf Plätzen mit einem oder zwei Sternen sehr wenig geboten wird. Von den örtlichen Behörden betriebene Campingplätze sind oft sehr empfehlenswert: Achten Sie auf den Hinweis *camping municipal*. Wenn Sie in den Sommermonaten ans Meer fahren, sollten Sie im Voraus buchen, wenn Sie nicht das Risiko eingehen wollen, überall das Schild *complet* (voll besetzt) anzutreffen. Im Landesinnern sind die Plätze normalerweise nicht so überfüllt, und viele bieten Wassersportmöglichkeiten auf Seen und Flüssen. *Michelin* gibt für Campingfreunde einen grün gebundenen Führer heraus, den so genannten *Camping Caravaning France*, der Sie ebenso umfassend über Campingplätze informiert wie der „rote" *Michelin* über Hotels. Nützliche Informationen erhalten Sie auch vom Französischen Fremdenverkehrsamt in Frankfurt/Main (die Adresse finden Sie auf Seite 23).

Hotels

Auch die französischen Hotels werden amtlich nach Sternen eingestuft. Sie können wählen zwischen Hotels mit einem Stern (bürgerliches Hotel mit durchschnittlichem Komfort), zwei Sternen (Hotel mit gutem Komfort), drei Sternen (Hotel mit großem Komfort), vier Sternen (Hotel mit größtem Komfort) und vier Sternen L (Luxushotel).

Im Allgemeinen ist der Standard innerhalb einer Kategorie in der Provinz besser als in Paris. Die Preise hängen an der Innenseite der Zimmertür aus und sind in der Regel pro Zimmer und nicht pro Person zu verstehen; das Frühstück ist normalerweise nicht inbegriffen. Wenn Sie Kinder dabei haben, können Sie oft einen Sonderpreis aushandeln. Die wichtigsten Hotelketten sind *Frantel, Gril Campanile, Ibis, Mercure, Novotel* und *Sofitel*. Preisgünstig ist die Gruppe der *Logis de France*, noch günstiger sind die *Auberges Rurales*. In einer Pension wird im Allgemeinen von Ihnen erwartet, dass Sie *pension* (Vollpension) oder *demi-pension* (Halbpension) nehmen. Die Ausstattung gleicht normalerweise der von Hotels. Die wichtigsten Hotelführer sind der rote *Guide Michelin*, der *Guide Gault et Millau,* der *Guide des hôtels-restaurants Logis de France* sowie der *Guide des Relais Routiers*.

Banken

Banken sind in der Regel von 9 Uhr bis 17 Uhr von Montag bis Freitag geöffnet. Auf Flughäfen und größeren Bahnhöfen können Sie jedoch auch am Wochenende Bankdienste in Anspruch nehmen.

4 Il vous reste une chambre?

Jetzt haben Sie das Wort

Hier bekommen Sie Gelegenheit, die Buchung eines Hotelzimmers zu üben. Der Satz *j'ai réservé une chambre* – ich habe ein Zimmer reserviert muss Ihnen geläufig sein. Auf der CD werden Sie Carole hören, die die Rolle der Empfangsdame übernommen hat. Dominique wird Ihnen auf Deutsch vorgeben, was Sie ihr sagen sollen; Sie können die CD anhalten, um genügend Zeit für die französische Äußerung zu haben, und erst dann wieder einschalten, um die korrekte Erwiderung zu hören.

Hören Sie sich noch einmal alle Dialoge ohne Buch an. Wenn Sie ein Wort vergessen haben, halten Sie bitte an und schlagen Sie im Buch nach. Überprüfen Sie, ob Sie die *Wichtigen Wörter und Ausdrücke* beherrschen, indem Sie den französischen Teil abdecken und vom Deutschen ausgehend übersetzen. Vergewissern Sie sich, dass Sie die Präsensformen der Verben *faire*, *vendre* und *aller* können. Am wichtigsten ist es, die Zahlen zu üben – lesen Sie deshalb die Preise auf Französisch, wenn Sie einkaufen gehen, und zählen Sie, wann immer Sie die Möglichkeit dazu haben.

4 Il vous reste une chambre?

5 Pour aller à la gare?

Bevor Sie anfangen

Bitte schauen Sie sich zunächst noch einmal die folgenden Verbformen an:
je fais, tu fais, il/elle fait, nous faisons, vous faites, ils/elles font; je rends, tu rends, il/elle rend, nous rendons, vous rendez, ils/elles rendent; je vais, tu vas, il/elle va, nous allons, vous allez, ils/elles vont.

Erinnern Sie sich an die bisher gelernten Präpositionen? In dieser *Unité* werden noch einige hinzukommen. Versuchen Sie deshalb, sich die folgenden Strukturen ins Gedächtnis zurückzurufen:

avec moi	*depuis deux ans*
de Berlin	*chez moi*
à Paris	*pour un an*
à gauche	*en Allemagne*

Sie lernen in dieser Unité

- wie Sie sich in einem Touristenbüro informieren können
- wie man nach dem Weg fragt und wie die Richtungsangaben zu verstehen sind
- wie man fragt, ob man mit einem Verkehrsmittel zum gewünschten Ziel gelangen kann
- wie man fragt und versteht, in welchem Stockwerk ein Zimmer gelegen ist
- wie man von 100 bis 1000 zählt
- Wissenswertes über das französische U-Bahn-System
- Wissenswertes über Dienstleistungen für Touristen in Frankreich

Wegweiser

Dialoge: Hören Sie sich die Dialoge oder Dialoggruppen in der unten aufgeführten Reihenfolge bei geschlossenem Buch an. Hören Sie dann jeden Dialog einzeln an, lesen Sie ihn und arbeiten Sie ihn durch. Reihenfolge: Dialoge 1 bis 4; 5 bis 7; 8 und 9.

Lernen Sie *Wichtige Wörter und Ausdrücke*.

Machen Sie die *Übungen* auf S. 72.

Arbeiten Sie die *Grammatik* durch.

Bearbeiten Sie den Abschnitt *Lesen und Verstehen*.

Lesen Sie den Abschnitt *Wissenswertes*.

Jetzt haben Sie das Wort.

Hören Sie sich alle Dialoge noch einmal ohne Buch an.

Dialoge   Dialoge

1 (1/53)

Wie komme ich zum Bahnhof?

(M = Michel, H = hôtesse)

M: Bonjour, Madame.
H: Bonjour, Monsieur.
M: Vous avez un plan de la ville, s'il vous plaît?
H: Oui, bien sûr – voilà.
M: Merci. Oui. Pour aller ... à la gare?
H: Alors, vous prenez tout droit, jusqu'au bout; après le pont, vous tournez à gauche ... la troisième sur la gauche ... vous avez la gare.
M: Bon, merci. On est où exactement ici?
H: Alors, au numéro un sur le plan, en face de l'église Saint-Pierre.
M: Ah bon. Au centre de la ville, au fond?
H: C'est ça, oui.
M: Oui.

l'hôtesse (f.)	die Empfangsdame (im Verkehrsamt)
le plan de la ville	der Stadtplan
bien sûr	natürlich
après	nach
le pont	die Brücke
en face de	gegenüber
l'église Saint-Pierre	die St.-Peters-Kirche

▶ **pour aller à la gare?** – wie komme ich zum Bahnhof? (wörtl. um zum Bahnhof zu gehen?)

▶ **vous prenez tout droit** – Sie gehen geradeaus (wörtl. Sie nehmen die Straße ganz gerade)

▶ **jusqu'au bout** – bis zum Ende. **Jusqu'à** = bis zu, **le bout** = das Ende; wenn **à** und **le** zusammenstoßen, wird daraus **au**.

▶ **vous tournez à gauche** – Sie biegen nach links ab. Die Verbform ist von **tourner** – drehen, wenden abgeleitet.

la troisième sur la gauche – die dritte links. Sie könnte auch **la troisième à gauche** sagen. **La troisième** bezieht sich auf **la troisième rue** – die dritte Straße.

on est où exactement ici? – wo genau sind wir hier (wörtl. man ist wo genau hier)? In *Unité 4* wurde bereits erklärt, dass **on** (man) häufig statt **nous** (wir) benutzt wird.

au numéro un sur le plan – an der Zahl eins auf dem Plan

au centre de la ville, au fond? – eigentlich im Zentrum der Stadt? Auf Hinweisschildern wird die Abkürzung ▶ **centre-ville** benutzt.

66   *5 Pour aller à la gare?*

Dialoge

2 1/54

Weitere Richtungsangaben

(M = Michel, D = dame)

M: Pour aller à la gare?
D: Oui. Vous voulez aller en voiture ou en autobus?
M: Non, je suis à pied.
D: Pour aller à pied. Alors, nous sommes ici. Vous prenez la rue Saint-Jean, vous traversez le pont.
M: Oui.
D: Et un petit peu après le pont, la troisième rue sur votre gauche.
M: Merci, Madame.
D: Et là vous trouverez la gare.
M: Bon.

la dame	die Dame
en voiture	mit dem Auto
en autobus	mit dem Bus
là	da, dort

vous voulez aller? – wollen Sie hinkommen (wörtl. gehen)...?

▶ **je suis à pied** – ich bin zu Fuß. Sie könnten auch sagen **je suis en voiture** – ich bin mit dem Auto unterwegs.

vous traversez le pont – Sie überqueren die Brücke. Von dem Verb **traverser** – überqueren.

un petit peu après le pont – kurz (wörtl. ein klein wenig) nach der Brücke. Merken Sie sich auch: **un peu plus loin** – ein bisschen weiter.

sur votre gauche – zu Ihrer Linken. Die Dame könnte auch sagen **sur la gauche** bzw. **à gauche**.

vous trouverez – Sie werden finden

3 1/55

Eine Fahrt nach Bayeux

(M = Michel, H = hôtesse)

M: Et pour aller à Bayeux?
H: Vous prenez le train, et c'est très rapide, hein, très facile.
M: Bon, combien de temps?
H: Je crois que c'est un quart d'heure.
M: Pas plus?
H: Non, non, non.
M: Très bien, merci.

le train	der Zug
rapide	schnell
facile	leicht

hein (umgangssprachlich) ist ein „Füllwort" ohne konkrete Bedeutung, ähnlich wie „nicht wahr" im Deutschen.

je crois que c'est un quart d'heure – ich glaube, es dauert eine Viertelstunde (wörtl. dass das eine Viertelstunde ist).

pas plus? – nicht mehr?

5 Pour aller à la gare?

Dialoge

4 1/56

Eine Wegbeschreibung

(R = réceptionniste, M = Marie-Claude)

R: Alors, vous êtes ici. Vous allez tout droit. Vous tournez à la deuxième à droite – là. A côté de vous, vous avez le restaurant, le bar, le bazar...
M: Attendez. On est ici – là...
R: Alors vous allez aller tout droit...
M: Je prends la route tout droit...
R: Voilà.
M: Et je tourne à droite.
R: Oui.

la deuxième (rue)	die zweite (Straße)
à côté de	neben
la route	die (Land)straße

> ▶ **vous allez tout droit** – Sie gehen geradeaus
>
> ▶ **à droite** – rechts. Achten Sie auf den Unterschied zwischen **à droite** und **tout droit** (geradeaus).
>
> **le bazar** – der Bazar. Ein Gemischtwarenladen, in dem allerdings keine Lebensmittel verkauft werden.
>
> **vous allez aller** – Sie werden gehen

5 1/57

Mit der Metro zum Eiffelturm

Claudine: Alors – euh – pour aller à la Tour Eiffel, vous allez prendre le métro, direction Nation. Vous descendez à Trocadéro et c'est à deux cents mètres.

| la direction | die Richtung |

> **la Tour Eiffel** – der Eiffelturm (1887–1889 erbaut und nach seinem Konstrukteur benannt).
>
> ▶ **vous allez prendre le métro, direction Nation** – Sie werden die U-Bahn Richtung „Nation" nehmen.
>
> **vous descendez** – Sie steigen aus. Von dem Verb **descendre** (aussteigen).
>
> ▶ **c'est à deux cents mètres** – er (der Eiffelturm) ist 200 m davon entfernt.

6 1/58

Zur Kathedrale Notre Dame?

(B = Barbara, C = Claudine)

B: Pour aller à Notre Dame?
C: Pour aller à Notre Dame il faut changer. Tu prends donc à l'Etoile la direction Vincennes et tu changes à Châtelet. Tu reprends la direction Porte d'Orléans – euh – et tu descends à Cité.
B: D'accord.

| donc | also, folglich |

5 Pour aller à la gare?

Dialoge

▶ **il faut changer** – Sie müssen umsteigen. Die Anwendung des unpersönlichen Ausdrucks **il faut** wird auf Seite 74 erläutert.

l'Etoile heißt der Platz am Triumphbogen. Offiziell wird er jetzt **Charles de Gaulle-Etoile** genannt. **Une étoile** ist ein Stern.

tu changes à Châtelet – du steigst am Châtelet um. Von **changer** – umsteigen, ändern, tauschen. Claudine spricht das Mädchen Barbara natürlich mit «**tu**» an. In der Unterhaltung mit einem Erwachsenen müsste es **vous prenez, vous changez, vous reprenez, vous descendez** etc. heißen.

tu reprends – du nimmst wieder

Châtelet: Diese Metrostation hat ihren Namen von zwei Festungsbauwerken, die vor der Revolution Sitz der Justiz und Gefängnis waren.

Dialoge

si	doch
surtout	vor allem, besonders
le transport	der Transport
pratique	praktisch

par le train – mit dem Zug

le RER ist die Abkürzung für **le Réseau Express Régional** (wörtl. das regionale Expresszugnetz).

pour aller travailler – um arbeiten zu gehen

qui peut transporter beaucoup de voyageurs – der viele Reisende befördern kann. Achten Sie dabei auf das **de**, z. B. **beaucoup de trains** – viele Züge; **beaucoup de chance** – viel Glück.

7

Ein schnelles Beförderungsmittel

(H = Henri, A = Anne)

H: Vous allez par le train?
A: Oui, le train ou le métro.
H: Vous ne prenez pas le RER?
A: Si, je prends le RER – euh – surtout pour aller travailler.
H: C'est un transport très rapide.
A: Très rapide, oui, très pratique, et qui peut transporter beaucoup de voyageurs.

8 (1/60)

Wo ist deine Bank?

(M = Michèle, J = Jean-Claude)

M: Où se trouve ta banque?
J: Ah, ma banque? Ma banque se trouve du côté de la rive gauche. Et – euh – c'est situé en plein milieu d'un carrefour avec une très grande enseigne. Elle s'appelle la BICS.

situé	gelegen
l'enseigne (f.)	das Zeichen, das Schild
du côté de	auf der Seite des
la rive gauche	das linke Ufer

5 Pour aller à la gare?

Dialoge

où se trouve ta banque? – wo befindet sich deine Bank? „Dein" bzw. „deine" wird im Französischen vor einem femininen Substantiv im Singular durch **ta** ausgedrückt, z. B. **ta banque**, vor einem maskulinen Substantiv dagegen durch **ton**, z. B. **ton jardin** – dein Garten. Vor einem Substantiv im Plural gibt es für die beiden Geschlechter nur eine Form; sie lautet **tes**, z. B. **tes** yeux – deine Augen (siehe *Grammatik* S. 154).

en plein milieu d'un carrefour – genau in der Mitte einer Kreuzung

elle s'appelle – sie heißt (wörtl. sie nennt sich). Merken Sie sich auch **je m'appelle** – ich heiße und **comment vous appelez-vous?** – wie heißen Sie?

Dialoge

9 (1/61)

Noch ein paar wichtige Fragen

(J = Jeanne, R = réceptionniste)

J: Où sont les toilettes, s'il vous plaît?
R: Euh – première porte ici à gauche.
J: Bon, merci. Et ma chambre est à quel étage?
R: Alors, votre chambre est au troisième étage.
J: Et il y a des toilettes là?
R: Oui, oui, oui. A l'étage il y a des toilettes.
J: Et la douche?
R: La douche – alors il y a une douche au deuxième étage, hein.
J: D'accord. Et on est au premier?
R: Non, nous sommes au rez-de-chaussée.

à quel étage? – in welchem Stockwerk?

il y a des toilettes là? sind dort Toiletten?

il y a wird sowohl im Sinne von „es ist" als auch im Sinne von „es sind" verwendet. Wenn Sie sich auch die Bedeutung „es gibt" merken, wird Ihnen diese Konstruktion klarer. Wenn Sie nach dem Weg fragen, können Sie also sagen: **il y a un autobus?** – fährt ein Bus? **il y a des trains pour Bayeux?** – fahren Züge nach Bayeux? (wörtl. gibt es Züge nach Bayeux?)

à l'étage – auf der(selben) Etage

au premier (étage) – im ersten (Stock)

au rez-de-chaussée – im Erdgeschoss

Wichtige Wörter und Ausdrücke

Wenn Sie nach dem Wege fragen, müssen Sie nicht viel reden, Sie müssen aber in der Lage sein, die Richtungsangaben Ihres Gesprächspartners zu verstehen.

So können Sie fragen/sagen:

vous avez un plan de la ville?	haben Sie einen Stadtplan?
pour aller (à la gare)?	wie komme ich (zum Bahnhof)?
je suis en voiture/à pied	ich bin im Wagen (unterwegs)/zu Fuß
je vais (à Paris) en autobus	ich fahre mit dem Bus (nach Paris)
je vais (à Paris) par le train	ich fahre mit dem Zug (nach Paris)
il y a (un autobus/des trains)?	verkehrt (ein Bus/verkehren Züge)?
à quel étage?	in welchem Stockwerk?

Angaben, die Sie verstehen sollten:

vous allez...	Sie gehen...
tout droit	immer geradeaus
jusqu'à (la banque)	bis zur (Bank)
vous prenez le métro, direction...	Sie nehmen die U-Bahn, Richtung...

il faut changer	Sie müssen umsteigen
vous tournez à gauche/à droite	Sie biegen links/rechts ab
c'est...	das ist
là	da, dort
à deux cents mètres	200 m entfernt
à côté de (l'église)	neben der (Kirche)
en face de (la banque)	gegenüber (der Bank)
après (le pont)	nach (der Brücke)
un petit peu plus loin	ein klein wenig weiter
le centre-ville	das Stadtzentrum
au premier étage	im ersten Stock
au deuxième étage	im zweiten Stock
au troisième étage	im dritten Stock

Merken Sie sich auch folgende Wendungen:

comment vous appelez-vous?	wie heißen Sie?
je m'appelle (Suzanne)	ich heiße (Susanne)
merci beaucoup	vielen Dank

Bevor Sie weitermachen, lernen Sie bitte die Zahlen von 100 *(cent)* bis 1000 *(mille)*. Im Begleitheft wird erklärt, wie sie gebildet werden.

5 Pour aller à la gare?

Übungen

1 (1/62)

Da Yves erstmals eine französische Stadt besucht, geht er zum Touristenbüro *(le syndicat d'initiative),* um sich zu informieren. Hören Sie sich sein Gespräch mit der Angestellten auf der CD an und beantworten Sie die folgenden Fragen bzw. kreuzen Sie die richtige Antwort an.

1 Wonach fragt er zuerst?

_____

2 Hat das Touristenbüro die Hausnummer
  a. zehn? ☐
  b. sieben? ☐

3 Ist das Touristenbüro
  a. gegenüber dem Bahnhof? ☐
  b. neben dem Bahnhof? ☐

4 Wohin möchte Yves gehen?

_____

5 Wird er richtig ankommen, wenn er
  a. geradeaus, die erste links ☐
  b. geradeaus, die dritte rechts ☐
  c. geradeaus, die dritte links ☐
    geht?

6 Ist es
  a. gegenüber der Bank, auf der linken Seite? ☐
  b. kurz nach der Bank, auf der linken Seite? ☐

7 Könnte er den Bus Nummer
  a. 113 ☐
  b. 213 ☐
  c. 203 ☐
nehmen?

2

Sie sind mit dem Auto in einer fremden Stadt unterwegs und wollen zum Touristenbüro fahren. Suchen Sie sich die passenden Sätze aus dem Kasten aus und tragen Sie sie an den vorgesehenen Stellen ein. Sie brauchen dazu keinen CD-Player.

Pardon, Monsieur, pour aller au syndicat d'initiative, s'il vous plaît?

Non, en voiture.

Je tourne à droite et le syndicat d'initiative est à cent mètres.

Merci beaucoup.

Au revoir, Monsieur.

Je vais tout droit, jusqu'au cinéma.

(V = vous, H = homme)

V: _____

H: Vous voulez aller en autobus ou à pied?
V: _____
_____

H: Alors, vous allez tout droit, jusqu'au cinéma . . .
V: _____

H: Vous tournez à droite et le syndicat d'initiative est à cent mètres.
V: _____
_____

H: C'est ça.
V: _____

Übungen

3

a. Verfolgen Sie die nachstehenden Richtungsangaben auf dem Stadtplan und stellen Sie fest, wo Sie ankommen. Sie beginnen am *Hôtel des Anglais*.
Vous traversez la rue. Vous tournez à gauche. Vous prenez la première à droite et puis la deuxième à droite. Vous tournez à la première à gauche. Vous traversez le carrefour et vous allez tout droit. Sur votre gauche il y a un hôtel. Un petit peu après l'hôtel vous allez trouver … quoi?

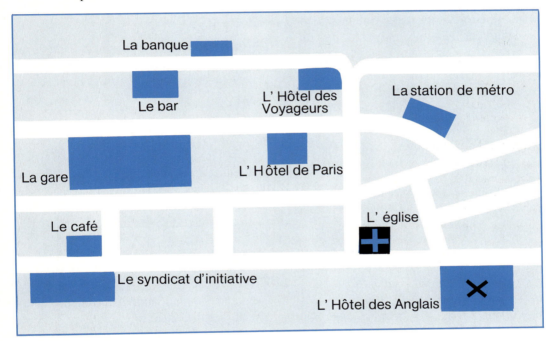

b. Auf der CD werden Sie jetzt weitere Richtungsangaben zu demselben Stadtplan hören. Diesmal beginnen Sie am *syndicat d'initiative*.

4

Versuchen Sie nun, auf Französisch zu erklären, wie Sie von Ihrem eigenen Haus zu der nächsten Kirche kommen. Sprechen Sie laut und bitten Sie jemanden, von dem Sie wissen, dass er Französisch kann, Sie zu kontrollieren.

5 Pour aller à la gare?

Grammatik

il faut

Der unpersönliche Ausdruck *il faut* ist sehr leicht anzuwenden. Es hängt vom Kontext ab, ob beispielsweise *il faut travailler* ich muss arbeiten, du musst arbeiten, er muss arbeiten, sie muss arbeiten, man muss arbeiten, wir müssen arbeiten, ihr müsst arbeiten, Sie müssen arbeiten, sie müssen arbeiten oder Arbeit ist notwendig bedeutet. Auf *il faut* folgt der Infinitiv.

Pierre, il faut tourner à droite derrière l'église – Pierre, du musst hinter der Kirche rechts abbiegen; *Nadine, il faut descendre ici* – Nadine, du musst/wir müssen hier aussteigen.

Präpositionen

Einige Präpositionen (Verhältniswörter) sind schon vorgekommen. Im Folgenden sind sie zusammen mit einigen neuen aufgelistet.

sur – auf	*chez* – bei
sous – unter	*par* – durch, von
à – in, nach	*dans* – in
de – von	(z. B.
pour – für, um zu	*dans la chambre*)
entre – zwischen	*en* – in
avant – vor	(z. B.
près de – nahe bei	*en France,*
en face de – gegenüber	*en français*)
après – nach	*à côte de* – neben
devant – vor	*jusqu'a* – bis zu
derrière – hinter	*avec* – mit

Merken Sie sich, wie *près de* sich mit dem folgenden Substantiv verbindet: *près de + le restaurant* wird *près du restaurant* (de + le = **du**)

près de + la gare bleibt *près de la gare (de la)*
près de + l'église bleibt *près de l'église (de l')*
près de + les hôtels wird *près des hôtels* (de + les = **des**)

En face de und *à côté de* folgen diesem Muster.

Aufgabe 1

Schauen Sie sich den Plan auf der Seite 73 an und vervollständigen Sie die Sätze, indem Sie *dans, entre, devant* und *derrière* ergänzen.

a. L'Hôtel de Paris est_____ l'Hôtel des voyageurs.
b. Le café est_____ le syndicat d'initiative.
c. L'église est située_____ l'Hôtel des Anglais et la station de métro.
d. L'Hôtel des Anglais et le syndicat d'initiative sont _____ la même rue.

Aufgabe 2

Benutzen Sie noch einmal den Plan und ergänzen Sie die Sätze mit *à côté de, près de* und *en face de*. Achten Sie darauf, dass sich *du, de la* oder *de l'* ergeben muss.

a. L'église est_____
_____ Hôtel des Anglais.
b. L'Hôtel de Paris est _____
_____ gare.
c. La station de métro se trouve_____
_____ Hôtel des voyageurs et de l'Hôtel de Paris.
d. Le syndicat d'initiative est situé
_____ café.

5 Pour aller à la gare?

Lesen und Verstehen

Wenn Sie in einem französischen Hotel ein Zimmer reservieren lassen, erhalten Sie wahrscheinlich von dort einen Brief, der dem folgenden ähneln kann. Beantworten Sie bitte die unten stehenden Fragen auf Deutsch.

---

le Grand Hôtel

Avenue Amélie
33780 Soulac-sur-Mer

le 13 mai

Madame,
Monsieur,

Je vous remercie de votre lettre du 2 mai. Je confirme votre réservation pour une chambre avec douche pour deux personnes du 5 au 15 septembre. La chambre est très agréable et elle se trouve au deuxième étage.

Si vous arrivez par le train, la gare est à 5oo mètres de l'hôtel. Il faut tourner à gauche et prendre la rue Gambetta; l'avenue Amélie est la quatrième rue sur votre droite.

Si vous êtes en voiture, il y a un grand parking pour nos clients derrière l'hôtel.

Je vous prie, Madame, Monsieur, d'agréer mes salutations distinguées.*

P. Thierry

P. Thierry
Directeur

---

je vous remercie de	ich danke Ihnen für
agréable	angenehm
le client	der Gast, der Kunde

* Dies ist eine übliche Briefschlussformel, vergleichbar mit der Formel „mit freundlichen Grüßen".

a. Welches Datum trägt *Ihr* Brief an das Hotel?
b. Hat das für Sie reservierte Zimmer eine Dusche oder ein Bad?
c. Für wie viele Personen wird die Reservierung bestätigt?
d. Wann machen Sie Urlaub?

e. In welchem Stockwerk befindet sich Ihr Zimmer?
f. Wie weit ist das Hotel vom Bahnhof entfernt?
g. Wie finden Sie von der Gambettastraße aus die Avenue Amélie?
h. Wo können Sie Ihren Wagen parken?

5 Pour aller à la gare?

Wissenswertes

Touristenbüros

Jede französische Stadt und fast jedes Dorf von einer gewissen Bedeutung und Größe besitzt ein eigenes *syndicat d'initiative* (Touristenbüro), das auch *office de tourisme* oder *bureau de tourisme* genannt wird, wo man Sie kostenlos über den Ort informiert (vergessen Sie nicht, nach einem *plan de la ville* zu fragen). Normalerweise kann Sie das Büro auch mit Informationen über die Umgebung versorgen (verlangen Sie *une carte de la région* – eine Regionalkarte –, die oftmals auch kostenlos abgegeben wird). Das Personal kennt die Hotels und Restaurants am Ort und kann ohne Aufpreis telefonisch Reservierungen für Sie vornehmen. *Syndicats d'initiative* stellen auch Busfahrpläne zur Verfügung (*bus* oder *autobus* ist die Bezeichnung für im innerstädtischen Verkehr eingesetzte Busse, auf allen anderen Strecken werden sie *cars* oder *autocars* genannt). Meist können Sie im *syndicat d'initiative* Karten für lokale Veranstaltungen (Konzerte etc.) kaufen: Insgesamt also eine sehr nützliche Einrichtung!

5 Pour aller à la gare?

Wissenswertes   Wissenswertes

Metro und RER

Innerhalb des Zentrums von Paris können sie mit der *métro* (der volle Name lautet *métropolitain*) zu einem Einheitspreis fahren. Wenn Sie zehn Karten auf einmal – *un carnet* – kaufen, werden Sie noch billiger befördert. Falls Sie nur eine Einzelfahrkarte lösen wollen, müssen Sie *un ticket* verlangen.

Die Metrolinien werden nach der in der jeweiligen Fahrtrichtung liegenden Endstation benannt. Wenn Sie also auf derselben Strecke, die Sie für die Hinfahrt benutzt haben, zurückfahren, hat die Linie einen anderen Namen. Beim Umsteigen müssen Sie nach dem Zeichen *correspondance* (Anschluss) Ausschau halten.

RER (réseau express régional), das regionale Schnellbahnnetz, sorgt für die Verbindung zwischen den Vororten und dem Zentrum von Paris. Im Zentrum von Paris können Sie die Metrokarten benutzen, aber längere Strecken sind teurer. Schon die bunten Malereien und die dort aufgestellten futuristischen Kunstwerke lohnen den Besuch einer RER-Station. Der RER-Bahnhof *Châtelet-Les Halles* ist die größte unterirdische Bahnstation der Welt (315 m lang, 82 m breit).

5 Pour aller à la gare?

Jetzt haben Sie das Wort

In dieser Übung sind Sie ein Geschäftsmann, der gerade in einer fremden Stadt angekommen ist und ein Hotel sucht. Dominique wird Ihnen auf der CD erklären, was Sie sagen sollen. Diesmal brauchen Sie Ihr Buch nicht, Sie müssen sich nur den in *Unité 4* gelernten Ausdruck *pardon* (Verzeihung) ins Gedächtnis zurückrufen. Denken Sie daran, immer *Monsieur* oder *Madame* hinzuzufügen: *pardon Monsieur*; *pardon Madame*.

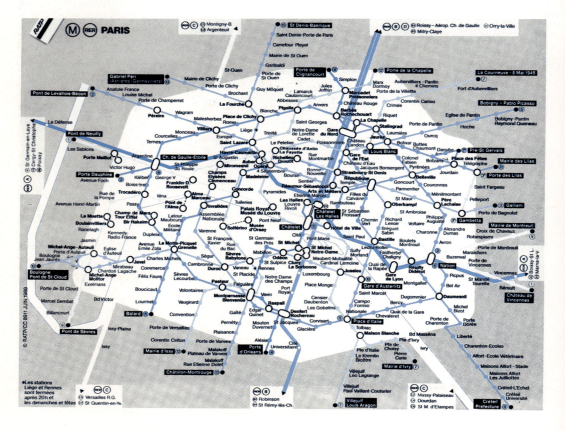

5 Pour aller à la gare?

6 On arrive à quelle heure?

Bevor Sie anfangen

Zunächst möchten wir Sie bitten, sich den Anwendungsbereich des unpersönlichen Ausdrucks *il faut* noch einmal anzuschauen:

il faut partir   wir müssen abreisen

il faut apprendre   man muss lernen

In dieser *Unité* lernen Sie, wie Sie nach der Zeit fragen. Sehen Sie sich deshalb noch einmal einige Fragestellungen an, die bereits behandelt wurden:

Vous avez une chambre pour deux nuits?
Est-ce que vous avez encore de la viande?
Où est le cafè?

Sie lernen in dieser Unité

- wie Uhrzeit, Wochentage und Monate angegeben werden
- wie andere Zeitbegriffe ausgedrückt werden
- wie man mit Zeitplänen umgeht
- Wissenswertes über Urlaubsgewohnheiten der Franzosen
- Wissenswertes über die Öffnungszeiten der Geschäfte

Wegweiser

Dialoge: Hören Sie sich die Dialoge oder Dialoggruppen in der unten aufgeführten Reihenfolge bei geschlossenem Buch an. Hören Sie dann jeden Dialog einzeln an, lesen Sie ihn und arbeiten Sie ihn durch. Reihenfolge: Dialoge 1 bis 4; 5 bis 7.

Lernen Sie *Wichtige Wörter und Ausdrücke.*

Machen Sie die *Übungen* auf S. 86.

Arbeiten Sie die *Grammatik* durch.

Bearbeiten Sie den Abschnitt *Lesen und Verstehen.*

Lesen Sie den Abschnitt *Wissenswertes.*

Jetzt haben Sie das Wort.

Hören Sie sich alle Dialoge noch einmal ohne Buch an.

Machen Sie die Wiederholungsübungen auf S. 211.

Dialoge

1 (2/1)

Verspäteter Abflug

Employée: Monsieur, vous avez une heure de retard au départ de l'avion.

l'avion (m.)	das Flugzeug

vous avez une heure de retard au départ de l'avion – das Flugzeug hat eine Stunde Verspätung (wörtl. Sie haben eine Stunde Verspätung beim Abflug)

une heure de retard – eine Stunde Verspätung

▶ **le retard** – die Verspätung; **en retard** – verspätet

au départ – bei der Abreise (**au départ de l'avion** – beim Abflug). Beachten Sie: **à + le = au.**

2 (2/2)

Der letzte Bus

(M = Michel, H = hôtesse)

M: Euh – est-ce qu'il y a des moyens de communication pour s'y rendre?

H: Oui, vous avez des bus.

M: Des bus...

H: Le problème, c'est que le dernier bus rentre à vingt heures ou vingt heures trente, alors pour le concert c'est difficile...

le problème	das Problem
▶ que	daß
▶ le dernier	der letzte
le concert	das Konzert
difficile	schwierig

des moyens de communication pour s'y rendre – Verkehrsmittel, um sich dorthin zu begeben. Er hätte einfacher sagen können: **des moyens de transport** – Transportmittel.

rentre à vingt heures – fährt um 20 Uhr zurück. Auf Seite 85 wird erklärt, wie die Uhrzeit angegeben wird. **Rentre** ist von **rentrer** – zurückkommen abgeleitet.

3 (2/3)

Abfahrts- und Ankunftszeiten

(E = employée, R = Robert)

E: Alors départ tous les soirs de La Roche à 18 heures 48 et arrivée à Nice à 8 heures 37.

R: 18 heures 48, ça fait 6 heures 48?

E: C'est ça. Sept heures moins le quart.

R: Sept heures moins le quart. Oui, merci. Et on arrive à Nice à quelle heure?

E: A 8 heures 37.

R: Ah, c'est bien – le matin, oui. Ça fait une bonne nuit dans le train pour dormir.

▶ l'arrivée (f.)	die Ankunft
dormir	schlafen

6 On arrive à quelle heure?

Dialoge

▶ **tous les soirs** – jeden Abend (wörtl. alle die Abende)

de La Roche – von La Roche (-sur-Yon liegt im **département de la Vendée**, etwa 400 km südwestlich von Paris)

▶ **ça fait** – das macht. **Ça fait** wird oft beim Einkaufen verwendet: **ça fait combien?** – wie viel macht das?

▶ **sept heures moins le quart** – Viertel vor sieben (siehe Seite 85)

▶ **on arrive à Nice** – man kommt in Nizza an. Von **arriver** – ankommen.

▶ **à quelle heure?** – um wie viel Uhr?

▶ **le matin** – morgens

Dialoge

4

Auf dem Campingplatz

(R = réceptionniste, M = Marie-Claude)

R: C'est chaud de six heures à dix heures le matin et ensuite de quatre heures à huit heures le soir.
M: Et le portail – à quelle heure ferme le...
R: Alors le portail est ouvert le matin à six heures et fermé à onze heures, sauf le samedi, où il est fermé... à minuit.

ensuite	dann
le portail	das Eingangstor
ferme (von fermer)	schließt
▶ ouvert	offen, geöffnet
▶ fermé	geschlossen
▶ minuit	Mitternacht

6 On arrive à quelle heure?

81

Dialoge

▶ **de six heures à dix heures** – von sechs Uhr bis zehn Uhr. Marie-Claude hat sich erkundigt, wann das Wasser heiß ist.

▶ **le soir** – abends (wörtl. der Abend)

à onze heures – um elf Uhr (gemeint ist 11 Uhr nachts)

▶ **sauf le samedi** – außer samstags. Samstags, freitags usw. wird einfach durch **le samedi, le vendredi** wiedergegeben. „Am Samstag" heißt **samedi** (ohne Artikel), z. B. **je suis à Paris samedi** – ich bin am Samstag in Paris.

5 (2/5)

Schule in Frankreich

Isabelle: Alors – euh – les écoliers français travaillent le lundi, le mardi, le jeudi et le vendredi toute la journée. En général on commence à huit heures et demie le matin et on termine le soir vers quatre heures et demie, cinq heures, quelquefois plus tard. Et le mercredi matin on travaille et l'après-midi est libre. Les écoliers travaillent aussi le samedi matin. Donc – euh – en général les gens partent en week-end le samedi à midi et ils reviennent le dimanche soir.

l'écolier (m.)	der Schüler
en général	im Allgemeinen
vers	gegen
▶ l'après-midi (m.)	der Nachmittag
libre	frei
donc	also

▶ à midi	mittags
ils reviennent (von revenir)	sie kommen zurück

▶ **lundi, mardi, mercredi, jeudi, vendredi, samedi, dimanche** – Montag, Dienstag, Mittwoch, Donnerstag, Freitag, Samstag, Sonntag

▶ **toute la journée** – den ganzen Tag

on commence à huit heures et demie – sie beginnen um 8.30 Uhr. Hier taucht wieder das viel verwendete kleine Wort **on** auf, das im Französischen das deutsche „man", „wir" oder (wie hier) „sie" wiedergeben kann. **Commence** kommt von **commencer** – beginnen.

on termine le soir – sie machen abends Schluss. **Termine** ist von **terminer** (beenden) abgeleitet.

quelquefois plus tard – manchmal später

les gens partent – die Leute fahren weg. Das Verb **partir** (abreisen, wegfahren) werden Sie sicherlich oft brauchen, z. B.: **à quelle heure part l'autobus?** – um wie viel Uhr fährt der Bus ab? **le train part à six heures** – der Zug fährt um 6 Uhr ab.

partir en week-end – ins Wochenende fahren

Dialoge

6 2/6

Schulferien

Françoise: Euh – fin octobre – euh – début novembre il y a les... les vacances de la Toussaint, qui durent – euh – une semaine. Euh – il y a des vacances de Noël, qui sont en général du 21 décembre jusqu'au 4 janvier. Il y a les vacances de février, qui durent – euh – une semaine. Il y a aussi les vacances de Pâques, qui durent deux semaines pleines, qui sont – euh – vers les mois de mars, avril, et les grandes vacances, qui durent – euh – deux mois, du début juillet jusqu'au début septembre.

la Toussaint	Allerheiligen
qui	die, welche
durent (von durer)	dauern
Noël	Weihnachten
▶ décembre	Dezember
▶ janvier	Januar
▶ février	Februar
Pâques	Ostern
pleines (f. Pl. von plein)	voll
vers	gegen
▶ le mois	der Monat
▶ mars	März
▶ avril	April
▶ juin	Juni
▶ septembre	September

fin-octobre, début novembre – Ende Oktober, Anfang November

▶ **du 21 décembre jusqu'au 4 janvier** – vom 21. Dezember bis zum 4. Januar. Merken Sie sich, dass im Französischen bei Datumsangaben keine Ordnungszahlen verwendet werden. Wörtlich übersetzt würde es also hier heißen: von 21 Dezember bis 4 Januar. Eine Ausnahme bildet jedoch der erste Tag eines jeden Monats, z. B. **le premier (1er) janvier** – der 1. Januar.

7 2/7

Sommerurlaub

Guylaine: Euh – les Français aiment bien prendre leurs vacances – euh – vers le 14 juillet, la Fête Nationale. Et il y a un jour de départ en vacances en France – c'est le premier (1er) août. Là il faut éviter les routes parce que vraiment on peut pas... on peut pas rouler. Et après le 15 août – euh – c'est assez calme sur la côte. Euh – c'est l'idéal pour les – les Allemands pour venir chez nous.

6 On arrive à quelle heure?

Dialoge

leurs (Pl.)	ihre
éviter	vermeiden
▶ parce que	weil
▶ vraiment	wirklich
▶ assez	ziemlich
calme	ruhig
la côte	die Küste
venir	kommen

aiment bien prendre – nehmen gern (wörtl. sie lieben es zu nehmen)

le 14 juillet, la Fête Nationale; der 14. Juli, der Tag des Sturms auf die Bastille, ist ein nationaler Feiertag.

un jour de départ – ein Tag, an dem viele Leute verreisen (wörtl. ein Abreisetag)

le premier (1ᵉʳ) août – der 1. August.

là bedeutet normalerweise „da", hier jedoch „dann".

on peut pas rouler – man kann nicht vorwärtskommen, d. h. das Verkehrsgewühl ist sehr groß. Sie werden feststellen, dass in manchen Sätzen – allerdings nur im gesprochenen Französisch – **ne** weggelassen wird. Das Verb **rouler** wird benutzt, um den Verkehrsfluss zu beschreiben. Am Rande von Landstraßen werden Ihnen beispielsweise Schilder mit der Aufschrift **ne roulez pas trop vite** (fahren Sie nicht zu schnell) begegnen.

c'est l'idéal – das ist die ideale (Zeit).

les mois de l'année	die Monate des Jahres
janvier	Januar
février	Februar
mars	März
avril	April
mai	Mai
juin	Juni
juillet	Juli
août	August
septembre	September
octobre	Oktober
novembre	November
décembre	Dezember

à quelle heure . . .?	um wie viel Uhr?
quand . . .?	wann . . .?
est-ce que le train arrive?	kommt der Zug an?
est-ce que l'autobus part?	fährt der Bus ab?
est-ce que c'est ouvert/fermé?	ist es geöffnet/geschlossen?
est-ce qu'on arrive/part?	kommen wir an/fahren wir ab?
il y a un train . . .?	gibt es einen Zug?
le soir?	abends?
tous les soirs?	jeden Abend?
le matin?	morgens?
l'après-midi?	nachmittags?
le (lundi)?	montags?
à minuit?	um Mitternacht?
à midi?	mittags?
à (deux) heures?	um (zwei) Uhr?
il est en retard?	hat er Verspätung?
c'est le dernier?	ist es der letzte?

6 On arrive à quelle heure?

Wichtige Wörter und Ausdrücke

ça fait combien?	wie viel macht das?
je travaille ...	ich arbeite ...
de (neuf heures)	von (neun) bis
à (cinq heures)	(fünf Uhr)
toute la journée	den ganzen Tag
sauf (le samedi)	außer (samstags)
je suis en vacances ...	ich bin im Urlaub ...
du (17 juillet)	vom (17. Juli) bis
jusqu'au (3 août)	(3. August)
le mois de (mai)	im Monat (Mai)
parce que	weil
vraiment	wirklich
assez	genug

Datum

Während wir im Deutschen die Ordnungszahlen benutzen, verwenden die Franzosen die Grundzahlen: *le cinq mai*. Andere Beispiele: 12. Juni – *le douze juin;* 30. August – *le trente août;* 11. November – *le onze novembre* (es heißt übrigens *le onze* und nicht, wie zu erwarten wäre, *l'onze*).

Einzige Ausnahme bildet hier der erste Tag eines jeden Monats: hier heißt es *le premier* (abgekürzt *1er*) *janvier, février* etc. Nennen Sie zur Übung das heutige Datum sowie Ihr Geburtsdatum (und falls Sie zufällig heute Geburtstag haben: *bon anniversaire!* – herzlichen Glückwunsch zum Geburtstag!).

Uhrzeitangaben

Die Uhrzeit wird einfach durch *il est* (es ist) und die entsprechende Zahl ausgedrückt, z. B. *il est une heure* – es ist ein Uhr, *il est huit heures* – es ist acht Uhr, *il est vingt-trois heures* – es ist 23 Uhr. Zwischen den vollen Stunden fügen Sie einfach nach dem Wort *heures* die Anzahl der Minuten an: z. B. *une heure quinze* (1.15 Uhr), *huit heures trente* (8.30 Uhr), *vingt-trois heures quarante-cinq* (23.45 Uhr). Das Wort *minutes* (Minuten) wird fast immer weggelassen.

Il est onze heures – es ist 11 Uhr bezieht sich wie im Deutschen sowohl auf den Vormittag als auch auf die Nacht. 12 Uhr mittags und Mitternacht werden allerdings immer unterschieden: *il est midi* bedeutet „es ist Mittag", *il est minuit* – es ist Mitternacht. Sehen Sie sich die folgenden Uhrzeiten an:

Il est dix heures cinq.
Il est dix heures six.
Il est dix heures et quart.
Il est dix heures vingt.
Il est dix heures vingt-cinq.
Il est dix heures et demie.

Il est onze heures moins vingt-cinq.
Il est onze heures moins vingt.
Il est onze heures moins le quart.
Il est onze heures moins dix.
Il est onze heures moins cinq.

6 On arrive à quelle heure?

Übungen

1 (2/8)

Hören Sie sich die CD an. Yves erzählt Ihnen, was er diese Woche machen will. Setzen Sie auf Deutsch den jeweils richtigen Wochentag ein.

a. _____ geht er abends ins Kino.
b. _____ arbeitet er.
c. _____ geht er in Urlaub.
d. _____ hat er eine Verabredung in der Bank.
e. _____ fährt er mit dem Zug nach Rouen.
f. _____ geht er mit der ganzen Familie ins Restaurant.
g. _____ geht er einkaufen.

Yves hat in dieser Übung alle Wochentage erwähnt, sprechen Sie bitte laut, wenn Sie üben.

2 (2/9)

Auf der CD können Sie verfolgen, wie Yves und Carole über Ferientermine diskutieren. Beantworten Sie die folgenden Fragen zu ihren Plänen auf Deutsch:

a. An welchem Datum geht Carole in Urlaub?

b. Wie lange will sie in Marseille bleiben?

c. An welchem Datum fährt sie zu ihren Eltern?

d. An welchem Datum kommt sie nach Hause?

e. In welchem Zeitraum arbeitet Yves in Nizza?

3

Übersetzen Sie die folgenden Datumsangaben:

a. 10. Juli _____
b. 12. August _____
c. 29. Februar _____
d. 23. November _____
e. 1. Januar _____
f. 16. April _____
g. 22. Oktober _____

4 (2/10)

Zeichnen Sie bitte nach den Anweisungen auf der CD die Uhrzeiten ein.

a.   b.

c.   d.

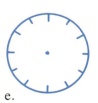
e.   f.

6 On arrive à quelle heure?

Grammatik

Lesen und Verstehen

venir „kommen"

Einige Formen des Verbes *venir* sind Ihnen schon begegnet. Lernen Sie bitte auch die übrigen Formen, weil viele wichtige Verben diesem Schema folgen, z. B. *revenir* (zurückkommen), *devenir* (werden), *tenir* (halten), *retenir* (behalten, reservieren), *maintenir* (festhalten, beibehalten, behaupten) und *soutenir* (unterstützen).

je viens	nous venons
tu viens	vous venez
il/elle vient	ils/elles viennent

Aufgabe

Beantworten Sie die folgenden Fragen mit einem ganzen Satz, den Sie mit *Oui, je ...* einleiten, z. B. *Est-ce que vous maintenez votre décision?* – Halten Sie an Ihrer Entscheidung fest? *Oui, je maintiens ma décision.* – Ja, ich halte an meiner Entscheidung fest.

a. Est-ce que vous venez souvent à Lyon?
b. Est-ce que vous revenez samedi?
c. Est-ce que vous soutenez la conversation?
d. Est-ce que tu viens au cinéma ce soir?

au, à la, à l', aux

Achten Sie darauf, wie sich *à* (in, um, an, nach, zu) mit dem nachfolgenden Substantiv verbindet.

à + le restaurant wird *au restaurant*
> à + le = **au**

à + la gare bleibt *à la gare*
à + l'église bleibt *à l'église*
à + les hôtels wird *aux hôtels*
> à + les = **aux**

Dies ist ein typischer Anschlag, der die Öffnungszeiten *(heures d'ouverture)* eines Schlosses angibt. Versuchen Sie, die unten stehenden Fragen zu beantworten.

HORAIRES DE VISITES
DE PAQUES AU 31 MAI
mercredi, samedi, dimanche et jours fériés
de 14h 30 à 18h 30

du 1er JUIN AU 15 SEPTEMBRE
les après -midi (sauf mardi et vendredi)
de 14h 30 à 18h 30

DU 16 SEPT AU 15 OCT
mercredi, samedi, dimanche et jours fériés
de 14h 30 à 18h 30

DU 16 OCTOBRE A PAQUES
dimanche et jours fériés
de 14h à 18h

---

l'horaire (m.)	Zeitplan
le jour férié	der Feiertag

a. Kann man das Schloss an einem Freitag im Juli besuchen? _____
b. Kann man es am 1. Oktober besuchen, wenn dies ein Feiertag ist? _____
c. Kann man es am Samstag nach Ostern besuchen? _____
d. Kann man es im November morgens besuchen? _____
e. Welches ist der früheste Zeitpunkt, an dem Sie es an einem Montag im August besichtigen können? _____
f. In welchem Zeitraum können Sie es an einem Sonntag im Dezember besichtigen? _____

6 On arrive à quelle heure?

Wissenswertes

Öffnungszeiten von Geschäften

In Frankreich gibt es – im Gegensatz zu Deutschland – keine gesetzlich vorgeschriebenen Ladenschlusszeiten. Französische Geschäfte sind abends wesentlich länger geöffnet. Häufig wird dies dadurch ausgeglichen, dass über Mittag für längere Zeit geschlossen wird. Morgens öffnen die meisten Geschäfte später als bei uns. Viele Geschäfte bleiben montags geschlossen, in größeren Kaufhäusern und Supermärkten können Sie Ihren Bedarf jedoch auch an diesem Tag decken. Die Bäckereien – *les boulangeries* (f.) haben gewöhnlich ab 7.30 Uhr geöffnet und schließen nicht vor 19 oder 20 Uhr. Wie die meisten Geschäfte haben auch die Bäckereien und Konditoreien – *les pâtisseries* (f.) am Sonntagmorgen geöffnet. Größere Kaufhäuser bleiben sonntags geschlossen. Viele Franzosen gehen am Sonntagmorgen auf dem Markt einkaufen. In *Unité 7* können Sie noch mehr über Lebensmitteleinkäufe erfahren.

Wissenswertes

Feiertage in Frankreich

Neujahrstag (1. Januar)	le jour de l'an
Ostermontag	le lundi de Pâques
Tag der Arbeit (1. Mai)	le premier mai
Himmelfahrt (im Mai)	l'Ascension
Pfingstmontag (im Mai)	le lundi de Pentecôte
14. Juli	la Fête Nationale
Mariä Himmelfahrt (15. August)	l'Assomption
Allerheiligen (1. November)	la Toussaint
Waffenstillstandstag (11. November)	le onze novembre
Weihnachten (25. Dezember)	Noël

Die Franzosen im Urlaub

Wenn Sie im Sommer nach Frankreich fahren, sollten Sie folgende Tage nicht als Reisetermine wählen: 1., 14., 31. Juli, 1., 15., 31. August. An diesen Tagen passiert nämlich das, was die Franzosen als *„migrations"* bezeichnen: die Züge sind überfüllt und Staus sind an der Tagesordnung. Dies erklärt sich dadurch, dass viele Betriebe in den Monaten Juli oder August komplett schließen, so dass viele Leute, die ihren Urlaub voll ausschöpfen wollen, zur selben Zeit unterwegs sind. Man versucht jetzt, dies nach und nach zu ändern und gestaffelte Urlaubszeiten einzuführen. Die Feiertage am 14. Juli und 15. August werden ebenfalls traditionell für die Reise in den Urlaub genutzt. Zwischen diesen beiden Tagen sind die Ferienorte besonders überfüllt und vor allem am Mittelmeer besonders teuer. Sollten Sie trotz aller Vorsichtsmaßnahmen auf Ihrer Reise in einen Stau geraten, nutzen Sie die kostenlosen Dienste *«Bison Futé»*: an den großen Durchfahrtsstraßen vom französischen Verkehrsministerium eingerichtete In-

Wissenswertes

formationsstellen, die durch das abgebildete Schild gekennzeichnet sind, helfen Ihnen sowohl bei der Planung Ihres Reisewegs als auch bei der telefonischen Reservierung von Campingplätzen und Hotelzimmern sowie bei der Suche nach Kfz-Werkstätten und Ärzten.

Jetzt haben Sie das Wort

Sie müssen zum Bahnhof, um einen Zug zu erreichen. Dominique wird Ihnen bei der richtigen Fragestellung helfen, wenn Sie sich an einen Mann wenden, der an der Bushaltestelle steht und sich gut auskennt. Das einzig neue und sicherlich nicht schwierige Wort wird *le taxi* sein.

Wiederholung

Schlagen Sie jetzt die Seite 211 auf und erarbeiten Sie den Wiederholungsteil für die *Unités* 4–6. Auf der CD folgt der Wiederholungsteil unmittelbar auf diese *Unité*.

7 Et avec ça?

Bevor Sie anfangen

„Leben wie Gott in Frankreich", das bedeutet vor allem gut essen. In dieser *Unité* lernen Sie eine Reihe von Lebensmittelbezeichungen, damit Sie auf einer Reise durch Frankreich Ihre Wünsche auch artikulieren können. Vielleicht sollten Sie aber zunächst einmal überprüfen, ob Sie noch wissen, welche Nahrungsmittel mit den folgenden Wörtern gemeint sind?

le saucisson   le fromage
le lait   les œufs
le jambon   la glace

Sie lernen in dieser Unité

● wie Sie Dinge für den täglichen Bedarf einkaufen
● wie Sie Verabredungen treffen
● wie Sie in Frankreich telefonieren
● Wissenswertes über verschiedene Geschäfte und Postämter

Wegweiser

Dialoge: Hören Sie sich die Dialoge oder Dialoggruppen in der unten aufgeführten Reihenfolge bei geschlossenem Buch an. Hören Sie dann jeden Dialog einzeln an, lesen Sie ihn und arbeiten Sie ihn durch. Reihenfolge: Dialoge 1 bis 4; 5 bis 7.

Lernen Sie *Wichtige Wörter und Ausdrücke.*

Machen Sie die *Übungen* auf S. 98.

Arbeiten Sie die *Grammatik* durch.

Bearbeiten Sie den Abschnitt *Lesen und Verstehen.*

Lesen Sie den Abschnitt *Wissenswertes.*

Jetzt haben Sie das Wort.

Hören Sie sich alle Dialoge noch einmal ohne Buch an.

Dialoge | Dialoge

1 (2/15)
Zeitungskauf

(R = Robert, V = vendeur)

R: Monsieur, avez-vous des journaux allemands?
V: Ah non, je regrette.
R: Merci.

| le vendeur | der Verkäufer |
| je regrette | ich bedaure |

> **avez-vous des journaux allemands?** – haben Sie deutsche Zeitungen? **Le journal** – die Zeitung, **les journaux** – die Zeitungen. Die meisten Substantive bilden den Plural durch das Anhängen eines **-s**; Substantive, die auf **-al** enden, bilden den Plural jedoch mit **-aux**, z. B. **un animal** – ein Tier, **des animaux** – Tiere.

2 (2/16)
Briefmarken

(R = Robert, E = employée)

R: Trois timbres pour des lettres pour l'Allemagne et deux timbres pour des cartes postales, s'il vous plaît.
E: Alors pour les lettres c'est 1 euro 80 et … cartes postales … ça doit être 1 euro
R: C'est ça.

| le timbre | die Briefmarke |
| la carte postale | die Postkarte |

> **ça doit être** – das macht dann (wörtl. das muss sein)
>
> **pour l'Allemagne** – nach Deutschland. Ebenso: **pour l'Autriche** – nach Österreich, **pour la Suisse** – in die Schweiz. **Pour** heißt normalerweise „für".

3 (2/17)
Beim Bäcker

(S = Simone, B = boulangère)

S: Euh – je voudrais une baguette.
B: Oui, Madame.
S: Et cinq croissants.
B: Cinq croissants – ordinaires ou beurre?
S: Euh – ordinaires.
B: Ordinaires.

| la boulangère | die Bäckerin |

Dialoge

je voudrais une baguette – ich möchte gern ein Stangenweißbrot. Wenn Sie etwas kaufen wollen, können Sie den Satz immer mit **je voudrais** einleiten. Es gibt verschiedene Sorten Brot in Frankreich. Die bekanntesten sind, neben dem **baguette, une ficelle,** das kleiner und dünner ist, **un pain,** ein Brot, und **un gros pain,** ein dicker, runder Brotlaib.

ordinaires ou beurre – einfach oder (hergestellt) mit Butter? **ordinaire** bedeutet „gewöhnlich", „üblich"; mit **vin ordinaire** ist ein „Tischwein" gemeint. Die Bäckerin sagt zwar **ordinaires ou beurre,** korrekter wäre aber **des croissants au beurre.**

4

Im Weinladen

(S = Simone, V = vendeur)

S: Une bouteille de vin – euh – appellation contrôlée...
V: Oui.
S: Euh – un vin pas trop... pas trop fort en alcool.
V: J'ai un Bordeaux, qui fait 12 €, un '97.
S: Très bien – on va essayer.
V: Bien, Madame.

| le vin | der Wein |

appellation contrôlée (oft **A. C.** abgekürzt, wörtl. kontrollierte Bezeichnung). Dieser Begriff, eine Kurzfassung von **V. A. O. C. (vin d'appellation d'origine contrôlée),** bürgt für geographische Herkunft und Qualität des Produktes: **appellation contrôlée** ist das Gegenteil von **un vin ordinaire,** auch **vin courant** oder **de table** genannt. Qualitätsmäßig dazwischen liegt der **V. D. Q. S. (vin délimité de qualité supérieure). Le vin de pays** ist meistens auch empfehlenswert, trägt aber keine offiziell anerkannte Ursprungsbezeichnung.

pas trop fort en alcool – mit geringem Alkoholgehalt (wörtl. nicht zu stark im Alkohol). Der hier von der Verkäuferin empfohlene **Bordeaux** ist jedoch eher ein schwerer Wein.

on va essayer – wir werden probieren (wörtl. man wird versuchen)

7 Et avec ça?

Dialoge

5 (2/19)

Käse und Eier

(S = Simone, V = vendeuse)

S: Une boîte de petits suisses.
V: Des petits ou des gros?
S: Euh – des gros.
V: 4,90. Avec ça?
S: Et – six œufs.
V: Ce sera tout, Madame?
S: Oui, c'est tout.

gros | dick, fett

une boîte de petits suisses. Unter **petits suisses** versteht man kleinzylindrischen, ungesalzenen Frischkäse, oft mit Zucker bestreut gegessen. **Une boîte** ist „eine Packung", „eine Schachtel". Merken Sie sich bitte auch **un paquet** – ein Paket. Wenn Sie den Ausdruck **une boîte de nuit** hören, so ist damit ein „Nachtlokal" gemeint.

six œufs – sechs Eier. Bei **un œuf** wird das „f" gesprochen, im Plural (**des œufs**) dagegen nicht.

avec ça? – noch etwas? (wörtl. mit dem?)

ce sera tout? – ist das alles? (wörtl. wird das alles sein?)

c'est tout – das ist alles.

Anmerkung: Wenn Sie für ein Picknick oder für eine kleine Mahlzeit einkaufen wollen, gehen Sie am besten in eine **charcuterie** oder zu einem **traiteur**. Dort finden Sie eine Reihe von vorgefertigten Speisen wie Pizzas, Salate, gefüllte Tomaten, Zwiebelkuchen oder gekochtes bzw. gebratenes Fleisch.

94

7 Et avec ça?

Dialoge

6

Im Obst- und Gemüsegeschäft

(S = Simone, V = vendeur)

S: Un kilo de tomates – bien mûres.
V: Bien mûres – il y a un petit peu moins?
S: Oui, très bien.
V: Très bien comme ça?
S: Une livre de raisin.
V: Une livre de raisin. Du blanc ou du noir?
S: Du blanc.
V: Oui. Vous avez 50 grammes en plus.
S: Oui.
V: Ça va aller comme ça?
S: Et quatre artichauts.
V: Quatre artichauts.
S: Merci.
V: Voilà.
S: Ce sera tout.
V: Ce sera tout? 7,20 €, Madame.

le kilo	das Kilo(gramm)
la tomate	die Tomate
l'artichaut (m.)	die Artischocke

bien mûres (f. Pl.) – sehr reif

un petit peu moins? – ein bisschen weniger?

comme ça? – so? (wörtl. wie das?). Diese Frage können Sie mit **oui, comme ça** oder **oui, ça ira** beantworten.

une livre – ein Pfund

une livre de raisin – ein Pfund Trauben. **Le raisin** bedeutet die Weintraube.

du blanc ou du noir? – weiß oder schwarz? Gemeint sind blaue oder weiße Trauben.

en plus – mehr

ça va aller comme ça? – wird es so gehen?

7 Et avec ça?

Dialoge

7 (2/21)

Ein Friseurtermin

(S = Simone, C = coiffeuse)

S: Je voudrais un rendez-vous pour shampooing-mise en plis…

C: Oui.

S: …euh – vendredi après-midi si possible.

C: Vendredi après-midi. A quelle heure?

S: Euh – vers deux heures ou trois heures…

C: Oui, deux heures. C'est pour une mise en plis?

S: Oui.

C: Mise en plis-coupe ou…

S: Non, mise en plis simplement.

C: Mise en plis.

S: Shampooing et mise en plis.

C: Bon. Deux heures, alors, vendredi.

S: D'accord.

C: Voilà.

Dialoge

la coiffeuse	die Friseuse
le shampooing	das Kopfwaschen, das Shampoon
la coupe	der Schnitt
simplement	einfach, nur

un rendez-vous – eine Verabredung. Hier geht es um einen Termin beim Friseur, das Wort kann jedoch für jede Art von Verabredung benutzt werden.

pour shampooing – zum Waschen. Normalerweise sagt man **pour un shampooing.**

une mise en plis – legen. Sie könnten auch sagen **un brushing** (föhnen).

si possible – falls möglich.

7 Et avec ça?

Wichtige Wörter und Ausdrücke

avez-vous . . .?	haben Sie . . .?
un journal alle- mand?	eine deutsche Zeitung?
des timbres pour l'Alle- magne?	Briefmarken für Deutsch- land?
pour l'Autriche?	für Österreich?
pour la Suisse?	für die Schweiz?
pour des lettres?	für Briefe?
pour des cartes postales?	für Postkarten?
je voudrais . . .	ich möchte gern . . .
une baguette	ein Stangen- weißbrot
une bouteille de vin	eine Flasche Wein
six œufs	sechs Eier
une livre de (beurre)	ein Pfund (Butter)
un kilo de (raisin)	ein Kilo (Trauben)
une boîte de (sardines)	eine Büchse (Sardinen)
un paquet de (sucre)	ein Paket (Zucker)
comme ça	so (wörtl. wie das)
c'est tout	das ist alles
je voudrais un rendez-vous	ich hätte gern einen Termin

Natürlich können Sie auf Dinge, die Sie kaufen möchten, deuten; besser ist es jedoch, wenn Sie sie benennen. Wir ha-ben deshalb die Bezeichnungen von häu-fig vorkommenden Nahrungsmitteln zu-sammengestellt.

les fruits	das Obst
la banane	die Banane
la pomme	der Apfel
l'orange (f.)	die Orange
la poire	die Birne
le melon	die Honigmelone
la pastèque	die Wassermelone
les légumes	das Gemüse
la pomme de terre	die Kartoffel
la carotte	die Karotte
le chou	der Kohl
les petits pois	die Erbsen
le concombre	die Gurke
la salade	der Salat
la salade de to- mates	der Tomatensalat
les viandes	die Fleischsorten
le bœuf	das Rind
le steak	das Steak
le veau	das Kalb
l'agneau (m.)	das Lamm
le porc	das Schwein
le cheval	das Pferd
la volaille	das Geflügel
le poulet	das Huhn
le jambon	der Schinken
le pâté	die Pastete
le poisson	der Fisch

7 Et avec ça?

Übungen

1 (2/22)

Auf der CD folgt nun ein Einkaufsgespräch. Hören Sie genau zu und beantworten Sie dann die nachstehenden Fragen auf Deutsch.

a. Welche deutschen Zeitungen führt das Geschäft?
___

b. Wie viele Postkarten kauft der Kunde?
___

c. Wohin schickt er die Postkarten?
___

d. Wie viele Briefe schickt er ab?
___

e. Wohin gehen die Briefe?
___

f. Wie viel bezahlt er insgesamt?
___

2 (2/23)

Die folgende Unterhaltung findet in einer Bäckerei *(une boulangerie)* statt. Bringen Sie bei jedem Satz die Wörter in die richtige Reihenfolge und vergleichen Sie dann mit der korrekten Version auf der CD.

(B = boulanger, C = cliente)

B: désirez vous qu'est-ce que?
___

C: voudrais croissants s'il vous plaît je quatre ___

B: croissants quatre ___
C: baguette voudrais je et s'il vous plaît une
___

B: voilà tout c'est? ___
C: tout c'est ___

B: cinq euros ça Madame vingt fait
___

C: voilà boucherie s'il vous plaît aller pour la et à? ___

B: nous face est en de boucherie la
___

C: au merci revoir ___

3 (2/24)

Auf der CD können Sie hören, wie Yves für ein Picknick einkauft. Da er es eilig hat, kauft er alles in einem Geschäft. Kreuzen Sie die Lebensmittel, die er kauft, in den dafür vorgesehenen Kästchen neben den Zeichnungen an und schreiben Sie dazu, was Yves dafür insgesamt bezahlen muss.

98

7 Et avec ça?

Übungen

Grammatik

Verben

je voudrais – ich möchte

Je voudrais ist ein besonders häufig vorkommender Ausdruck. Er kann mit „ich möchte gern", „ich hätte gern", „ich würde gern" übersetzt werden. Es ist möglich, *je voudrais* mit nachfolgendem Infinitiv oder mit nachfolgendem Substantiv zu konstruieren. Dazu je zwei Beispiele:

je voudrais parler	ich möchte gern sprechen
je voudrais manger des escargots	ich würde gern Schnecken essen
je voudrais une glace	ich möchte gern ein Eis
je voudrais une voiture	ich hätte gern ein Auto

Lernen Sie bitte auch die nachfolgenden wichtigen Verben (am besten behält man sie, wenn man sie laut vorträgt).

pouvoir – können

je peux	ich kann
tu peux	du kannst
il/elle peut	er/sie/es kann
nous pouvons	wir können
vous pouvez	ihr könnt/Sie können
ils/elles peuvent	sie können

je ne peux pas sortir ce soir – ich kann heute Abend nicht weggehen
où peut-on changer des chèques de voyage? – wo kann man Reiseschecks eintauschen?

Merken Sie sich bitte, dass Sie in der ersten Person im Singular *puis-je* (kann ich) sagen

7 Et avec ça?

Grammatik

müssen, wenn Sie eine Frage stellen, z. B. *puis-je venir avec vous?* – kann ich mit Ihnen (euch) kommen?

savoir – wissen, können (im Sinne von „imstande sein")

je sais	ich weiß
tu sais	du weißt
il/elle sait	er/sie/es weiß
nous savons	wir wissen
vous savez	ihr wißt, Sie wissen
ils/elles savent	sie wissen

je sais que vous aimez le vin – ich weiß, dass Sie gern Wein trinken (wörtl. dass Sie den Wein lieben)
elle sait faire le café – sie kann Kaffee machen

connaître – kennen

je connais	ich kenne
tu connais	du kennst
il/elle connaît	er/sie/es kennt
nous connaissons	wir kennen
vous connaissez	ihr kennt/Sie kennen
ils/elles connaissent	sie kennen

je connais Marseille – ich kenne Marseille
Robert Gris connaît mon père – Robert Gris kennt meinen Vater
reconnaître (wiedererkennen, erkennen) folgt diesem Muster.

Adjektive

In den Dialogen kamen bisher folgende Adjektive vor: *allemand* – deutsch, *français* – französisch, *fort* – stark, *petit* – klein, *blanc* – weiß, *ordinaire* – gewöhnlich, *mûr* – reif, *gros* – dick, fett und *noir* – schwarz.

Die Adjektive beschreiben die Substantive näher und richten sich im Französischen ebenso wie im Deutschen nach ihnen, d. h. sie können im Maskulinum oder Femininum, im Singular oder Plural stehen:

un chien noir	ein schwarzer Hund
une maison noire	ein schwarzes Haus
des taxis noirs	schwarze Taxis
des voitures noires	schwarze Autos

Als allgemeine Regel können Sie sich merken, dass französischen Adjektiven im Femininum ein *-e* und im Plural ein *-s* hinzugefügt wird, z. B.
Singular: *petit* (m.), *petite* (f.)
Plural: *petits* (m.), *petites* (f.)
Wenn ein *-e* angehängt wird, ändert sich häufig die Aussprache (z. B. *petit, petite*), allerdings nicht immer (z. B. *mûr, mûre; noir, noire*). Das End-*s* wird normalerweise nicht gesprochen.

Einige Adjektive sind unregelmäßig, z. B. *gros* (m.), *grosse* (f.); *blanc* (m.), *blanche* (f.). Vergessen Sie bitte nicht, diese Formen jeweils mitzulernen.

Die meisten Adjektive stehen im Französischen nach dem Substantiv, z. B. *du vin blanc* – Weißwein; *un journal allemand* – eine deutsche Zeitung, aber einige kurze, häufig gebrauchte Adjektive stehen vor dem Substantiv; hier sind vor allem *grand* und *petit* zu nennen, z. B. *une grande boîte* – eine große Schachtel; *un petit sac* – eine kleine Tasche.

Lesen und Verstehen   Lesen und Verstehen

Le bureau de tabac – der Tabakwarenladen

Les „tabacs" se trouvent souvent dans un café ou un bar: alors il y a devant l'entrée l'enseigne CAFE-TABAC ou BAR-TABAC, avec la grande carotte rouge qui est l'emblème des bureaux de tabac.

Dans les bureaux de tabac, on peut acheter, bien sûr, des cigares, des cigarettes, des pipes et des allumettes. On y trouve aussi des cartes postales, des timbres, du chocolat et quelquefois des journaux. Et si vous allez prendre le bus, achetez votre ticket à l'avance dans un bureau de tabac.

acheter	kaufen
l'allumette (f.)	das Streichholz
à l'avance	im Voraus
souvent	oft
l'entrée (f.)	der Eingang

Können Sie die folgenden Fragen beantworten?

a. An welchem Ort finden Sie häufig *un bureau de tabac?* _____

b. Welches Emblem ist an französischen Tabakwarenläden angebracht?

c. Wo können Sie es entdecken?

d. Welcher Lesestoff wird hier verkauft? ___

e. Was können Nichtraucher hier kaufen?

7 Et avec ça?   101

Wissenswertes

Lebensmitteleinkauf

Auf dem Lokalmarkt, dem *marché,* bekommt man gewöhnlich Obst, Gemüse, Fleisch, Fisch, Käse und Pasteten.
In mittleren und größeren Städten gibt es Markthallen *(les halles),* durch die sich in jedem Fall ein Gang lohnt. Lebensmittel bekommen Sie natürlich auch in Geschäften mit der Bezeichnung *magasin d'alimentation* (Lebensmittelgeschäft), *épicerie* (Krämerladen), *supermarché* (Supermarkt) oder *libre-service* (Selbstbedienung). Brot gibt es in der *boulangerie,* Kuchen und Gebäck in der *pâtisserie,* die manchmal einer *boulangerie* angegliedert ist. Fleisch kann in einer *boucherie* gekauft werden, Pferdefleisch in einer *boucherie chevaline* (*le cheval* = das Pferd), Schweinefleisch, Speck, Schinken, Wurst, Salate, Pasteten und andere Delikatessen in einer *charcuterie*. Bei einem *charcutier* oder einem *traiteur* bekommt man auch fertige Mahlzeiten – *des plats cuisinés*, die man zu Hause verzehren kann. In einer *crèmerie* werden Milchprodukte verkauft. In den Außenbezirken größerer Städte sollten Sie auf *un hypermarché* achten, wo Sie zu günstigen Preisen einkaufen können.

Wissenswertes

Telefon

Wenn Sie von Frankreich aus ins Ausland telefonieren wollen, wählen Sie die Ländervorwahl (*indicatif du pays*) 00 49 für Deutschland, 00 43 für Österreich oder 00 41 für die Schweiz, dann die Ortsvorwahl (*indicatif de la ville*) ohne die 0 (z. B. Frankfurt/Main: 69 statt 0 69) und schließlich die Nummer des Teilnehmers, also z.B. 00 49-69-1 23 45 67.

Die französischen Telefonnummern bestehen aus 10 Ziffern, z. B. 05.18.24.46.51 (gelesen: *zéro cinq, dix-huit, vingt-quatre, qua-*

Postämter (La poste)

Die meisten Postämter öffnen vor- und nachmittags, sind jedoch zur Mittagszeit sowie am Samstagnachmittag geschlossen. Erkundigen Sie sich nach den *heures d'ouverture* (Öffnungszeiten) oder *ouverture des guichets* (Schalterstunden).

In Frankreich und in der Schweiz sind die Briefkästen gelb, in Belgien rot. Wenn mehrere Briefkastenschlitze vorhanden sind, benutzen Sie bitte den mit der Aufschrift *étranger* (Auslandspost) oder *autres destinations* (andere Richtungen), wenn Sie einen Brief nach Hause schicken.

7 Et avec ça?

Wissenswertes

rante-six, cinquante et un), wobei die ersten Ziffern die Großregion angeben: 01 = Paris und Ile-de-France, 02 = Nordwestfrankreich, 03 = Nordostfrankreich, 04 = Südostfrankreich und 05 = Südwestfrankreich. Handy-Nummern (*téléphones portables*) beginnen mit 06, kostenlose Service-Nummern (*numéros verts*) mit 08 00. Wenn Sie nach Frankreich telefonieren wollen, wählen Sie 00 33, dann die Nummer ohne die 0.
Wichtige Nummern: 15 = *SAMU* (*Service d'Aide Médicale d'Urgence* = Ambulanz), 17 = *police* (Polizei), 18 = *pompiers* (Feuerwehr).
Für öffentliche Telefone (*cabines téléphoniques*) benötigen Sie fast immer eine Telefonkarte (*carte téléphonique* oder *télécarte*), die in *bureaux de tabac* oder auf der Post erhältlich ist. Münztelefone sind selten geworden.
Franzosen melden sich am Telefon meist nur mit *allô*. Um festzustellen, ob Sie mit dem gewünschten Gesprächspartner verbunden sind, fragen Sie z. B. *c'est Pierre?* – ist das Pierre? – oder *qui est à l'appareil?* – wer ist am Apparat? Ist dies nicht der Fall, sagen Sie z. B. *je voudrais parler à Monsieur/Madame X* – ich möchte Herrn/Frau X sprechen.

Jetzt haben Sie das Wort

Carole macht ihren Wochenendeinkauf auf dem Markt *(le marché)*. Sie fragt, was Sie gerne essen möchten. Dominique erklärt Ihnen wieder, was Sie sagen sollen. Halten Sie, wie gewohnt, die CD an, ehe Sie antworten. Folgende neue Wörter und Sätze werden Sie hören:
rouge (m. und f.) – rot
à tout à l'heure – bis gleich

8 Je vais prendre ça

Bevor Sie anfangen

In den Dialogen dieser *Unité* werden wieder verschiedene Einkäufe getätigt. Wir möchten Sie deshalb an die Sätze erinnern, die Sie in diesem Zusammenhang bereits gelernt haben:
je voudrais – ich möchte gern
est-ce que vous avez...? – haben Sie...?
c'est tout – das ist alles
ça fait combien? – wie viel macht das?

Farben und Formen sollten Sie auch beschreiben können. Gelernt haben Sie bereits:
blanc, blanche – weiß; *noir(e)* – schwarz; *gros, grosse* – dick; *grand(e)* – groß; *petit(e)* – klein.

Sie lernen in dieser Unité

- wie Sie nach Arzneimitteln fragen
- wie Sie dem Apotheker Ihre Beschwerden erklären
- wie Sie Kleidung kaufen
- wie Sie genaue Angaben zum Farbton machen
- wie Sie die Größe oder Passform beschreiben
- wie Sie Preise und Sonderangebote erkennen

Wegweiser

Dialoge: Hören Sie sich die Dialoge oder Dialoggruppen in der unten aufgeführten Reihenfolge bei geschlossenem Buch an. Hören Sie dann jeden Dialog einzeln an, lesen Sie ihn und arbeiten Sie ihn durch. Reihenfolge: Dialog 1; Dialoge 2 und 3; 4 und 5.

Lernen Sie *Wichtige Wörter und Ausdrücke.*

Machen Sie die *Übungen* auf S. 112.

Arbeiten Sie die *Grammatik* durch.

Bearbeiten Sie den Abschnitt *Lesen und Verstehen.*

Lesen Sie den Abschnitt *Wissenswertes.*

Jetzt haben Sie das Wort.

Hören Sie sich alle Dialoge noch einmal ohne Buch an.

Dialoge   Dialoge

1 (2/26)

In der Apotheke

(I = Isabelle, P = pharmacien)

I: Bon, j'aimerais quelque chose contre le mal de tête.
P: Euh – en comprimés?
I: Oui, en comprimés.
P: Vous avez mal – euh – comment?
I: Des migraines, enfin ...
P: Vous voulez de l'aspirine?
I: Oui.
P: Vous n'avez pas de problème rénal?
I: Non, ça va.
P: Voilà. Trois euros, s'il vous plaît.
I: Oui, et puis aussi quelque chose pour après le soleil.
P: ... Une crème? Une huile?
I: Une crème. Une crème, oui.
P: D'accord.
I: Et alors un médicament contre les diarrhées.
P: Contre la diarrhée?
I: Oui.
P: Vous avez mal au ventre?
I: Oui.
P: Oui. En comprimés aussi?
I: Oui, en comprimés.
P: En comprimés. Cinq euros.
I: Voilà. C'est tout.

la comprimé	die Tablette
l'aspirine (f.)	das Aspirin
la migraine	die Migräne
le soleil	die Sonne
la crème	die Creme
l'huile (f.)	das Öl
le médicament	das Medikament
la diarrhée	die Diarrhö, der Durchfall

j'aimerais – ich möchte gern. Abgeleitet von dem Verb **aimer** – gern haben, lieben. Es ist eine alternative Ausdrucksmöglichkeit für **je voudrais**.

quelque chose contre le mal de tête – etwas gegen Kopfschmerzen

en comprimés – in Tablettenform. Die Franzosen benutzen häufiger als wir **suppositoires** – Zäpfchen.

vous avez mal – haben Sie Schmerzen, **comment?** (wörtl. wie?). Der Apotheker fordert Isabelle auf, ihre Schmerzen näher zu beschreiben.

enfin – endlich, schließlich, kurzum wird häufig wie hier im Sinne von „nun ja" als Verlegenheits- oder Überleitungsfloskel benutzt.

vous n'avez pas de problème rénal? – Sie haben kein Nierenleiden?

ça va – das ist in Ordnung (wörtl. das geht). Die Frage **ça va?** wird oft im Sinne von „wie geht's" benutzt. Man kann darauf mit **ça va** – es geht gut antworten.

106   *8 Je vais prendre ça*

Dialoge

vous avez mal au ventre? – haben Sie Bauchschmerzen? (wörtl. haben Sie Schmerzen im Bauch?) Lernen Sie bitte auch **j'ai mal aux dents** – ich habe Zahnschmerzen; **j'ai mal à la gorge** – ich habe Halsschmerzen und **j'ai mal à la tête** – ich habe Kopfschmerzen. Merken Sie sich bitte, dass **j'ai mal au cœur** nichts mit „Herzschmerzen" zu tun hat, wie man bei wörtlicher Übersetzung (**le cœur** – das Herz) vermuten könnte, sondern „mir ist schlecht" bedeutet.

2

Im Textilgeschäft

(N = Nadine, P = Pierre-Yves, V = vendeuse)

N: Pour aller avec cette chemise, s'il vous plaît: bordeaux ou vert foncé ... du beige peut-être.
P: C'est quoi?
N: Ça c'est du fil, mais on n'a pas besoin de fil, hein?
P: Hein?
N: On va acheter des chaussettes, pas du fil. On enlève la chaussure?
P: Non!
N: Si, pour regarder les chaussettes, dis donc.
N: Bon, je vais prendre ça, alors: je vais prendre les beiges.
V: Mm.
N: D'accord.

8 Je vais prendre ça

vert foncé	dunkelgrün
beige	beige
peut-être	vielleicht
le fil	der Faden, das Garn
si	doch
regarder	betrachten, schauen
la chaussette	die Socke

pour aller avec cette chemise – passend zu diesem Hemd (Näheres zu **cette** auf Seite 113).

bordeaux – weinrot

on n'a pas besoin de fil – wir brauchen kein Garn. Merken Sie sich bitte **j'ai besoin de** – ich brauche (wörtl. ich habe Bedarf an).

hein? (Umgangssprache) wird hier in zwei verschiedenen Bedeutungen gebraucht: Nadine meint „nicht wahr?" und Pierre-Yves „wie (bitte)?"

on va acheter des chaussettes, pas du fil – wir wollen Socken kaufen, kein Garn.

on enlève la chaussure – wir wollen den Schuh ausziehen.

dis donc (wörtl. sag doch mal) – umgangssprachlich im Sinne von „mach' schon".

je vais prendre ça – ich werde das nehmen.

Weitere Bezeichnungen für Kleidungsstücke finden Sie auf Seite 115.

Dialoge

3 (2/28)

Ein Pulloverkauf

(N = Nadine, V = vendeur)

N: Bonjour, Monsieur. J'aurais voulu un . . .
un pull, s'il vous plaît.

V: Qu'est-ce que vous faites comme taille?

N: 40 . . . 40/42, enfin ça dépend de la . . . de
la coupe.

V: Oui. Alors j'ai plusieurs modèles – euh –
comme ça, marine avec une encolure
blanche . . .

N: Oui. Ça va être trop petit pour moi.

V: On a ça, en blanc avec des grosses côtes.

N: Mm mm. C'est le pull de tennis, ça?

V: Oui.

N: D'accord. Je vais essayer.

V: Oui.

N: Je crois que c'est la bonne taille, oui . . . je
peux essayer le bleu?

V: Oui.

N: Oui?

N: Non, je crois que le . . . le bleu est plus
grand, hein? Il est trop grand, là.

V: Il est plus grand que le blanc, hein?

N: Oui. Oui, c'est trop grand. Je crois que
je . . . je préfère le blanc. Il vaut combien?

V: 62 euros.

N: Je peux vous régler par chèque?

V: Oui, bien sûr.

N: D'accord.

le pull (pullover)	der Pullover
ça dépend (de)	das hängt ab (von)
la coupe	der Schnitt
le modèle	das Modell
marine	marineblau

l'encolure (f.)	der (Hals)ausschnitt
blanche (f.)	weiß
trop petit	zu klein
le tennis	das Tennis
en blanc	in weiß
(le) bleu	(der/die/das) blaue

j'aurais voulu hat dieselbe Bedeutung
wie **je voudrais**.

qu'est-ce que vous faites comme taille?
– welche Größe haben Sie? (wörtl. was
machen Sie als Größe?) Auf Seite 115
erfahren Sie etwas über die Kleider-
größen in Frankreich.

ça va être trop petit pour moi – das wird
zu klein für mich sein.

avec des grosses côtes – mit dicken
Rippen (gemeint ist das Strickmuster)

je vais essayer – ich will (es) (an)pro-
bieren; **je peux essayer?** – kann ich (es)
anprobieren?

je crois que – ich glaube, dass

la bonne taille – die richtige Größe

plus grand – größer (wörtl. mehr groß);
trop grand – zu groß.

il est plus grand que le blanc – er ist
größer als der weiße. Näheres zu
plus . . . que siehe Seite 114.

je préfère – ich bevorzuge. Von **préférer** (bevorzugen, vorziehen, lieber
haben)

8 Je vais prendre ça

Dialoge

> **il vaut combien?** – wie viel kostet das? (wörtl. wie viel ist er [der Pullover] wert?) Sie könnten hier auch sagen: **il coûte combien?** oder **il fait combien?**
>
> **je peux vous régler par chèque?** – kann ich mit Scheck bezahlen?

4

Im Blumenladen

(F = fleuriste, N = Nadine)

F: Les roses? Alors vous avez les dix roses qui vous font quinze euros la botte.
N: Oui. A la pièce c'est combien?
F: La pièce, 2 euros.
N: D'accord. Et autrement, qu'est-ce que vous avez comme fleurs en ce moment?
F: En ce moment, alors, vous avez les chrysanthèmes, qui sont les fleurs de saison, à dix euros la botte.
N: Oui – combien dans une botte?
F: Euh – alors, ça dépend – environ – euh – dix fleurs.
N: D'accord.

le fleuriste	der Blumenhändler
la rose	die Rose
la botte	der Strauß, das Bündel
autrement	sonst
la fleur	die Blume
le chrysanthème	die Chrysantheme
environ	ungefähr

Dialoge

> **qui vous font quinze euros la botte** – die Sie fünfzehn Euro pro Strauß kosten. **Font** ist von dem Verb **faire** abgeleitet, das im Allgemeinen „machen" bedeutet, aber auch im Sinne von „kosten" verwendet wird (vergleichen Sie **ça fait** = das macht, das kostet in *Unité 4*).
>
> **à la pièce** – pro Stück, einzeln
> **la pièce** – das Stück
>
> **qu'est-ce que vous avez comme fleurs?** – welche Blumen haben Sie? (wörtl. was haben Sie als Blumen?) Diese Konstruktion ist sehr gebräuchlich; Sie sind ihr bereits in *Unité 3* begegnet.
>
> **les fleurs de saison** – die Blumen der Saison
> **la saison** – die Jahreszeit
>
> **combien dans une botte?** – wie viel in einem Strauß?

8 Je vais prendre ça

Dialoge   Dialoge

5 (2/30)

Sonderangebote

(V = vendeuse, S = Simone)

V: J'ai des promotions en ce moment. Vous avez dix pour cent sur les vins – euh – et les jus de fruits.
S: Vous avez – euh – jus d'orange?
V: Jus d'orange, oui.
S: Oui. Un jus d'orange et un jus de...
V: Pamplemousse, ananas...
S: Euh – ananas.

le jus de fruit	der Fruchtsaft
le pamplemousse	die Pampelmuse, die Grapefruit
l'ananas (m.)	die Ananas

j'ai des promotions en ce moment – ich habe zur Zeit Werbeangebote (wörtl. ich habe in diesem Moment Sonderangebote). Nähere Erläuterungen zu **ce** finden Sie auf Seite 113.

vous avez dix pour cent sur les vins – Sie haben 10% auf Weine.

ananas: Das End-„s" können Sie sprechen oder auch nicht, wie Sie wollen.

8 Je vais prendre ça

Wichtige Wörter und Ausdrücke

j'ai mal ...

    à la tête
    à la gorge
    au ventre
j'ai mal au cœur
je voudrais un mé-
    dicament ...
quelque chose ...
    contre le soleil
    en comprimés
avoir besoin de
j'ai besoin d'
    un pull
    une chemise
    un maillot de
    bain
plus grand(e) que
    ça
plus petit(e)
je peux essayer?

ich habe
    Schmerzen
    im Kopf
    im Hals
    im Bauch
mir ist schlecht
ich möchte gern ein
    Medikament ...
etwas ...
    gegen die Sonne
    in Tablettenform
brauchen
ich brauche
    einen Pulli
    ein Hemd
    einen Bade-
    anzug
größer als das

kleiner
kann ich (an)pro-
    bieren?

(il/elle est) trop
    grand(e)
peut-être
c'est la bonne taille

je vais prendre ça

qu'est-ce que vous
    avez comme
    (vins)?
je préfère ...
    le jus de fruit
    le pample-
    mousse
    les fleurs/fruits
    de saison
c'est combien la
    pièce?
ça dépend

ça va?
ça va

(es) ist zu groß

vielleicht
das ist die richtige
    Größe
ich werde das
    nehmen
welche (Wein)sor-
    ten haben Sie?

ich bevorzuge ...
    Fruchtsaft
    Grapefruit

    Blumen/Früchte
    der Saison
wie viel kostet das
    Stück?
das kommt darauf
    an
wie geht's?
ganz gut

8 Je vais prendre ça

Übungen

1

Schreiben Sie bitte unter jedes der folgenden Bilder den Kennbuchstaben des dazugehörigen Satzes. Dazu brauchen Sie Ihren CD-Player nicht.

a. Le bleu est plus grand que le blanc.
b. C'est trop grand pour moi.
c. On enlève les chaussettes.
d. Le bleu est plus petit que le blanc.
e. Le poisson est plus chaud que la pizza.
f. La pomme est plus sucrée que le citron.

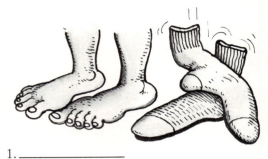

1. _____

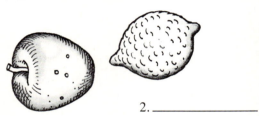

2. _____

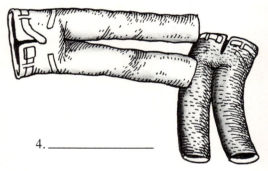

4. _____

3. _____

5. _____

6. _____

2 (2/31)

Auf der CD können Sie hören, wie Paul einkauft. Hören Sie der Unterhaltung so oft Sie wollen zu und beantworten Sie dann die folgenden Fragen auf Deutsch.

a. Was möchte Paul kaufen?
b. Welche Größe glaubt er zu haben?
c. Nach welchem Blauton fragt er?

Übungen   Grammatik

d. Wie viele Modelle präsentiert ihm der Verkäufer anfangs?

e. Was stimmt nicht bei dem ersten Kleidungsstück, das er anprobiert?

f. Was ist bei dem nächsten nicht in Ordnung?

g. Wie teuer ist das Kleidungsstück, das er kauft?

3 (2/32)

Hören Sie jetzt der Unterhaltung in einer Apotheke zu und beantworten Sie dann die folgenden Fragen. Als neue Wörter kommen *une grippe* (eine Grippe) sowie *vrai* (richtig) und *faux* (falsch) vor.

a. Carole a mal seulement à la tête?　oui
　　　　　　　　　　　　　　　　　　non

b. Elle voudrait un médicament
　(a) en suppositoires?　　　□
　(b) en comprimés?　　　　□

c. Elle a la diarrhée?　　　　oui
　　　　　　　　　　　　　　non

d. Contre le soleil elle préfère
　(a) une crème?　　　　　　□
　(b) une huile?　　　　　　□

e. Le pharmacien n'a pas de crème.　vrai
　　　　　　　　　　　　　　　　　faux

f. Carole achète de l'huile?　　oui
　　　　　　　　　　　　　　　non

g. Combien vaut le médicament?　7 €
　　　　　　　　　　　　　　　　9 €
　　　　　　　　　　　　　　　　8 €

ce, (cet), cette, ces

j'ai des promotions en ce moment
pour aller avec cette chemise

Ce, cet und *cette* bedeuten dieser, diese, dieses.

Ce wird vor maskulinen Substantiven verwendet, z. B. *ce vin* – dieser Wein, es sei denn, sie beginnen mit einem Vokal oder einem stummen *h,* dann muss es nämlich *cet* heißen, z. B. *cet enfant* – dieses Kind; *cet homme* – dieser Mann.

Femininen Substantiven wird *cette* vorangestellt, das übrigens genau wie *cet* ausgesprochen wird, z. B. *cette pomme* – dieser Apfel; *cette orange* – diese Orange.

Im Plural heißt es bei maskulinen und femininen Substantiven *ces*, z. B. *ces médicaments* – diese Medikamente; *ces pommes* – diese Äpfel. Achten Sie bitte auf die Aussprache vor Vokalen oder stummem *h*, z. B. *ces enfants, ces hommes.*

Aufgabe

Setzen Sie bitte jeweils die richtige Form des Demonstrativpronomens *(ce, cet, cette* oder *ces)* vor die Substantive und übersetzen Sie die Wortverbindung ins Deutsche.

a. _____ soleil _____
b. _____ comprimés _____
c. _____ chapeau _____
d. _____ taille _____
e. _____ avion _____
f. _____ samedi _____
g. _____ citrons _____
h. _____ chemise _____

8 Je vais prendre ça

Grammatik

plus ... que

Die meisten Adjektive können mit Hilfe von *plus ... que* (mehr als) gesteigert werden, z. B.
Paris est plus grand que Bonn – Paris ist größer als Bonn.
Jean est plus âgé que Pierre – Jean ist älter als Pierre.

Es gibt aber auch unregelmäßige Steigerungen, z. B. *bon* und *bonne* werden zu *meilleur* und *meilleure* (vergleichbar mit dem Deutschen: gut, besser, und nicht: guter).

votre allemand est meilleur que mon français – Ihr Deutsch ist besser als mein Französisch.
la viande est meilleure que le poisson – das Fleisch ist besser als der Fisch. Das *-ll* in *meilleur* wird wie „j" in „jagen" gesprochen.

Lesen und Verstehen

Sie kaufen auf dem Flugplatz Charles de Gaulle ein. Schreiben Sie für jeden unten stehenden Artikel den französischen Namen des entsprechenden Geschäftes auf:

a. eine Zeitung
_____

b. Zigaretten
_____

c. Schokolade
_____

d. ein Kleid
_____

e. Eau de toilette
_____

f. eine Kassette
_____

g. Briefmarken
_____

Boutiquaire

Alimentation
Banque
Bars-restaurants
Cadeaux
Chemisier-habilleur
Coiffure-parfumerie
Confiserie
Librairie-presse
Mode féminine

Photo-musique
Pharmacie
PTT
Tabacs

Restaurants

Toilettes

Bars

Wissenswertes

Bekleidung

Wenn Sie in Frankreich Kleidungsstücke (*vêtements,* m. Pl.) kaufen wollen, sollten Sie bedenken, dass die Größen anders als in Deutschland berechnet werden. So entspricht die französische Größe 42 der deutschen Größe 40, 40 entspricht 38, 38 entspricht 36 usw. Bei Schuhen sind die Größenangaben in beiden Ländern gleich.

Folgende Bezeichnungen für Kleidungsstücke könnten Ihnen noch nützlich sein:

des bas (m. Pl.)	Strümpfe	des gants (m. Pl.)	Handschuhe
un collant	eine Strumpfhose	un imperméable	ein Regenmantel
un costume	ein Anzug	une jupe	ein Rock
un foulard	ein Tuch	un manteau	ein Mantel
		un pantalon	eine Hose
		une robe	ein Kleid
		un sous-vêtement	Unterwäsche
		un tailleur	ein Kostüm

Couleurs	*Farben*
jaune	gelb
orange	orange
marron	kastanienbraun
rose	rosa
vert(e)	grün
gris(e)	grau

8 Je vais prendre ça

Wissenswertes

Jetzt haben Sie das Wort

Die Apotheke

Sie können eine Apotheke *(une pharmacie)* an dem grün-weißen Kreuz erkennen, das außen angebracht ist. Der Apotheker *(le pharmacien)* kann Sie bei kleineren Beschwerden beraten.

1 (2/33)

Sie sind in einem Blumenladen. Dominique wird Ihnen auf der CD erklären, was Sie zu der Blumenhändlerin sagen sollen. Drei verschiedene Arten der Fragestellung kennen Sie jetzt:
est-ce que vous avez …?
avez-vous …?
und *vous avez …?*
Die dritte Form ist am einfachsten anzuwenden, sie ist – zumindest bei gesprochener Sprache – auch ganz korrekt.

2 (2/34)

Jetzt sind Sie in der Apotheke. Dominique wird Ihnen wieder Hilfestellung leisten. Der Apotheker wird Ihnen erklären, wie viele Tabletten Sie täglich einnehmen müssen:
il faut prendre quatre comprimés par jour
il faut prendre sept ou huit pastilles par jour
la pastille – die Lutschtablette.

9 Un aller simple pour Nantes

Bevor Sie anfangen

Wenn Sie sich selbst um die Organisation einer Reise durch Frankreich kümmern, sollten Sie neben Datumsangaben und Uhrzeiten (siehe *Unité 6*) auch die Verben der Bewegung beherrschen. Wir stellen hier deshalb noch einmal die wichtigsten zusammen:

partir – abreisen, aufbrechen, fortgehen

arriver – ankommen

rentrer – zurückkehren

sortir – weggehen

se rendre à – sich begeben zu

aller – gehen

venir – kommen

rester – bleiben

Sie lernen in dieser Unité

- wie Sie Reiseinformationen verstehen (Beförderungsmittel, Abfahrtszeiten, Bahnsteige, Flughäfen)
- wie Sie Fragen bezüglich Ihrer Sonderwünsche verstehen
- wie Sie nach einer einfachen oder einer Rückfahrkarte fragen
- wie Sie Plätze und Liegewagen reservieren lassen
- wie Sie Benzin verlangen sowie Ölstand und Reifendruck überprüfen lassen.
- Wissenswertes über Autofahren und Beförderungsmittel in Frankreich

Wegweiser

Dialoge: Hören Sie sich die Dialoge oder Dialoggruppen in der unten aufgeführten Reihenfolge bei geschlossenem Buch an. Hören Sie dann jeden Dialog einzeln an, lesen Sie ihn und arbeiten Sie ihn durch. Reihenfolge: Dialoge 1 und 2; 3 bis 5; 6 und 7.

Lernen Sie *Wichtige Wörter und Ausdrücke.*

Machen Sie die *Übungen* auf S. 125.

Arbeiten Sie die *Grammatik* durch.

Bearbeiten Sie den Abschnitt *Lesen und Verstehen.*

Lesen Sie den Abschnitt *Wissenswertes.*

Jetzt haben Sie das Wort.

Hören Sie sich alle Dialoge noch einmal ohne Buch an.

Machen Sie die Wiederholungsübungen auf Seite 215.

Dialoge

1

Eine Flugbuchung

(E = employée, J = Jeanne)

E: Vous voulez partir quel jour?
J: Lundi prochain.
E: Le 15 septembre, alors.
J: C'est ça.
E: Euh – c'est un billet aller et retour ou aller simple?
J: Aller simple.
E: D'accord. Euh – vous voyagez en quelle classe?
J: Oh – deuxième, hein.
E: En classe économique. Et vous voulez partir au départ de Roissy ou au départ d'Orly?
J: Roissy, c'est Charles de Gaulle, c'est ça?
E: C'est cela même.
J: Oh, Charles de Gaulle, oui.
E: Charles de Gaulle. Vous voulez partir le matin ou l'après-midi?
J: Vers midi.
E: Il y a un vol qui part à midi de Roissy et qui arrive à 11 h 55 à Londres. Ça irait?
J: Oh, c'est très bien, oui.

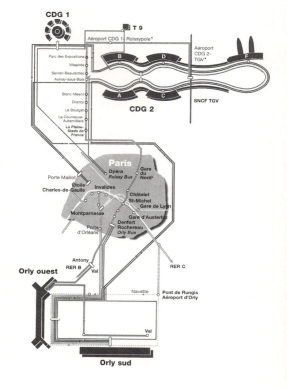

▶ prochain	nächster
le billet	die Flugkarte
▶ (un) aller simple	(ein) Hinflug
vous voyagez	Sie reisen
la classe économique	Touristenklasse
Orly	Internationaler Flughafen, Paris

Dialoge

vous voulez partir quel jour? – an welchem Tag wollen Sie abfliegen? **partir** bedeutet auch „aufbrechen", „weggehen", „abreisen", „abfahren".

▶ **un billet aller et retour** – eine Rückfahrkarte. Die Franzosen benutzen die genauere Bezeichnung „Hin- und Rückfahrkarte".

partir au départ de Roissy – hier: von Roissy aus abfliegen.

Roissy, c'est Charles de Gaulle. Der Flughafen Charles de Gaulle liegt bei Roissy.

c'est cela même – ja, genau (wörtl. genau das ist es).

ça irait? – würde das gehen?

Die Tatsache, dass die Ankunftszeit in London vor der Abflugzeit in Paris liegt, erklärt sich durch die einstündige Zeitdifferenz zur mitteleuropäischen Zeit.

2

Verkehrsverbindungen

(M = Michel, E = employée)

M: Et Bayeux, est-ce facile d'y aller?
E: Oui, pas de problème – vous avez des trains et des bus. Les trains sont plus pratiques, hein, beaucoup plus rapides – et moins chers. En France le train est moins cher que le bus.

Dialoge

y — dahin, da, dort
chers (m. Pl.)
▶ cher (m. Sg.) — lieb, teuer
chère (f. Sg.)
chères (f. Pl.)

est-ce facile d'y aller? – ist es leicht, dorthin zu fahren? Wenn **c'est** in der Frageform umgestellt wird, ergibt dies **est-ce**. Michel hätte allerdings genauso gut **c'est facile d'y aller?** sagen können (umgangssprachlich).

▶ **pas de problème** – kein Problem

▶ **moins ... que** – weniger ... als, wird genauso gebraucht wie **plus ... que** – mehr ... als, das Sie bereits in *Unité 8* gelernt haben (*Grammatik* S. 114).

9 Un aller simple pour Nantes

119

Dialoge

3 (2/37)

Am Fahrkartenschalter

(R = Robert, E = employé)

R: Alors, pour moi un aller Soulac pour demain.

E: Souillac?

R: Soulac. Soulac en Gironde.

E: Soulac, Soulac.

R: Il y a bien une gare.

E: Soulac-sur-mer?

R: Oui, c'est ça.

E: Pas de réduction, Monsieur?

R: Pas de réduction, mais avec une réservation. On peut prendre une réservation jusqu'à Bordeaux?

E: Oui, alors ce sera au bureau Renseignements à côté.

R: Bien.

▶ demain | morgen
▶ la réservation | die Reservierung

un aller Soulac – eine einfache Fahrt (nach) Soulac. **Un aller** hat die gleiche Bedeutung wie **un aller simple.**

il y a bien une gare – es gibt dort (wirklich) einen Bahnhof.

pas de réduction? – keine Ermäßigung? Für einige soziale Gruppen (Kinder bis 11 Jahre, Senioren, kinderreiche Familien, Soldaten) gibt es in Frankreich Fahrpreisermäßigungen. Auch Ausländer können bestimmte Ermäßigungen in Anspruch nehmen.

Mehr darüber finden Sie im Abschnitt *Wissenswertes* auf S. 129.

ce sera au bureau Renseignements à côté – das wird im Auskunftsbüro nebenan erledigt (wörtl. das wird im Büro „Auskünfte" nebenan sein). **Sera** ist eine Futurform (Zukunft) des Verbs **être.** – Auskunftsbüros sind ausgeschildert mit ▶ **Renseignements** oder **Informations.**

4 (2/38)

Fahrplanauskunft

(R = Robert, E = employée)

R: Je voudrais les horaires pour aller à Nice, s'il vous plaît.

E: Oui – c'est pour quel jour, Monsieur?

R: Bien, je pars demain.

E: Il y a deux possibilités: ou vous voyagez de jour avec le changement à Bordeaux ou vous avez un train direct de nuit.

R: S'il y a un train direct, c'est plus intéressant.

E: Alors vous pouvez donc voyager en couchette – le prix est de 92 euros.

R: Ce n'est pas cher une couchette, en plus.

je pars (von partir) | ich reise ab
la possibilité | die Möglichkeit
▶ le changement | das Umsteigen
▶ le prix | der Preis
en plus | (noch) dazu

9 Un aller simple pour Nantes

Dialoge

Bien – gut. Hier meint Robert jedoch **eh bien** im Sinne von „also".

▶ **ou... ou...** – entweder... oder. Hier könnten Sie auch **soit... soit...** sagen.

de jour... de nuit – tagsüber... nachts

intéressant – die Grundbedeutung des Wortes ist „interessant". Daneben kann es aber auch „anziehend" oder „vorteilhaft" bzw. „günstig" heißen.

▶ **en couchette** – im Liegewagen. In einem Abteil sind normalerweise sechs Liegen, jeweils mit komplettem Bettzeug. Im Liegewagen reist man günstiger als im luxuriösen Schlafwagen (**wagon-lit** oder **voiture-lit**).

5 (2/39)
Reservierung für den Liegewagen

(R = Robert, E = employé)

R: Je prends le train demain soir pour Nice.
E: Je peux vous faire votre billet et votre réservation couchette en même temps.
R: Oh, mais c'est très bien.
E: Une couchette de deuxième classe?
R: Oui, oui, oui, en deuxième classe.
E: Bien. Supérieure, inférieure – avez-vous une préférence?
R: Ah – je préfère être en haut.
E: Vous préférez être en haut. Bien.
R: Dans les couchettes, ce sont des compartiments non fumeurs, j'espère?
E: Toujours non fumeurs.
R: Ah, c'est très bien.

9 Un aller simple pour Nantes

Dialoge

la préférence	der besondere Wunsch
le compartiment	das Abteil
non fumeurs	Nichtraucher
j'espère (von espérer)	ich hoffe
toujours	immer

---

je peux vous faire votre billet – ich kann Ihnen Ihre Fahrkarte ausstellen (wörtl. machen).

en même temps – gleichzeitig

supérieure, inférieure – obere, untere. Die beiden Adjektive beziehen sich auf **une couchette,** also ein Femininum, und haben deshalb ein **-e** am Ende.

en haut – oben. Achten Sie auf die Aussprache.

▶ **ce sont** – das sind. Dies ist der Plural von **c'est.**

Dialoge

6

Fahrkarten, Bahnsteige und Abfahrtszeiten

(F = femme, E = employé)

F: Un aller Nantes, s'il vous plaît.
E: Oui, voilà; vingt-quatre, s'il vous plaît.
F: C'est sur quel quai?
E: Alors, quai numéro deux, 12 h 21.
F: Est-ce que vous pouvez me dire les horaires pour revenir de Nantes ce soir?
E: Ce soir, alors vous avez un départ à 17 h 34.
F: Oui, bon... Très bien.
E: La Roche à 18 h 30.
F: Merci.
E: Voilà. Bonsoir, Madame.
F: Au revoir.

revenir	zurückkommen

9 Un aller simple pour Nantes

Dialoge

un aller Nantes – eine einfache Fahrt (nach) Nantes. Korrekter würde es heißen **un aller pour Nantes**. Eine „Rückfahrkarte" heißt wie schon erwähnt **un aller et retour** oder **un aller-retour**.

vingt-quatre: es handelt sich hier um den Preis, nämlich **vingt-quatre francs.**

▶ **quel quai?** – welcher Bahnsteig? Die Frau könnte ebensogut fragen **quelle voie?** (welches Gleis?) **Quel?** (welcher, welche, welches . . .?) verändert seine Form, wenn es sich auf ein feminines bzw. im Plural stehendes Substantiv bezieht. Im Femininum Singular heißt es **quelle?**, im Maskulinum Plural **quels?** und im Femininum Plural **quelles?**, dies hat jedoch keinerlei Auswirkung auf die Aussprache.

▶ **est-ce que vous pouvez me dire?** – können Sie mir sagen?

7 (2/41)

An der Tankstelle

(B = Bernadette, P = pompiste)

B: Bon, alors, vous me mettez le plein.
P: Entendu, Madame . . . Voilà.
B: Est-ce que vous pouvez vérifier aussi le niveau de l'huile?
P: Oui, bien sûr. Alors, ça c'est à l'arrière de la voiture.

B: Et vous pouvez vérifier la pression des pneus?
P: Sûrement. Cela ne vous dérange pas de vous mettre devant la pompe de gonflage? Merci.

le pompiste	der Tankwart
▶ vérifier	kontrollieren, überprüfen
le niveau (d'huile)	der (Öl)stand
l'arrière (m.)	der hintere Teil
la pression	der Druck
le pneu	der Reifen
sûrement	sicherlich, gewiss
la pompe de gonflage	die Luftpumpe

▶ **vous me mettez le plein** – volltanken. Bernadette hätte auch nur sagen können: **le plein, s'il vous plaît.**

▶ **cela ne vous dérange pas . . .?** – stört Sie das nicht . . .? Dies ist eine höfliche Form, jemanden um etwas (Unangenehmes) zu bitten; weitere Beispiele:

ça ne vous dérange pas de payer maintenant? – könnten Sie jetzt bitte bezahlen?

ça ne vous dérange pas de bouger votre voiture? – könnten Sie bitte Ihren Wagen wegfahren?

de vous mettre – sich zu begeben (wörtl. stellen). Gemeint ist hier: „sich mit dem Auto zu begeben".

9 Un aller simple pour Nantes

123

Wichtige Wörter und Ausdrücke

un billet aller et retour	eine Rückfahrkarte
pour (Nice)	nach (Nizza)
un aller simple pour (Bordeaux)	eine einfache Fahrkarte nach (Bordeaux)
avec une réservation	mit Reservierung
(lundi) prochain	nächsten (Montag)
demain	morgen
première classe	1. Klasse
deuxième classe	2. Klasse
en couchette	im Liegewagen
en haut	oben
un compartiment (non) fumeurs	ein (Nicht)raucherabteil
c'est moins cher que (l'avion)?	ist das billiger als (das Flugzeug)?
j'espère partir *ou* ce soir *ou* demain	ich hoffe, entweder heute Abend oder morgen abzureisen
c'est quel prix?	wie hoch ist der Preis?
c'est quel quai?	welcher Bahnsteig ist das?
vous mettez le plein	volltanken

vous pouvez vérifier l'huile (les pneus)?	können Sie das Öl (die Reifen) kontrollieren?
est-ce que vous pouvez me dire le prix?	können Sie mir den Preis sagen?
cela ne vous dérange pas?	stört es Sie nicht?
pas de problème	kein Problem
toujours	immer

Zusatzvokabular

la sortie	der Ausgang, die Ausfahrt
l'entrée (f.)	der Eingang, die Einfahrt
les bagages (meist Pl.)	das Gepäck
la valise	der Koffer
le sac	die Tasche
la consigne	die Gepäckaufbewahrung
objets trouvés	Fundgegenstände, Fundbüro
renseignements	Auskünfte

Übungen

1

Schreiben Sie die folgenden Sätze jeweils unter das passende Bild und übersetzen Sie sie anschließend ins Deutsche. Ihren CD-Player brauchen Sie dazu nicht.

a. Cela ne vous dérange pas?
b. Il y a des toilettes ici?
c. On peut acheter quelque chose à boire ici?
d. Vous mettez le plein, s'il vous plaît.
e. Vous avez des cartes de la France?
f. Vous pouvez vérifier la pression des pneus?

1. _____
2. _____
3. _____
4. _____
5. _____
6. _____

9 Un aller simple pour Nantes

125

Übungen

2 (2/42)

Auf der CD hören Sie jetzt, wie Carole eine Zugfahrkarte kauft. Lassen Sie die Unterhaltung mehrmals abspielen und beantworten Sie dann die folgenden Fragen:

a. An welchem Tag reist sie?
b. Verlangt sie eine Fahrkarte für die erste oder die zweite Klasse?
c. Kauft sie eine einfache Fahrkarte oder eine Rückfahrkarte?
d. Ist sie Raucherin?
e. Um wie viel Uhr fährt der Zug in La Roche-sur-Yon ab?
f. Wo muss sie umsteigen?
g. Um wie viel Uhr kommt der Zug in Soulac-sur-Mer an?
h. Was kostet die Fahrkarte?

3 (2/43)

Suchen Sie bitte aus den eingerahmten Sätzen die jeweils passende Entgegnung für den folgenden Dialog aus. Sobald Sie die Sätze in den vorgesehenen Lücken eingetragen haben, können Sie den CD-Player einschalten und die Konversation anhören.

(G = Mme Gerbier, E = employé)

G: Bonjour, Monsieur. A quelle heure part le prochain train pour Toulouse?
E: _____
G: C'est combien un aller simple pour Toulouse?
E: _____
G: Il y a des couchettes?
E: _____
G: C'est moins cher la couchette que le wagon-lit, j'espère?
E: _____
G: C'est trop tard pour une réservation?
E: _____
G: Alors, trois allers simples pour Toulouse, en couchette et en compartiment non fumeurs, s'il vous plaît.
E: _____
G: Deux adultes et un enfant.
E: _____
G: Voilà, Monsieur. C'est quel quai?
E: _____

- Alors, c'est moins cher pour l'enfant; ça fait 215 euros.
- Oui, c'est un train de nuit, il y a des couchettes et des wagons-lits.
- Non, vous êtes combien?
- A 20 h 30, Madame.
- Bien, pas de problème, trois adultes?
- Oui, c'est moins cher … la couchette c'est 14 euros.
- Quai numéro 12. Merci, Madame.
- Train direct, deuxième classe, 65 euros.

Grammatik

notre, nos   votre, vos

Sie lernen jetzt einige Possessivpronomina (besitzanzeigende Fürwörter) kennen:

notre père	unser Vater
notre mère	unsere Mutter
nos enfants	unsere Kinder

Wie Sie sehen, existieren im Deutschen zwei Formen im Singular (unser/unsere), während das Französische nur über eine einzige Form *(notre)* verfügt. *Notre* begleitet also sowohl maskuline als auch feminine Substantive.
Im Plural gibt es in beiden Sprachen nur eine einzige Form: *nos* – unsere.

Ganz ähnlich verhält es sich mit den Formen *votre* (Singular) und *vos* (Plural):

votre cousin	euer Cousin
votre cousine	eure Cousine
vos parents	eure Eltern

Votre wird gebraucht, wenn es sich nur um einen „Besitzgegenstand" handelt, *vos* dagegen, wenn von mehreren Gegenständen die Rede ist. Hier ist nur zu beachten, dass *votre* und *vos* auch als Höflichkeitsform verwendet werden, wenn Sie jemanden mit „Sie" anreden. Im Französischen werden *votre* (Ihr/Ihre) und *vos* (Ihre) auch als Höflichkeitsformen kleingeschrieben.

C'est votre cousine, Madame? – Ist das Ihre Cousine, gnädige Frau?
Ce sont vos billets, Messieurs-dames? – Sind das Ihre Fahrkarten, meine Damen und Herren?

In den *Unités 11* und *14* finden Sie weitere Formen des Possessivpronomens.

Verben

Die Verbindung zweier Verben
Auf Verben wie *espérer, pouvoir, préférer, aimer* und *savoir* folgt oft noch ein anderes Verb. Das zweite Verb muss in solchen Fällen im Infinitiv stehen, z. B.
j'espère venir demain – ich hoffe, morgen zu kommen
pouvez-vous vérifier le niveau de l'huile? – können Sie den Ölstand kontrollieren?
je préfère toujours voyager par le train – ich ziehe es immer vor, mit dem Zug zu reisen
je sais parler français – ich kann Französisch sprechen
est-ce que vous aimez apprendre le français? – lernen Sie gern Französisch?

Dire – sagen

je dis	nous disons
tu dis	vous dites
il/elle dit	ils/elles disent

Beachten Sie: *dites-moi* – sagen Sie mir

Partir – abreisen

Einige Formen von *partir* haben Sie bereits in *Unité 6* kennen gelernt. Hier sind nun alle Präsensformen zusammengestellt.

je pars	nous partons
tu pars	vous partez
il/elle part	ils/elle partent

9 Un aller simple pour Nantes

Lesen und Verstehen

Der unten stehende Text ist einem Prospekt der Französischen Eisenbahn *(SNCF = Société Nationale des Chemins de fer Français)* über Schlafwagen entnommen. Er enthält einige Wörter, die Sie noch nicht kennen, aber mit Hilfe der darunter stehenden Vokabelliste werden Sie den Inhalt gut genug verstehen, um die Fragen zu beantworten.

a. Welche Vorzüge bietet das Reisen bei Nacht?

b. Auf welche Art kann man – nach dieser Broschüre – nachts am besten reisen?

c. Findet man *voitures-lits* auch außerhalb Frankreichs?

d. Welche der folgenden Gegenstände findet man im Schlafwagenabteil: Bettlaken, Seife, eine Toilette, einen Rasierapparat, Handtücher?

e. Können Sie ein Ein-Bett-Abteil belegen, wenn Sie mit einer Fahrkarte für die 2. Klasse reisen?

f. Welche Art von Schlafwagenabteil ist pro Person am billigsten?

Il y a des gens qui voyagent de jour. D'autres préfèrent partir de nuit et profiter de leur voyage pour dormir et gagner ainsi du temps. Ces personnes réservent un lit dans une voiture-lit. Les voitures-lits circulent sur beaucoup des grandes lignes en France et à l'étranger. C'est comme à l'hôtel: vous allez trouver un lit confortable avec de vrais draps, des couvertures et un oreiller. Il y a de l'eau chaude et froide, du savon, des serviettes de toilette et une prise de courant pour le rasoir. Vous êtes comme chez vous!

Il y a cinq types de compartiment:

Avec un billet de 1ère classe:

1 Le très grand confort d'une vraie chambre individuelle.
2 Une petite cabine pour une personne.
3 Un confort de 1ère classe dans une cabine à deux lits.

Avec un billet de 2ème classe:

4 Avec deux lits – la solution économique pour un voyage à deux.
5 Une cabine avec trois ou quatre lits – la solution la moins chère.

---

gagner	gewinnen	l'eau (f.)	das Wasser
à l'étranger	im Ausland	le savon	die Seife
le drap	das Bettuch	la serviette de toilette	das Handtuch
la couverture	die Bettdecke	la prise de courant	die Steckdose
l'oreiller (m.)	das Kopfkissen	le rasoir	der Rasierapparat

9 Un aller simple pour Nantes

Wissenswertes

Bahnfahren in Frankreich

La gare SNCF (= Société Nationale des Chemins de fer Français) ist der Bahnhof für Züge, nicht zu verwechseln mit der *gare routière*, dem Busbahnhof. Das französische Eisenbahnnetz ist eines der dichtesten in Europa, die französischen Züge sind im Allgemeinen komfortabel, pünktlich und schnell. Letzteres ist insbesondere der Tatsache zu verdanken, dass Frankreich über ein hervorragendes Schnellbahnnetz verfügt: Die Hauptstrecken werden von den Hochgeschwindigkeitszügen *TGV (= Train à Grande Vitesse)* und *Corail* befahren, für die ein Zuschlag zu zahlen ist. Da beide Züge meist überfüllt sind, empfiehlt sich eine Platzreservierung (für den *TGV* ist sie sogar obligatorisch).

Ein wichtiger Hinweis: Auch wenn Sie im Besitz einer Fahrkarte sind, so ist diese erst dann gültig, wenn sie an den roten Automaten am Anfang des Bahnsteigs entwertet wurde (*compostez votre billet* = entwerten Sie Ihre Fahrkarte).

Kinder unter 4 Jahren fahren kostenlos, haben allerdings keinen Anspruch auf einen Platz. Kinder von 4 bis einschließlich 11 Jahren zahlen die Hälfte des normalen oder ermäßigten Fahrpreises, Kinder ab 12 Jahren den vollen Erwachsenen-Tarif.

Wissenswertes

Über die zahlreichen Angebote und Ermäßigungen informiert Sie die deutsche Vertretung der *SNCF*, Lindenstraße 5, 60325 Frankfurt/Main, Tel. 0 69-9 75 84 60 bzw. 01 80-5 21 82 38, Fax 0 69-97 58 46 35 oder im Internet (auf Französisch oder Englisch) unter www.sncf.fr.

Mit dem Auto unterwegs

Wenn Sie Frankreich mit dem Auto bereisen wollen, sollten Sie sich gute Karten besorgen. Sie können sie in Buchhandlungen *(librairies)* oder an Tankstellen *(stations-service)* kaufen. Am bekanntesten sind die *Michelin*-Karten: die roten decken ganz Frankreich bzw. die Hälfte des Landes ab, während die gelben die einzelnen Regionen erfassen.

Benzin heißt auf Französisch *essence*: wenn Sie nicht ausdrücklich *super* verlangen, bekommen Sie *de l'essence ordinaire*.

Frankreichs hervorragend ausgebautes Straßennetz besteht aus *routes nationales* (unseren Bundesstraßen vergleichbar) und *routes départementales* (Departement-/Nebenstraßen). An der Abkürzung *(N* für *routes nationales* bzw. *D* für *routes départementales)* vor der Straßennummer können Sie jeweils erkennen, um welchen Typ es sich handelt (z. B. *N 27* oder *D 44*). Darüber hinaus gibt es einige Autobahnen *(autoroutes)*, deren Benutzung aber teuer werden kann. Beim Auffahren erhalten Sie eine Computerkarte, die Sie in unregelmäßigen Abständen oder beim Verlassen der Autobahn *(sortie)* an Zahlstellen *(péage)* vorlegen müssen, worauf der zu entrichtende Betrag ermittelt wird. Es gibt auch Automaten, an denen Sie

Wissenswertes

Jetzt haben Sie das Wort

zahlen können, wenn Sie den Betrag passend haben. Auf Schildern werden Sie aufgefordert: *préparez votre monnaie* (halten Sie Ihr Kleingeld bereit).
Die Höchstgeschwindigkeit in geschlossenen Ortschaften ist 60 km/h, auf Landstraßen 90 km/h, auf Schnellstraßen 110 km/h und auf Autobahnen 130 km/h. In Städten und Ortschaften gilt weitgehend die Regel rechts vor links, mittlerweile sind aber viele Kreuzungen zu *rond-point* (Kreisverkehr) umgebaut.
Weitere Informationen inklusive Kartenmaterial erhalten Sie bei den deutschen Automobilclubs.

Sie möchten einen Liegewagenplatz für den Zug nach Biarritz buchen. Richten Sie sich bitte nach Dominiques Anweisungen auf der CD. Sie werden als neues Wort *un adulte* (ein Erwachsener) brauchen.

Wiederholung 2/45

Schlagen Sie jetzt bitte die Seite 215 auf und erarbeiten Sie den Wiederholungsteil zu den *Unités 7* bis *9*. Auf der CD folgt der Wiederholungsteil sofort nach dieser *Unité*.

130

9 Un aller simple pour Nantes

10 Moi, je prends le menu

Bevor Sie anfangen

Schreiben Sie bitte alle Vokabeln auf, die Ihnen zum Thema „Essen und Trinken" einfallen. Wenn Sie etwas nicht mehr genau wissen, können Sie in den *Unités 3* und *7* nachschlagen. Denken Sie auch an die nützlichen Sätze:
moi, je prends...
c'est pour moi
l'addition, s'il vous plaît.

Sie lernen in dieser Unité

- wie man Speisen und Getränke bestellt
- wie man die Fragen des Kellners beantwortet
- wie sich ein *menu* von einer Mahlzeit *à la carte* unterscheidet
- Wissenswertes über französische Essgewohnheiten und Gaststätten

Wegweiser

Dialoge: Hören Sie sich die Dialoge oder Dialoggruppen in der unten aufgeführten Reihenfolge bei geschlossenem Buch an. Hören Sie dann jeden Dialog einzeln an, lesen Sie ihn und arbeiten Sie ihn durch. Reihenfolge: Dialog 1; Dialoge 2 bis 4.

Lernen Sie *Wichtige Wörter und Ausdrücke*.

Machen Sie die *Übungen* auf S. 138.

Arbeiten Sie die *Grammatik* durch.

Bearbeiten Sie den Abschnitt *Lesen und Verstehen*.

Lesen Sie den Abschnitt *Wissenswertes*.

Jetzt haben Sie das Wort.

Hören Sie sich alle Dialoge noch einmal ohne Buch an.

Dialoge

1 (2/46)

Eine Menübestellung

(C = Chantal, M = Marc, S = serveuse)

C: Bon, alors menu à 38: sardines à l'huile et au citron ou pâté de campagne. Ensuite, côte de porc grillée aux herbes avec pommes frites ou bien chipolatas grillées et pommes frites. Ensuite fromage ou dessert. Ah – il est bien celui-là.
M: Oui.
C: Bon, qu'est-ce que tu choisis, sardines à l'huile ou pâté de campagne?
M: Moi, je vais prendre un pâté.
C: Alors pâté... euh... moi aussi, pâté de campagne, alors...
S: Un pâté, une sardine, d'accord.
M: Non, deux pâtés.
S: Deux pâtés – pardon.
C: Ensuite, moi je prendrai une côte de porc grillée aux herbes.
M: Ah oui – moi aussi.
C: Alors, deux côtes de porc grillées.
S: Deux côtes de porc.
C: Mais bien grillées, hein?
S: Bien grillées, bien sûr.
C: Et ensuite nous verrons si on prend un fromage ou une glace?
M: Moi je prendrai un fromage...
S: (Du fromage.)
M: ...avec un verre de vin.
S: Oui. Je vous ai donné la carte des vins.
C: Euh... nous prendrons... un Saint-Estèphe?
M: Ah oui.
C: Allez – un Château Marbuzet, s'il vous plaît, 1976.
M: Un '76.
S: Il en reste un.
C: Bon. Très bien. Merci.
S: On s'occupe de vous tout de suite.

Dialoge

à l'huile et au citron	mit Öl und Zitrone
le menu	das Menü
la sardine	die Sardine
le pâté de campagne	die Landpastete
▶ ensuite	dann
la côte de porc grillée (f.)	das Schweinekotelett gegrillt
la chipolata	Schweinswürstchen
▶ le dessert	der Nachtisch, das Dessert
tu choisis (von choisir)	du wählst
la carte des vins	die Weinkarte
▶ tout de suite	sofort

▶ **aux herbes** – mit Kräutern

▶ **avec pommes frites** – mit Pommes frites. **Pommes frites**, die bereits abgekürzte Form von **pommes de terre frites** – fritierte Kartoffeln, wird häufig noch weiter verkürzt zu **frites**. Auf Hinweisschildern wird Ihnen deshalb auch **steck** oder **steack frites** (Steak mit Pommes frites) begegnen.

celui-là – der/die/das da, z. B. das Menü da

pardon – Verzeihung. Wenn Sie einen fragenden Ton anschlagen, können Sie auf diese Weise auch jemanden bitten, etwas zu wiederholen, was Sie nicht verstanden haben: **pardon?** – Verzeihung? was sagten Sie?

je prendrai – ich werde nehmen. Ebenso wie das später vorkommende **nous prendrons** – wir werden nehmen

ist dies eine Futurform des Verbs **prendre**. In *Unité 14* werden Sie mehr über die Bildung und Anwendung des Futurs (Zukunft) erfahren.

bien grillées – gut gegrillt. Die Franzosen essen meist das Fleisch weniger stark durchgebraten als wir. Sie werden diesen Ausdruck deshalb ebenso wie **bien cuit** (gar) wahrscheinlich brauchen. Das Gegenteil davon ist **saignant** (blutig, nicht durchgebraten). Dazwischen liegt **à point** (medium). **Bleu** bedeutet, dass beide Seiten des Steaks nur ganz kurz angebraten werden.

nous verrons – wir werden sehen. Dies ist wiederum eine Futurform, abgeleitet von dem Verb **voir**.

je vous ai donné – ich habe Ihnen gegeben. Zu dieser Vergangenheitsform erfahren Sie mehr in *Unité 13*.

Saint-Estèphe ist die Bezeichnung für eine bestimmte **appellation contrôlée**. **Château Marbuzet** ist ein guter Wein aus der Gegend von **Médoc**.

allez – also, na gut (wörtl. gehen Sie)

il en reste un – es ist noch einer da (wörtl. es bleibt davon einer). Näheres zu **en** (davon) auf Seite 141.

on s'occupe de vous – wir kümmern uns um Sie. Das Verb **s'occuper de** werden Sie oft hören, z. B. **je m'occupe de vous** – ich kümmere mich um Sie, ich befasse mich mit Ihnen.

10 Moi, je prends le menu

Dialoge

2 (2/47)

Menü oder «à la carte»?

(M = Michel, C = Christian)

M: Il y a un bon petit restaurant par ici?

C: Il faut aller dans le village d'à côté où il y a un petit restaurant pas cher qui donne à manger – euh – juste un menu surtout pour les gens qui passent et qui sont pressés.

M: Un menu ou ... on peut manger à la carte aussi?

C: Ah non, non, non. Uniquement le menu, hein.

M: Est-ce que les boissons sont comprises dans le menu?

C: Les boissons sont comprises dans le prix du menu. Par contre quand – euh – on mange à la carte il faut payer les boissons en sus.

le village	das Dorf
juste	gerade
▶ pressés (Pl. von pressé)	in Eile
uniquement	nur
la boisson	das Getränk
par contre	dagegen
payer	bezahlen
en sus	noch dazu

▶ **il y a un bon petit restaurant par ici?** – gibt es hier (in der Nähe) ein gutes kleines Restaurant? Ebenso:
il y a une banque par ici?
il y a un hôtel par ici?

▶ **pas cher** – nicht teuer

donne à manger pour les gens qui passent – gibt den Leuten, die vorbeikommen, Essen aus. Von **passer** – vorbeikommen.

▶ **un menu ... à la carte. Un menu** ist eine Speisenfolge von mindestens drei Gängen zu einem Festpreis; manchmal ist auch ein Getränk inbegriffen. Wenn Sie **à la carte** essen, haben Sie eine größere Auswahl; Sie müssen dann nach **la carte** fragen.

▶ **est-ce que les boissons sont comprises?** – sind die Getränke inbegriffen? **Service compris** bedeutet Bedienung inbegriffen.

3 (2/48)

Was gibt es zu essen?

(B = Bernadette, M = Monique)

B: Qu'est-ce que tu voudrais manger?

M: Ben, qu'est-ce qu'il y a?

B: Ils ont des croque-monsieur, sans doute des sandwichs au jambon ... euh ... saucisson, rillettes, fromage ... Ils ont également des tartes maison, des omelettes ...

M: Est-ce qu'il y a aussi des croque-madame?

B: Alors des croque-madame avec un œuf, c'est cela?

M: Oui, c'est ça.

10 Moi, je prends le menu

Dialoge

B: Eh bien, je ne sais pas, s'ils ont des croque-madame. On demandera, on verra bien.
M: Parce que s'il y en a, je veux bien essayer.
B: Un croque-madame.
M: S'il n'y en a pas, je prends un croque-monsieur.
B: Entendu.

sans doute	wahrscheinlich
également	auch
l'omelette (f.)	das Omelett

des tartes maison – Obstkuchen nach Art des Hauses.

des croque-madame sind **croque-monsieur** (siehe Seite 42) mit einem Spiegelei. Beachten Sie, dass den beiden Wörtern im Plural kein **-s** angefügt wird.

c'est ça – (das ist) richtig, es stimmt, so ist es; es handelt sich um die abgekürzte Form von **c'est cela**.

s'ils ont – wenn sie haben. Vor einem Vokal wird **si** (wenn) zu **s'**.

on demandera, on verra bien – wir werden fragen, wir werden schon sehen. Dies sind wiederum Beispiele für das Futur.

▶ **s'il y en a** (wird hier wie **s'y en a** gesprochen) – wenn es welche gibt (wörtl. wenn es davon gibt). **En** (davon) wird vor das Verb (hier: **a**) gestellt.

▶ **je veux bien essayer** – ich probiere gern (wörtl. ich will gern probieren). **Je veux** (ich will) wird, wenn es im Sinne von „ich möchte gern" gebraucht wird, durch **bien** modifiziert. Wenn Ihnen beispielsweise etwas angeboten wird, das Sie annehmen wollen, reagieren Sie mit **je veux bien** richtig: **vous voulez de la salade? oui, je veux bien; vous voulez boire quelque chose? oui, je veux bien**. In beiden Fällen bedeutet die Antwort „ja, gern".

s'il n'y en a pas – wenn es keine gibt. Wie viele andere Leute auch verschluckt Monique einige Silben, so dass ihre Äußerung eher wie **s'y en a pas** klingt.

10 Moi, je prends le menu

Dialoge

4 (2/49)

Zwei recht unterschiedliche Mahlzeiten

(M = Michèle, J = Jean-Claude)

M: Et qu'est-ce que tu as mangé à midi?
J: Des radis, un bifteck et des choux-fleurs. Et comme dessert, une pomme.
M: Moi j'ai mangé un sandwich en un quart d'heure avec un Coca-Cola.
J: Quoi?
M: Sandwich, Coca-Cola en un quart d'heure, tellement j'étais pressée.

le radis	das Radieschen
▶ le bifteck	das (Beef)steak

qu'est-ce que tu as mangé? – was hast du gegessen?

des choux-fleurs – Blumenkohl. Häufiger als dieser Pluralbegriff wird der Singular verwendet **(du chou-fleur)**.

j'ai mangé – ich habe gegessen

quoi? – was? Jean-Claude wundert sich.

tellement j'étais pressée – ich war in solcher Eile (wörtl. so sehr war ich in Eile). **J'étais** – ich war lernen Sie in *Unité 11*.

10 Moi, je prends le menu

Wichtige Wörter und Ausdrücke

il y a	gibt es	pardon	Verzeihung
un bon petit restaurant	ein gutes kleines Restaurant	pardon?	wie bitte? (was sagten Sie?)
un hôtel par ici?	ein Hotel hier in der Nähe?		
		Zusatzvokabular	
pas cher	nicht teuer	saignant/bleu	blutig/fast roh
le menu (à 45 euros)	das Menü (zu 45 Euro)	à point	medium, rosa
la carte, s'il vous plaît	die Speisekarte, bitte	c'est garni?	mit Beilagen? (wörtl. ist das garniert?)
un bifteck	ein (Beef)steak	l'eau minérale (f.)	Mineralwasser
bien cuit	gar	gazeuse/non gazeuse	mit/ohne Kohlensäure
avec des (pommes) frites	mit Pommes frites	la carafe	die Karaffe
s'il y en a	wenn es welche gibt	l'assiette (f.)	der Teller
		le couteau	das Messer
tout de suite	sofort, gleich	la fourchette	die Gabel
je suis pressé(e)	ich bin in Eile	la cuillère	der Löffel
ensuite (du fromage)	dann (Käse)	le pain	das Brot
		le sel	das Salz
et comme dessert (une glace)	und als Nachtisch (ein Eis)	le poivre	der Pfeffer
le service est compris?	ist die Bedienung inbegriffen?	la moutarde	der Senf
		le vinaigre	der Essig
		commander	bestellen
oui, je veux bien	ja, bitte; ja, (ich möchte) gern	le couvert	das Gedeck
		bon appétit	guten Appetit

10 Moi, je prends le menu

Übungen

1

Auf der CD hören Sie jetzt, wie Jacques in einem Pariser *Bistro de la Gare* anhand der unten abgedruckten Speisekarte ein Essen für drei Personen bestellt. Er beginnt mit den Vorspeisen.

a. Haken Sie auf der Karte ab, welche Speisen er bestellt.
b. Möchte er sein Fleisch durchgebraten oder medium?
c. Bestellt er Wein?
   Bretonischen Apfelwein?
   Bier?

Le Bistro de la Gare

MENU 18 € s.n.c.

Kir 3 €   Bouillabaisse
Mousse chaude du bord de la mer
Soupe du jour – la terrine de légumes
La salade variée aux pignons de pins (au choix)

Suggestion du jour: 22 € s.n.c.
Suprême de volaille

Filet de poisson frais du Bistro
Le steak au poivre
Le cœur d'aloyau (au choix)
Les pommes allumettes fraîches
Le chou-fleur au gratin

Dessert ✕ Fromage ✕ Fruit

10 Moi, je prends le menu

Übungen   Übungen

snc = service non compris	Bedienung nicht inbegriffen
la bouillabaisse	Fischsuppe
mousse chaude au bord de la mer	heißer Fischschaum (wörtl. am Meeresstrand)
variée (f.)	gemischt, verschiedenartig
aux pignons de pins	mit Pinienkernen
au choix	wahlweise
du jour	des Tages
suprême de volaille	Geflügelbrust (mit Cremesoße)
filet	Filet
frais (m.), fraîche (f.)	frisch
le cœur d'aloyau	Lendenstück vom Rind
les pommes allumettes	in dünne Stäbchen (Streichhölzer) geschnittene Kartoffeln

2

Die folgenden Sätze stammen aus einer Unterhaltung zwischen einem Kellner und einem Gast. Bringen Sie sie in die richtige Reihenfolge. Sie brauchen Ihren CD-Player nicht. Als neues Wort kommt *voici* – hier ist – vor.

(C = cliente, G = garçon)

C: Un pâté de campagne, s'il y en a.
G: Très bien, Madame; on s'occupe de vous tout de suite.
G: Saignant? A point?
C: Pas de dessert, merci.

G: Bonsoir, Madame. Voici la carte.
C: De l'eau minérale, non-gazeuse et un quart de rouge, s'il vous plaît.
G: Oui, il y a du pâté de campagne.
C: Bien cuit.
G: Pas de dessert, mais à boire?
C: Je voudrais commander tout de suite, s'il vous plaît – je suis pressée.
G: Et comme dessert?
C: Ensuite un bifteck avec des pommes frites.
G: Très bien, Madame. Pour commencer?

G: _____
_____
C: _____
_____
G: _____
_____
C: _____
_____
G: _____
_____
C: _____
_____
G: _____
_____
C: _____
_____
G: _____
_____
C: _____
_____
G: _____
_____
C: _____
_____
G: _____

10 Moi, je prends le menu

Übungen

3 (2/51)

a. Auf der CD hören Sie Yves, der in einer Selbstbedienungs-Snackbar an der Kasse arbeitet. Hören Sie gut zu, was er sagt, und tragen Sie die richtigen Preise in die dafür vorgesehenen weißen Kreise auf der Speisekarte ein.

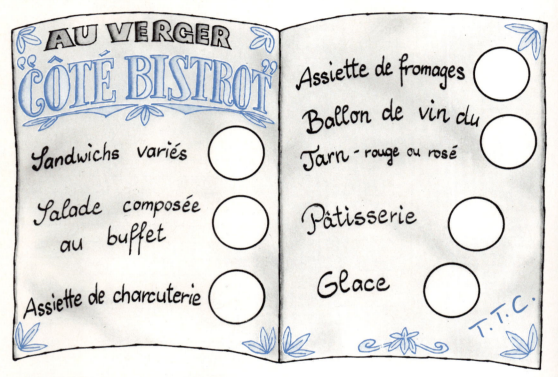

variés (m. Pl.)	verschiedene
la salade composée au buffet	Salate nach Wahl (wörtl. am Buffet zusammengestellt)
la charcuterie	Vorspeisenteller mit verschiedenen Wurstwaren
le ballon	ein ⅛-Liter-Glas
la pâtisserie	das Gebäck
TTC (Toutes taxes comprises)	alles inbegriffen

b. Wie würden Sie nach einem Schinkensandwich, einem Glas Rotwein und einem Gebäck fragen?

4 (2/52)

Hören Sie sich zunächst auf der CD an, wie zwei Personen in einem Restaurant ein Menü bestellen. Anschließend beantworten Sie bitte die Fragen.

10 Moi, je prends le menu

Übungen   Grammatik

Erstmals vorkommende Wörter:

la soupe du jour	die Tagessuppe
l'oignon (m.)	die Zwiebel
le rôti	der Braten
la côtelette d'agneau	das Lammkotelett
la truite	die Forelle
le plateau de fro-mages	die Käseplatte

a. Der Wein ist im Essenspreis eingeschlossen.   richtig   falsch

b. Das Paar wählt das Menü zu 20 €? ☐
           zu 30 €? ☐

c. Gibt es als Tagessuppe
Tomatensuppe? ☐
Zwiebelsuppe? ☐

d. Bestellt die Frau Fleisch? ☐
       oder Fisch? ☐

e. Bestellt der Mann Steak? ☐
       Schweinebraten? ☐
       Lammkotelett? ☐

f. Der Hauptgang wird mit
Pommes frites, ☐
gemischtem Salat ☐
oder _____
serviert.

g. Kreuzen Sie diejenigen Eissorten und Früchte, die bei dem Menü angeboten werden, an: Schokoladeneis ☐, Erdbeereis ☐, Mokkaeis ☐, Vanilleeis ☐, Bananen ☐, Äpfel ☐, Pfirsiche ☐, Trauben ☐, Birnen ☐.

h. Das Paar wählt eine Flasche Rotwein.   richtig   falsch

En

En kann „welche", „davon" bedeuten. Während man in deutschen Sätzen wie „ich habe fünf (davon)" das Wort davon auch weglassen kann, ist dies im Französischen nicht möglich. *En* steht unmittelbar vor dem Verb, nur beim Imperativ (Befehlsform) wird *en* nachgestellt, z. B. *j'en prends* – ich nehme davon, aber *prenez-en* – nehmen Sie davon.

s'il y en a – wenn es welche gibt
il en reste un – es ist (noch) einer (davon) übrig
combien de frères avez-vous? – wie viele Brüder haben Sie?
j'en ai cinq – ich habe fünf (davon).
prenez-vous de l'aspirine? – nehmen Sie Aspirin?
oui, j'en prends quelquefois – ja, ich nehme manchmal welches.

Aufgabe

Übersetzen Sie die folgenden Sätze ins Französische. Benutzen Sie dabei jedesmal *en*.

a. Ich habe drei (davon). _____
b. Ich nehme zwei (davon). _____
c. Er isst welche. _____
d. Nehmen Sie welche! _____
e. Ich kaufe welche. _____
f. Ich bin dessen sicher. _____

Verben

voir – sehen

je vois	nous voyons
tu vois	vous voyez
il/elle voit	ils/elles voient

10 Moi, je prends le menu   141

Grammatik

Wie bei vielen anderen Verben auch, klingen mit Ausnahme von *nous voyons* und *vous voyez* alle Präsensformen gleich. *Revoir* (wiedersehen) folgt demselben Muster wie *voir*.

finir – beenden

je finis	nous finissons
tu finis	vous finissez
il/elle finit	ils/elles finissent

Hier unterscheidet sich von der Aussprache her auch die Form *ils/elles finissent* von den Singularformen, denn das doppelte „s" muss ausgesprochen werden.

Andere Verben, die diesem Muster folgen:
choisir – wählen   *grandir* – wachsen
grossir – dick werden   *réussir* – gelingen

Lesen und Verstehen

Das unten stehende Rezept stammt aus einem Kinderkochbuch. Die Zeichnungen und die Fragen helfen Ihnen, den Text zu verstehen.

a. Wie viele Eier brauchen Sie? _____
b. Warum brauchen Sie zwei Schalen? _____
c. In welche Schüssel reiben Sie die Zitronenschale? _____
d. Wie viel Zucker brauchen Sie? _____
e. Wie gründlich sollten Sie die Zutaten in der ersten Schale miteinander verrühren? _____
f. Was machen Sie mit dem Inhalt der anderen Schale? _____
g. Was machen Sie, wenn Sie den Inhalt der zweiten Schale zu der Masse in der ersten Schale gegeben haben? _____

Mousse au citron
(6 personnes)

Séparez dans 2 grands bols les blancs et les jaunes de 3 œufs.

Sur le bol contenant les jaunes rapez le zeste d'un citron. Ajoutez le jus du citron, 3 petits suisses et 3/4 de tasse de sucre. Mélangez bien avec le fouet.

Dans l'autre bol montez les blancs d'œuf en neige *très ferme*. Ajoutez-les au contenu du 1er bol. Mélangez *très vite* avec le fouet. Mettez au réfrigérateur.

10 Moi, je prends le menu

Wissenswertes

Französische Essgewohnheiten

Da die meisten Franzosen nach einem leichten Frühstück *(café au lait, tartines beurrées, confiture)* eine ausgiebige Mittagsmahlzeit einnehmen, dauert die Mittagspause normalerweise von 12 bis 14 Uhr. Viele Berufstätige begnügen sich jedoch inzwischen mittags mit einer kürzeren Pause und verlegen die Hauptmahlzeit auf den Abend.

Eine Hauptmahlzeit besteht in Frankreich aus mehreren Gängen. Häufig beginnt man mit einem *apéritif*. Zum Essen trinken sehr viele Leute Wein. *Le hors d'œuvre* (Vorspeise) besteht beispielsweise aus *un pâté* (Pastete), *des artichauts* (Artischocken mit Essig und Öl), *des crudités* (Rohkostsalat), *une quiche lorraine* (warmer Kuchen mit Speck und Eiern) oder *une assiette de charcuterie* (Wurstplatte); am Abend essen die Franzosen auch gelegentlich *un potage* oder *une soupe* (Suppe). Es folgen selbst bei einem *menu touristique* (einfaches Touristenmenü) noch mindestens 3 Gänge: *une viande* (Fleisch) oder *un poisson* (Fischgericht), *des légumes* (Gemüse, wozu in Frankreich auch Kartoffeln zählen) und *un fromage* (Käse) oder *un dessert* (Nachspeise). Bei teureren Menüs stehen in der Regel drei Vorspeisen und drei Hauptgerichte zur Wahl, gefolgt von Käse und Süßspeisen. Nach Ihrem Dessertwunsch werden Sie in aller Regel erst nach den übrigen Gängen gefragt. Viele Franzosen beenden die Mahlzeit mit einem Kaffee und einem *digestif* (alkoholisches Getränk wie Cognac, Armagnac etc.). Wenn Sie kein Menü zu einem festen Gesamtpreis wählen, sondern *à la carte* essen wollen, müssen Sie sich darüber im Klaren sein, dass dies im Allgemeinen sehr viel teurer ist. In einigen Restaurants werden *spécialités de la maison* (Spezialitäten des Küchenchefs) empfohlen. Brot wird übrigens überall zum Essen gereicht und nicht gesondert berechnet.

Verschiedene Arten von Gaststätten

Wenn Sie etwas essen wollen, so haben Sie die Wahl zwischen verschiedenen Arten von Gaststätten: Ein *Restaurant* ist ein Speiselokal, in dem man mittags und abends warme Mahlzeiten einnehmen kann. Falls Sie mit einer geringeren Auswahl zufrieden sind, sollten Sie auch kleinere Restaurants aufsuchen, in denen sich der *patron* noch selbst um seine Gäste kümmert.
Weitere Bezeichnungen für Esslokale sind: *Auberge* (rustikales Restaurant), *Relais Routier* (Lokal an Fernstraßen, das meist gute und preiswerte Mahlzeiten anbietet; ein solches Lokal ist mit Sicherheit empfehlenswert, wenn viele Lastwagen davor parken), *Rôtisserie* (elegantes Grillrestaurant) und *Brasserie* (Bierlokal, in dem kleine Mahlzei-

Wissenswertes

ten wie *une choucroute* – Würste mit Sauerkraut – *le plat du jour* – Tagesgericht – angeboten werden). Wenn Sie es eilig haben oder nur eine Kleinigkeit essen wollen, sollten Sie eine *Bar* (Stehkneipe mit Imbissmöglichkeit), ein *Café* (darüber haben Sie bereits in *Unité 3* etwas gehört), eine *Snack-Bar* (Schnellgaststätte) oder ein *Self-Service* (Selbstbedienungsrestaurant) aufsuchen. In all diesen Lokalen gibt es meist *un plat du jour* (ein verhältnismäßig günstiges Tagesgericht). Regionale Spezialitäten können Sie in kleinen Lokalen oder an Ständen mit der Aufschrift *„Dégustation"* probieren. *Crêperies* bieten die delikaten Pfannkuchen in den verschiedensten Variationen an. Dem deutschen „Café" entspricht in Frankreich am ehesten der *Salon de Thé*, und schließlich gibt es noch den Stehausschank in einer *Buvette*.

Denken Sie bitte daran, dass man sich in französischen Restaurants vom Bedienungspersonal einen Tisch anweisen lässt.

Auf den Rechnungen ist die Bedienung immer inbegriffen, wenn nicht ausdrücklich vermerkt ist *„service non compris"* (abgekürzt: *snc*); auf den Speisekarten müssen Sie dagegen darauf achten, ob *service compris* (Preise mit Bedienung) angegeben ist oder *service en sus* (Bedienung wird extra berechnet). Falls das Bedienungsgeld nicht inbegriffen ist, gilt ein Trinkgeld von 12 bis 15% als angemessen.

Jetzt haben Sie das Wort

Auf Ihrem Campingplatz werden verschiedene Gerichte zum Mitnehmen bereitgehalten. Sie können dort morgens Ihre Abendmahlzeit bestellen. Studieren Sie sorgfältig die Speisekarte und schalten Sie dann Ihren CD-Player ein. Dominique sagt Ihnen, was Sie bestellen sollen.

plats à emporter	Gerichte zum Mitnehmen
les moules marinière	mit Schalotten in Weinsud gedünstete Muscheln

PLATS À EMPORTER

- SOUPE DE POISSONS — 4 €
- MOULES MARINIÈRE — 4 €
- CÔTE DE PORC FRITES — 7 €
- STEAK FRITES — 8 €
- FRITES — 2 €
- SAUCISSE FRITES — 4,25 €
- HAMBURGER FRITES — 5 €

11 Qu'est-ce que vous aimez?

Bevor Sie anfangen

Wir nennen Ihnen hier einige Verben, mit deren Hilfe Sie Gefallen bzw. Missfallen ausdrücken können. Wenn Sie schon jetzt versuchen, sich auch diejenigen zu merken, die bisher noch nicht vorgekommen sind, wird dies die Bearbeitung der Dialoge sehr erleichtern:

j'adore – ich mag schrecklich gern

j'aime beaucoup – ich habe sehr gern

j'aime – ich habe gern

j'aime bien – ich habe gern

je n'aime pas beaucoup – ich habe nicht sehr gern

je n'aime pas – ich habe nicht gern

je déteste – ich verabscheue, ich hasse

j'ai horreur de – ich verabscheue

Sie lernen in dieser Unité

- wie Sie Gefallen oder Missfallen ausdrücken
- wie wichtige Nahrungsmittel bezeichnet werden
- wie Sie ausdrücken können, was Ihnen an Ihrem Wohnort gefällt
- Wissenswertes über einige wichtige Schilder sowie über die Geographie Frankreichs

Wegweiser

Dialoge: Hören Sie sich die Dialoge oder Dialoggruppen in der unten aufgeführten Reihenfolge bei geschlossenem Buch an. Hören Sie dann jeden Dialog einzeln an, lesen Sie ihn und arbeiten Sie ihn durch. Reihenfolge: Dialoge 1 bis 7; 8 bis 11.

Lernen Sie *Wichtige Wörter und Ausdrücke*.

Machen Sie die Übungen auf S. 152.

Arbeiten Sie die *Grammatik* durch.

Bearbeiten Sie den Abschnitt *Lesen und Verstehen*.

Lesen Sie den Abschnitt *Wissenswertes*.

Jetzt haben Sie das Wort.

Hören Sie sich alle Dialoge noch einmal ohne Buch an.

145

Dialoge

1 (3/1)

Elise mag Süßigkeiten

Elise: J'aime bien des chewing gums et puis j'aime bien les sucettes.

| le chewing gum | der Kaugummi |
| la sucette | der Lutscher |

> ▶ **j'aime bien** – ich habe gern. Sie könnte ebensogut sagen **j'aime...** Normalerweise folgt auf **aimer** der bestimmte Artikel; es heißt also nicht **j'aime bien des chewing gums**, sondern **j'aime bien les chewing gums. J'aime beaucoup** bedeutet ich habe sehr gern, ich liebe sehr.

Dialoge

2 (3/2)

Martin mag beinahe alles

Martin: Dans la nourriture française j'aime tout... dans la nourriture allemande à peu près tout, sauf les saucisses.

| ▶ à peu près | fast |

> **la nourriture** – die Nahrung. Anstelle von **la nourriture** hätte er auch sagen können ▶ **la cuisine française** – die französische Küche.
>
> ▶ **j'aime tout** – ich mag alles
>
> **sauf les saucisses** (f. Pl.) – außer Würste

146   *11 Qu'est-ce que vous aimez?*

Dialoge

3 (3/3)

Fabienne isst sehr gern Reis

Fabienne: J'aime – euh – beaucoup le riz, les pommes de terre, les fruits rouges: les fraises, les framboises, les cerises... Euh – je n'aime pas beaucoup les bananes et les oranges, les fruits que l'on mange l'hiver...

le riz	der Reis
la fraise	die Erdbeere
la framboise	die Himbeere
la cerise	die Kirsche

> **les fruits que l'on mange l'hiver** – die Früchte, die man im Winter isst. Unter bestimmten Bedingungen (vor allem nach **si** und **que**, aber auch nach **et** und **où**) kann **l'** vor **on** stehen. Besonders in der Schriftsprache kommt **que l'on, si l'on** etc. häufiger vor als **qu'on, si on** etc.
>
> ▶ Beachten Sie, dass **l'hiver** hier mit „im Winter" zu übersetzen ist.
>
> ▶ Man könnte hier auch sagen **je n'aime pas du tout ...** – ich mag überhaupt nicht, z. B. **je n'aime pas du tout les bananes** – ich mag Bananen überhaupt nicht, ich mag überhaupt keine Bananen. **Pas du tout** kann auch ohne Verb stehen und ist dann mit „überhaupt nicht" wiederzugeben.

Dialoge

4 (3/4)

Lisette bevorzugt trockene Weine

Lisette: Je déteste les vins doux – ils me font mal. Je préfère les vins secs.

▶ sec (m.), sèche (f.) | trocken

> ▶ **les vins doux** – die süßen Weine. **Doux (f. douce)** bedeutet auch „sanft", „zart", „weich".
>
> **ils me font mal** – mir wird übel davon. Korrekter wäre **ils me font du mal** oder **je ne supporte pas les vins doux** – ich vertrage süße Weine nicht.

5

Lieblingsspeisen von Anne

Anne: J'adore les plats très consistants, où il y a beaucoup de choses à manger, comme la paëlla, le couscous, les lasagne, le cassoulet. J'ai horreur de la triperie. J'adore toutes les viandes. J'aime beaucoup les pâtisseries. Je déteste les alcools et les vins...

▶ le plat	das Gericht
consistants (Pl.)	dickflüssig, fest
▶ la chose	die Sache, das Ding
la paëlla	die Paella
les lasagne	Lasagne
la triperie	die Innereien
▶ toutes (f. Pl.)	alle
▶ l'alcool (m.)	der Alkohol

11 Qu'est-ce que vous aimez?

Dialoge

▶ **j'adore** – ich mag furchtbar gern (wörtl. ich bete an).

le couscous ist ein nordafrikanisches Gericht, bestehend aus Gemüse und Grieß mit Fleisch (Hammel-, Rind- oder Hühnerfleisch, auch gemischt).

le cassoulet kommt aus Südwestfrankreich. Es ist ein Eintopf aus weißen Bohnen, Speck, geräuchertem Schweinefleisch, Knoblauchwürsten, Zwiebeln, Knoblauch und Tomaten. Die Zutaten variieren je nach Zubereitungsort. Oft wird auch Lammfleisch und Rebhuhn verwendet.

▶ **j'ai horreur de** – ich verabscheue; **je déteste** wird synonym gebraucht.

je déteste les alcools et les vins... Die überraschende Unterscheidung zwischen alkoholischen Getränken und Weinen ist darauf zurückzuführen, dass in Frankreich unter «**des alcools**» Getränke von 35% an aufwärts verstanden werden, während der fast regelmäßig zum Essen getrunkene Wein als «**boisson légèrement alcoolisée**» – leicht alkoholisches Getränk gilt.

6

Süß und salzig? Nein danke

Guylaine: Moi, j'aime beaucoup de choses, sauf le mélange salé-sucré. C'est très difficile de manger la viande et des fruits, par exemple – sinon j'aime la viande.

par exemple	zum Beispiel
salé	gesalzen
sinon	sonst

le mélange salé-sucré – die Mischung von Salzigem und Süßem

7

Ein Feinschmecker

Henri: J'aime bien manger et j'aime surtout bien boire. J'aime la viande, bien sûr, mais je préfère le poisson. J'aime aussi les crustacés: les huîtres, les langoustes, les homards... Avec le crustacé en France on boit du vin blanc.

l'huître (f.)	die Auster
la langouste	die Languste
le homard	der Hummer

▶ **j'aime bien manger et ... bien boire** – ich esse und trinke gerne gut. Beachten Sie bitte, dass „ich esse gern" im Französischen durch **aimer** + Infinitiv ausgedrückt wird: **j'aime manger**. Weitere Beispiele: **nous aimons danser** – wir tanzen gern, **il aime voyager** – er reist gern.

les crustacés – die Krustentiere. Merken Sie sich bitte auch den allgemeineren Begriff ▶ **les fruits de mer** – die Meeresfrüchte, der häufiger vorkommt.

Dialoge

8 3/8

Mein Dorf

(M = Marie-Odile, J = Jeanne)

M: Dans ce village il y a une église du onzième siècle, un café – euh – beaucoup de maisons neuves, quelques fermes, beaucoup de champs, une ligne de chemin de fer...
J: Vous vous plaisez ici?
M: Ah oui, beaucoup. J'ai les vaches en voisines...

▶ la maison	das Haus
▶ quelques	einige
la ferme	der Bauernhof
le champ	das Feld
la ligne	die Linie
le chemin de fer	die Eisenbahn
la vache	die Kuh

du onzième siècle – aus dem 11. Jahrhundert. Es heißt **du onzième siècle** und nicht, wie man vermuten würde, **de l'**. (Vergleichen Sie auf Seite 85 **le onze novembre**.)

beaucoup de maisons neuves – viele neue Häuser. Im Maskulinum heißt es **neuf**, z. B. **un manteau neuf** – ein neuer Mantel.

vous vous plaisez ici? – gefällt es Ihnen hier? von **plaire** – gefallen. **Cela me plaît** – das gefällt mir. Jeanne hätte auch fragen können: **et ça vous plaît ici?**

Dialoge

en voisines – als Nachbarinnen. Wie Sie sehen, kann das kleine Wort **en** sehr verschiedene Bedeutungen haben: Als Präposition ist es häufig auch mit „in" zu übersetzen, in der Bedeutung „davon" haben Sie es in *Unité 10* kennen gelernt. **La voisine** – die Nachbarin ist die feminine Form von **le voisin** – der Nachbar.

9

Mein Geburtsort

Michèle: Moi je suis née à Paris. Paris c'est mon village natal. C'est beau, et en plus on est libre – on est complètement libre à Paris. C'est une très très belle ville. Il y a toujours quelque chose à faire et c'est intéressant pour ça.

▶ beau(m.) belle(f.)	schön
▶ libre	frei
complètement	völlig, vollständig (Adv.)

je suis née (f.) – ich bin geboren. Diese Verbform wird in *Unité 15* erklärt.

mon village natal – mein Geburtsort. **Le village** bedeutet eigentlich „das Dorf". Da man Paris wohl kaum als Dorf bezeichnen kann, drückt die Verniedlichung die Verbundenheit Michèles mit dieser Stadt aus.

11 Qu'est-ce que vous aimez?

Dialoge

10 (3/10)

Die Anonymität der Großstadt

Jean-Claude: J'adore Paris. Je me sens anonyme. Personne ne me connaît et personne n'a envie de savoir qui je suis.

> **je me sens anonyme** – ich fühle mich anonym.
>
> **personne ne me connaît** – niemand kennt mich. **Personne** bedeutet „niemand" und wird mit **ne** gebraucht, z. B. **Personne ne regarde** – niemand schaut; **je ne regarde personne** – ich schaue niemanden an.
>
> **a envie de** – will (wörtl. hat Lust zu). Diese Form wird von dem Ausdruck **avoir envie de** – Lust haben zu abgeleitet, den man anstelle von **vouloir** verwenden kann, z. B. **les enfants ont envie d'aller à la plage** – die Kinder wollen zum Strand gehen; **j'ai envie de voir Paris** – ich möchte Paris sehen.

11 (3/11)

Eine musikalische Familie

Michèle: Tout le monde était musicien. Le père, c'est son métier, la mère était très, très musicienne et les filles étaient très musiciennes aussi. Alors c'était très agréable, parce que... on faisait de la musique – euh – tous ensemble... et avec mes amis musiciens du lycée, aussi.

Dialoge

▶ tout le monde — jeder(mann), alle Leute
le métier — der Beruf
tous ensemble — alle zusammen
mes (Pl. von mon) — meine
▶ un ami (m.)/une amie (f.) — ein Freund/eine Freundin
le lycée — das Gymnasium

> **était musicien** – war Musiker (im Sinne von: war musikalisch). **Musicienne** ist das dazugehörige Femininum. Was die Vergangenheitsformen **était** und **étaient** betrifft, sehen Sie bitte auf Seite 154 nach.
>
> **on faisait de la musique** – wir machten (wörtl. man machte) Musik. **Faisait** ist eine Imperfektform (Vergangenheitsform) des Verbes **faire**. Achten Sie bitte auf die Aussprache.

11 Qu'est-ce que vous aimez?

Wichtige Wörter und Ausdrücke

j'aime (bien)...	ich mag... gern	l'alcool me fait du mal	Alkohol bekommt mir nicht
la cuisine (française)	die (französische) Küche	je ne supporte pas l'alcool	
à peu près tout	fast alles		
tout	alles	personne ne boit (l'eau salée)	niemand trinkt (gesalzenes Wasser)
beaucoup de choses	viele Dinge		
mon ami/mon amie	meinen Freund/ meine Freundin	bien sûr	natürlich, sicherlich
tout le monde	jeden	pas du tout	überhaupt nicht
je n'aime pas...	ich mag... nicht	(une chaise) libre	(ein) freier (Stuhl)
quelques plats	einige Speisen	la maison	das Haus
le vin doux/sec	süßen/trockenen Wein	agréable	angenehm, liebenswürdig
l'hiver	den Winter	beau (m.), belle (f.)	schön
mon voisin	meinen Nachbarn		
j'ai envie de bien manger et bien boire	ich habe Lust gut zu essen und zu trinken	tout (m.), toute (f.)	all, jeder, ganz

11 Qu'est-ce que vous aimez?

Übungen   Übungen

1 (3/12)

Yves informiert Sie auf der CD darüber, was er mag und was er nicht mag. Schreiben Sie dementsprechend + bzw. – neben die aufgezeichneten Gegenstände.

152   *11 Qu'est-ce que vous aimez?*

Übungen   Übungen

2 (3/13)

Auch Carole erzählt Ihnen auf der CD, was ihr gefällt oder missfällt. Hören Sie genau zu und haken Sie die zutreffende Antwort in dem jeweiligen Kästchen ab.

	mag sie sehr	mag sie	mag sie nicht	verabscheut sie
mit dem Zug reisen				
mit dem Flugzeug reisen				
Tee				
Kaffee				
ins Kino gehen				
ins Theater gehen				
Käse				
Wurst				
trockenen Weißwein				
Schnaps				
die Nachbarn				

3 (3/14)

Suchen Sie aus der folgenden Wortliste jeweils das passende Wort für die Lücken. Wenn Sie alle Wörter eingetragen haben, können Sie Ihre Lösung kontrollieren, indem Sie sich die von Dominique vorgetragene Passage auf der CD anhören.

> Arc – quelque chose – belle – théâtre monuments – libre – Notre – la nuit – aller – Eiffel – hiver

Paris est une très _____ ville. Il y a toujours _____ à faire, même l' _____ ; on peut s'amuser toute la journée et toute _____ . De jour, on peut visiter les _____ historiques: la Tour _____ , bien sûr, l' _____ de Triomphe, _____ Dame; de nuit, on peut _____ au restaurant, au _____ , au night-club. Et en plus, on est complètement_____ _____ à Paris.

s'amuser – sich unterhalten, sich amüsieren

11 Qu'est-ce que vous aimez?

Grammatik

mon, ma, mes

ton, ta, tes

Nachdem Sie die Possessivpronomina *notre, nos* (unser, unsere) und *votre, vos* (euer, euere/Ihr, Ihre) bereits in *Unite 9* kennen gelernt haben, stellen wir Ihnen nun die französischen Entsprechungen für „mein, meine" und „dein, deine" vor.

mon frère	mein Bruder
ma sœur	meine Schwester
mes chemises	meine Hemden
ton crayon	dein Bleistift
ta fille	deine Tochter
tes enfants	deine Kinder

Die Beispiele zeigen Ihnen, dass hier im Singular zwei Formen existieren, und zwar steht *mon* (bzw. *ton*) vor maskulinen „Besitzgegenständen", während *ma* (bzw. *ta*) feminine Substantive begleitet.

Wenn ein femininer „Besitzgegenstand" mit einem Vokal oder einem stummen *h* beginnt, wird aus Gründen des Wohlklanges statt *ma* die maskuline Form *mon* bzw. anstelle von *ta* die Form *ton* verwendet, z. B.
C'est mon huile? – Ist das mein Öl?
C'est ton amie? – Ist das deine Freundin?

Im Plural gibt es wiederum nur eine Form. *Mes* bzw. *tes* begleitet sowohl maskuline als auch feminine Substantive.

Im *Grammatikteil* der *Unité 14* finden Sie die restlichen Formen des Possessivpronomens.

Aufgabe 1

Vervollständigen Sie bitte die folgenden Sätze mit *mon, ma* oder *mes*:

a. Je préfère _____ maison aux maisons neuves.
b. J'aime aller au cinéma avec _____ amis.
c. _____ amie est secrétaire.
d. J'aime bien _____ professeurs.
e. Je n'aime pas beaucoup _____ voisin.

personne

Une personne bedeutet eine Person, aber *personne* allein bedeutet „niemand": z. B. *qui est là? – personne* – wer ist da? – niemand. Wenn Sie *personne* in einem Satz verwenden, müssen Sie *ne* dem Verb voranstellen, z. B.
personne n'aime Georges – niemand liebt Georg
Georges n'aime personne – Georg liebt niemanden
personne ne me connaît – niemand kennt mich

était, étaient

In *Dialog 11* kamen bereits zwei Imperfektformen des Verbes *être* vor: *il était* – er war und *ils étaient* – sie waren. Hier sind nun alle Imperfektformen dieses Verbes zusammengestellt.

j'étais	ich war
tu étais	du warst
il/elle était	er/sie/es war
nous étions	wir waren
vous étiez	ihr wart/Sie waren
ils/elles étaient	sie waren

Die Formen **étais, était** und **étaient** unterscheiden sich nur im Schriftbild, nicht jedoch in der Aussprache.

154

11 Qu'est-ce que vous aimez?

Grammatik　　　　　　　　　　　　　Lesen und Verstehen

Aufgabe 2

Schreiben Sie jeweils die korrekte Imperfektform des Verbes **être** in die Lücken:

a. Georges _____ chez nous à Noël.
b. Mes sœurs _____ là aussi.
c. J' _____ très content.
d. Nous _____ tous musiciens.
e. C' _____ très agréable.
f. Hélas: Vous n' _____ pas là!

hélas – leider

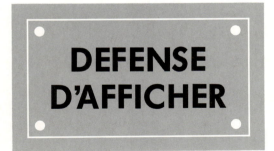

Versuchen Sie, mit Hilfe der Schilder herauszufinden, wie man Folgendes im Französischen ausdrückt:

a. Rauchen verboten
   _____

b. Parken verboten (zwei Möglichkeiten)
   _____
   _____

c. Hunde müssen draußen bleiben
   _____

d. Eintritt verboten
   _____

e. Durchgang verboten
   _____

f. Ankleben von Plakaten verboten
   _____

11 Qu'est-ce que vous aimez?

Wissenswertes

Jetzt haben Sie das Wort

Geographisch wird Frankreich in 22 *régions* eingeteilt (vergleichen Sie *Unité 2*), die ihre eigene Kultur, ihren eigenen Charakter und ihre eigene Küche bewahrt haben.

Französische Postleitzahlen sind fünfstellig, z. B. 13100 Aix-en-Provence. Die ersten beiden Ziffern verweisen auf die Nummer des *département*; Sie können also beispielsweise feststellen, dass Aix-en-Provence im *département* 13 (Bouches-du-Rhône) liegt.

In der ersten Übung nehmen Sie zusammen mit Yves in einem Restaurant Ihr Mittagessen ein. Sie sollen beim Essen sehr wählerisch sein und dabei die Sätze anwenden, die Sie gelernt haben, um Gefallen oder Missfallen auszudrücken (s. S. 145). Sie benötigen außerdem die Bezeichnungen für Speisen und Getränke, die bisher vorgekommen sind.

Karte der *départements*

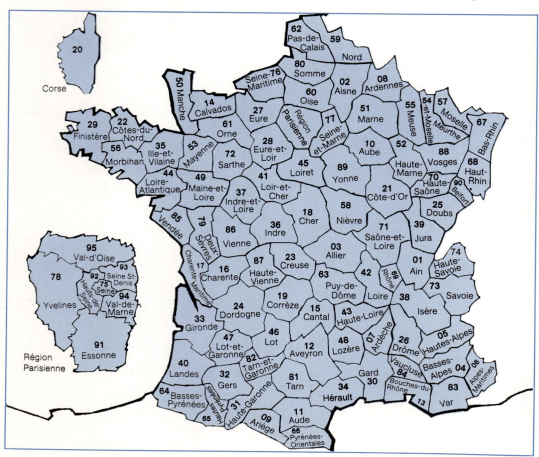

12 Quel temps fait-il?

Bevor Sie anfangen

Diese *Unité* soll Sie befähigen, etwas über Ihre Stadt zu erzählen bzw. Beschreibungen in französischen Informationsbroschüren zu verstehen. Wenn Sie eine Reise nach Frankreich planen, schreiben Sie das *syndikat d'initiative* der Stadt an, die Sie besuchen wollen. Wenn Sie einen internationalen Antwortschein beilegen, erhalten Sie einen Faltprospekt *(un dépliant touristique)* und einen Stadtplan *(un plan de la ville)*.

Sie lernen in dieser Unité

- wie man eine Stadt und ihre Freizeitmöglichkeiten beschreibt
- wie man über einen Badeort spricht
- wie man einen Wetterbericht verstehen kann
- wie man bestimmte Fragen stellt
- Wissenswertes über das Klima in Frankreich

Wegweiser

Dialoge: Hören Sie sich die Dialoge oder Dialoggruppen in der unten aufgeführten Reihenfolge bei geschlossenem Buch an. Hören Sie dann jeden Dialog einzeln an, lesen Sie ihn und arbeiten Sie ihn durch. Reihenfolge: Dialoge 1 bis 5; 6 und 7.

Lernen Sie *Wichtige Wörter und Ausdrücke.*

Machen Sie die *Übungen* auf S. 163.

Arbeiten Sie die *Grammatik* durch.

Bearbeiten Sie den Abschnitt *Lesen und Verstehen.*

Lesen Sie den Abschnitt *Wissenswertes.*

Jetzt haben Sie das Wort.

Hören Sie sich alle Dialoge noch einmal ohne Buch an.

Machen Sie die *Wiederholungsübungen* auf S. 216.

Dialoge

1 (3/16)

Wo lebt es sich besser?

Jacques: Dans l'ensemble, les Parisiens ont des salaires un peu plus élevés... que les provinciaux, mais – euh – ils vivent d'une façon... plus tendue. Le temps est très précieux à Paris, alors que... en province – euh – on a peut-être un peu plus le temps de vivre. La qualité de la vie est peut-être supérieure – euh – en province.

le Parisien (m.)/la Parisienne (f.)	der Pariser/die Pariserin
le salaire	der Lohn, das Gehalt
élevé	hoch
ils vivent (von vivre)	sie leben
précieux (m.), précieuse (f.)	kostbar
alors que	während
la qualité de la vie	die Lebensqualität
supérieur	(hier) höher, besser

les provinciaux – die Provinzler, die Leute aus der Provinz. Es besteht ein großer Unterschied – und manchmal sogar Feindseligkeit – zwischen der Hauptstadt und der Provinz. Der Singular lautet **le provincial.**

d'une façon plus... tendue – angespannter, stressiger (wörtl. auf angespanntere Weise)

▶ **le temps** bedeutet hier „die Zeit" im allgemeinen Sinn. **Le temps** bedeutet auch „das Wetter".

2 (3/17)

Das Leben in la Roche-sur-Yon

Denise: C'est très calme. Il n'y a pas beaucoup de... de vie, mais la ville est très agréable, parce que, en général, les gens sont gentils, sont restés simples, et les commerçants sont très agréables – oui – et la vie n'est pas trop chère encore... enfin – ça peut aller. Le dimanche, les gens ne restent pas à la Roche, parce que la mer est très proche; alors, ils passent leur dimanche aux Sables d'Olonne ou bien... sur la côte.

▶ calme	ruhig
▶ la vie	das Leben, die Lebenshaltungskosten
▶ gentils (m. Pl.), gentille (f. Sg.)	nett
ils passent (von passer)	sie verbringen

il n'y a pas beaucoup de vie – es ist nicht viel los (wörtl. es gibt nicht viel Leben).

les gens sont restés simples – die Leute sind einfach geblieben. Sie werden diese Vergangenheitsform in *Unité 15* lernen.

encore – noch. Es kann auch „nochmals" bedeuten.

ça peut aller – das geht schon (wörtl. das kann gehen)

▶ **la mer est très proche** – das Meer ist sehr nahe. Sie hätte auch sagen können

Dialoge

la Roche est près de la mer – la Roche liegt am Meer.

aux Sables d'Olonne ou bien ... sur la côte – in Les Sables d'Olonne oder (woanders) an der Küste.

3

Der Badeort Soulac-sur-Mer

Claire: Maintenant, ça devient un petit peu trop fréquenté – il y a un peu trop de monde. Enfin, ça reste une plage pas dangereuse, une belle plage de sable – euh – où le climat est agréable, le sable est propre, la mer n'est pas dangereuse, pas trop ...

▶ la plage | der Strand
▶ le sable | der Sand
▶ propre | sauber

un peu trop fréquenté – ein wenig zu sehr besucht (gemeint ist hier: überfüllt). **Un café très fréquenté** ist „ein gut besuchtes Café".

▶ **un peu trop de monde** – ein bisschen zu viele Leute. Erinnern Sie sich an den Ausdruck **tout le monde** – jeder(mann)? **Le monde** bedeutet wörtlich „die Welt".

pas dangereuse – nicht gefährlich. Man kann jedes Adjektiv in das Gegenteil verkehren, indem man **pas** voranstellt.

▶ **pas trop** – nicht zu, nicht so sehr

4

Der Wiederaufbau von Caen

Michel: Bien, c'est une ville très ancienne qui a été restaurée et, de l'avis général, bien restaurée, parce que ... à la fois il reste – euh – des monuments intéressants, et puis, il y a une reconstruction aussi qui a été bien faite.

▶ ancienne (f.), ancien (m.) | alt
l'avis (m.) | die Meinung
à la fois | gleichzeitig
le monument | die Sehenswürdigkeit, das Denkmal

bien: Michel meint hier **eh bien** im Sinne von „also", und nicht „gut"!

qui a été restaurée – die restauriert worden ist. Diese Vergangenheitsform wird in der nächsten *Unité* erklärt. An **restauré** (restauriert) wird noch ein **-e** angehängt, weil es sich auf das feminine Substantiv **la ville** bezieht.

une reconstruction – eine Rekonstruktion. Caen ist im 2. Weltkrieg schwer zerstört worden. Als eine der ersten Städte wurde Caen nach der Invasion der Alliierten in der Normandie 1944 befreit.

qui a été bien faite – die gut gemacht worden ist. Auch hier wird an **fait** – gemacht ein **-e** angehängt, weil es sich auf **la reconstruction** bezieht.

12 Quel temps fait-il?

Dialoge

5

Eine alte Stadt

Marie-Louise: La ville de Senlis, c'est une ville – euh – intéressante car elle est très vieille. Il y a une cathédrale, il y a des remparts romains, il y a – euh – pas mal de ... maisons moyenâgeuses ...

car	denn
▶ vieille (f.), vieux (m.)	alt
romains (m. Pl.)	römisch
la cathédrale	die Kathedrale
le rempart	das Bollwerk, die Befestigungsanlage, die Stadtmauer

> ▶ **pas mal de** – ziemlich viel, z. B. **pas mal de musées** – ziemlich viele Museen.
>
> **moyenâgeuses** (f. Pl.) – mittelalterlich. Abgeleitet von **le moyen âge** (das Mittelalter).

6 (3/21)

Wie ist das Wetter?

(J = Jeanne, M = Michel)

J: Quel temps fait-il normalement ici?
M: Eh bien, vous voyez, en ces semaines d'été, il fait un temps agréable – il fait assez chaud et, cependant, il y a toujours de l'air.

normalement | normalerweise

> **quel temps fait-il?** – wie ist das Wetter? (wörtl. was für ein Wetter macht es?) S. 162 finden Sie weitere Wendungen zum Wetter.
>
> **en ces semaines d'été** – in diesen Sommerwochen. **L'hiver** bzw. **en hiver** – im Winter sind Ihnen schon in *Unité 11* begegnet. Bitte merken Sie sich nun **en été** – im Sommer, **en automne** – im Herbst und **au printemps** – im Frühling.
>
> **il fait un temps agréable** – das Wetter ist angenehm (siehe auch S. 162).
>
> **cependant il y a toujours de l'air** – es ist jedoch immer windig. **L'air** (m.) bedeutet wörtlich „die Luft", hier: ein Lüftchen.

12 Quel temps fait-il?

Dialoge

7 (3/22)

Scherzhafte Wettervorhersage

(A = Anne, G = Guylaine)

A: Guylaine, à ton avis, quel temps fera-t-il demain?

G: Je vais te dire la météo de la France. Sur la Bretagne il est prévu un temps pluvieux, parce qu'il pleut toujours en Bretagne. Dans le sud-ouest, temps nuageux, parce qu'il y a souvent des nuages dans le sud-ouest. Sur la Côte d'Azur, ensoleillé, parce que le soleil brille toujours. Dans le Massif Central, des averses, parce qu'il pleut beaucoup. Dans les Alpes, des éclaircies, entre deux nuages. Dans la région parisienne, brouillard – il y a toujours du brouillard dans la région parisienne. Et dans le nord de la France, des éclaircies – entre deux flocons de neige!

la météo	die Wettervorhersage
▶ il pleut	es regnet
nuageux	wolkig
le nuage	die Wolke
ensoleillé	sonnig
brille (von briller)	scheint
l'averse (f.)	der Regenschauer
l'éclaircie (f.)	die Aufheiterung
le brouillard	der Nebel
le flocon	die Flocke
la neige	der Schnee

▶ **quel temps fera-t-il demain?** – wie wird das Wetter morgen sein? (wörtl. welches Wetter wird es morgen machen?)

sur la Bretagne, il est prévu un temps pluvieux – in der Bretagne (wörtl. über der Bretagne) wird regnerisches Wetter vorhergesagt. Guylaine versucht, den Tonfall einer Wettervorhersage im Radio oder Fernsehen nachzuahmen.

▶ **le sud-ouest** – der Südwesten

la Côte d'Azur – (wörtl. die azurblaue Küste) – die französische Riviera.

▶ **le nord** – der Norden. Merken Sie sich bitte auch noch **l'est** (der Osten). Die Aussprache folgt hier genau dem Schriftbild. **Au nord de** bedeutet „nördlich von". Ebenso: **au sud de** – südlich von, **à l'est de** – östlich von und **à l'ouest de** – westlich von.

12 Quel temps fait-il?

Wichtige Wörter und Ausdrücke

Beschreibung Ihrer Umgebung

le village est ...   das Dorf ist ...
beau   schön
agréable   hübsch, ange-
     nehm
intéressant   interessant
calme   ruhig
vieux   alt
propre   sauber
pas trop (grand)   nicht zu (groß)

la ville est ...   die Stadt ist ...
belle   schön
agréable   hübsch, ange-
     nehm
intéressante   interessant
calme   ruhig
vieille   alt
propre   sauber
pas trop   nicht zu (groß)
   (grande)

il y a ...   es gibt ...
une cathédrale   eine Kathedrale
une piscine   ein
     Schwimmbad
une belle plage   einen schönen
de sable   Sandstrand

il y a pas mal de ...   es gibt ziemlich
     viele ...
distractions   Vergnügungs-
     möglichkeiten
musées   Museen
discothèques   Diskotheken

la mer est proche   das Meer ist nahe
on peut nager   man kann
     schwimmen
les gens sont gentils   die Leute sind nett
maintenant, il y a   jetzt sind dort ein
un peu trop de   bisschen zu viele
monde   Leute
il n'y a pas beau-   es ist dort nicht
coup de vie   sehr lebhaft
la vie n'est pas trop   die Lebenshal-
chère   tungskosten sind
     nicht zu hoch

Das Wetter

quel temps fait-   wie ist das
il ...?   Wetter ...?
dans le nord?   im Norden?
dans le sud?   im Süden?
dans l'est?   im Osten?
dans l'ouest?   im Westen?
quel temps fera-t-il   was für ein Wetter
demain?   wird morgen
     sein?
il fait un temps   das Wetter ist an-
agréable   genehm
il pleut   es regnet
il y a beaucoup de   es gibt viel
neige   Schnee
de brouillard   Nebel
de nuages   Wolken
le soleil brille   die Sonne scheint

Übungen

Übungen

1

Mike hat einen Geschäftsfreund in Dinan und plant, diese Stadt zu besuchen. Er bittet ihn brieflich um einige Informationen. Fügen Sie bitte die richtigen Wörter in den Brief ein. Für diese Übung brauchen Sie Ihren CD-Player nicht.

> plan – cher – renseignements – manger
> avril – normalement – où – comme – plaît
> – il y a

Als neues Wort kommt *envoyer* – schicken vor.

Kassel, le 1er février

Cher Jean-Pierre,

Merci de votre lettre. Oui, je viens enfin à Dinan au mois d'_____. Pouvez-vous me donner quelques _____, s'il vous _____? Quel temps fait-il _____ en avril? Pouvez-vous me recommander un hôtel pas trop _____? Qu'est-ce qu'il y a _____, distractions à Dinan? Est-ce qu'_____ une piscine? Pouvez-vous m'envoyer un _____ de la ville? _____ est-ce qu'on peut bien _____ à Dinan? Je vous invite! Excusez-moi de vous déranger. Merci d'avance et bon souvenir.

Mike

12 Quel temps fait-il?

163

Übungen

2 (3/23)

Nachdem er diesen Brief erhalten hat (siehe *Übung 1*), ruft Jean-Pierre seinen Freund Mike von Frankreich aus an. Hören Sie sich die Aufnahme zwei- oder dreimal an. Können Sie auf Deutsch die unten stehenden Fragen beantworten? Diese Antworten sind gleichzeitig die Informationen, die Mike über Dinan gewünscht hat. Als neues Wort kommt *la patronne* – die Hotelbesitzerin vor.

a. Wie ist das Wetter im April? _____

b. Warum empfiehlt er das Hôtel de la Poste? _____

c. Wie lautet die Telefonnummer des Hotels?_____

d. Welche Freizeitmöglichkeiten bietet Dinan? _____

e. Was will Jean-Pierre auf dem Stadtplan, den er zu schicken verspricht, ankreuzen? _____

f. Wann kommt Mike wahrscheinlich in Dinan an?_____

3 (3/24)

Auf der CD können Sie hören, was Carole über die am Meer gelegene Stadt Cabourg in der Normandie erzählt. Lesen Sie zunächst die unten stehenden Fragen, hören Sie sich dann die Aufnahme zwei- oder dreimal an und versuchen Sie dann, die Fragen zu beantworten.

a. Wie weit ist Cabourg von Caen entfernt? _____

b. Ist der Strand sandig oder steinig? _____

c. Ist das Meer dort gefährlich? _____

d. Müssen Sie im Voraus buchen, wenn Sie im Sommer ein Hotelzimmer mieten wollen? _____

e. Wie hoch ist die Einwohnerzahl Cabourgs außerhalb der Saison? _____

f. Ist die Stadt dann lebhaft? _____

g. Nennen Sie drei Möglichkeiten der Freizeitgestaltung in Cabourg. _____

4

Bereiten Sie eine Beschreibung Ihres eigenen Wohnortes vor, indem Sie seine Größe, seine Lage, seine Reize, sein Klima und die Gründe dafür angeben, warum Sie sich dort wohlfühlen bzw. nicht wohlfühlen. Natürlich können wir Ihnen das nötige Vokabular nicht komplett zur Verfügung stellen, aber die vorgegebenen Fragen werden Ihnen bei der Lösung dieser Aufgabe helfen. Es ist sicher nützlich, wenn Sie Ihren französischen Bekannten etwas über Ihre Lebensverhältnisse erzählen können.

– c'est . . . une grande/petite ville? un grand/petit village?
– c'est à combien de kilomètres de Francfort/ de Hambourg/de Bonn/de Munich?
– c'est . . . près de la côte/ près des montagnes/dans le nord/dans le sud/dans l'est/dans l'ouest?

12 Quel temps fait-il?

Übungen

- il y a... une cathédrale/une piscine/un musée/une plage?
- normalement le temps est... agréable/froid/chaud? (Schauen Sie noch einmal auf Seite 162 nach.)
- vous vous y plaisez parce que... c'est beau/intéressant/vieux/calme/propre?
- parce que... les gens sont gentils/la vie n'est pas chère/il y a pas mal de distractions?
- vous ne vous y plaisez pas parce que... c'est trop grand/il y a un peu trop de monde/il n'y a pas beaucoup de vie?

Grammatik

Das Wetter

Wenn Sie über das Wetter sprechen, müssen Sie für das deutsche „es ist" *il fait* (wörtl. es macht) gebrauchen:
il fait beau – es ist schönes Wetter
il fait mauvais – es ist schlechtes Wetter
il fait chaud – es ist heiß
il fait froid – es ist kalt

In Vergleichen:
il fait plus chaud aujourd'hui – heute ist es wärmer
il fait moins froid aujourd'hui – heute ist es nicht so kalt (wörtl. weniger kalt)

Merken Sie sich bitte auch:
il fait du brouillard – es ist neblig
il fait du vent – es ist windig
il pleut – es regnet
il neige – es schneit
le soleil brille – die Sonne scheint

Aufgabe

Beschreiben Sie das auf den nebenstehenden Bildern dargestellte Wetter.

Weitere Frageformen

où? – wo? *quand?* – wann? *comment?* – wie?
pourquoi? – warum? *combien?* – wie viel?

Sätze, die mit diesen Fragewörtern eingeleitet werden, können auf zwei verschiedene Arten fortgeführt werden: entweder mit *est-ce que?* z. B. *quand est-ce que vous partez?* – wann reisen Sie ab? oder durch die Inversion (Umstellung) des Verbes, z. B. *quand partez-vous?* Sie müssen die letztgenannte Form nicht unbedingt selbst anwenden, aber Sie sollten sie verstehen.

12 Quel temps fait-il?

Grammatik

Die umgestellten Formen von *avoir* lauten:

ai-je?	avons-nous?
as-tu?	avez-vous?
a-t-il? a-t-elle?	ont-ils? ont-elles?

Das in der 3. Person Singular eingeschobene *t (a-t-il? a-t-elle?)* erleichtert die Aussprache. Merken Sie sich bitte, dass die Frageform von *il y a* «*y a-t-il?*» lautet.

Paulx

Paulx est situé à l'intersection des routes départementales N°s 13 et 73, à 40 kilomètres au sud de Nantes. D'origine romaine, cette ancienne paroisse agréable et tranquille est située sur les deux rives du Falleron. Le touriste peut visiter quelques belles propriétés, en particulier le château de la Caraterie; il faut voir également l'église et les sculptures de la chapelle. Et il faut essayer le bon vin de Paulx!

La Marne

La Marne, village de 788 personnes, est située à 35 kilomètres au sud-ouest de Nantes et à 6 kilomètres à l'est de Machecoul. La paroisse de Notre-Dame de la Marne date de l'an 1062. Aujourd'hui la principale activité du village est l'agriculture: on y produit du lait, du bœuf et des vins de bonne qualité.

Lesen und Verstehen

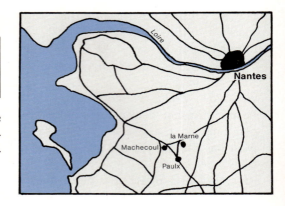

Der nebenstehende Text ist einem Touristenprospekt entnommen, der einige Dörfer in dem *département Loire-Atlantique* beschreibt (siehe Seite 37). Überprüfen Sie, ob Sie genug verstehen, um die folgenden Fragen beantworten zu können.

a. Welche Richtung würden Sie, von Nantes aus kommend, einschlagen, um nach
   a. Paulx _____
   b. La Marne _____
   zu kommen?

b. Welches der beiden Dörfer ist weiter von Nantes entfernt? _____

c. Welche Pfarrkirche ist römischen Ursprungs? _____

d. Welche Pfarrkirche stammt aus der Zeit Wilhelms des Eroberers? _____

e. Was kann man in Paulx besichtigen? _____

f. Was wird in La Marne vor allem produziert? _____

la paroisse die Pfarrkirche

Wissenswertes

Sicherlich interessiert es Sie, etwas mehr über die Orte zu erfahren, die in den Dialogen vorkommen.

Paris und die Provinz

Frankreich wird zentralistisch verwaltet. Paris ist Dreh- und Angelpunkt dieses Landes, es ist Wirtschafts- und Verwaltungszentrum sowie Mittelpunkt des kulturellen Lebens. Unter der Regierung François Mitterands wurden allerdings erstmals einzelne Aufgaben den Regionalverwaltungen übertragen, nachdem sich bei den Provinzbewohnern immer mehr Unmut darüber verbreitet hatte, dass ihre Belange von Parisern entschieden wurden, die die Sachlage nicht richtig einschätzen konnten. Dieser Groll, dass alles in Paris entschieden wird *(tout passe par Paris),* ist nur eine Seite der vielschichtigen Hassliebe, die viele Leute aus der Provinz (vor allem aus dem Süden und der Bretagne) der Hauptstadt entgegenbringen: Sie sind zu Recht stolz auf die Gebäude, die Kunstwerke, die Musik- und Theaterszene von Paris, sind aber andererseits doch befremdet über die Art, wie von dort aus die übrigen Landesteile beherrscht werden, und über die unkonventionelle Lebensweise der Bewohner *(vie de dingue).*

Caen

Caen liegt in der Normandie, ca. 12 km vom Meer entfernt. 1944 wurde 75% der Bausubstanz zerstört, aber die wichtigsten Gebäude blieben erhalten, umgeben von neu erbauten Wohnhäusern, die ungefähr 120 000 Einwohnern Unterkunft bieten.

Wissenswertes

Die wichtigsten Denkmäler sind: *Abbaye-aux-Dames,* ein Kloster, das jetzt als Krankenhaus genutzt wird (Michel arbeitet dort); *Abbaye-aux-Hommes,* ehemals eine Abtei, die jetzt das Rathaus beherbergt, die Kirchen *Saint-Pierre* und *Saint-Jean* (beide restauriert); die Schlossruine mit ihren Festungsanlagen (auf diesem Areal wurde auch

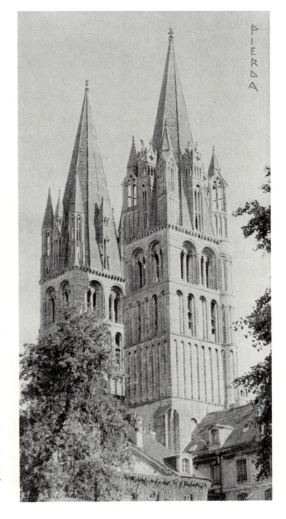

12 Quel temps fait-il?

Wissenswertes

ein Museum für moderne Kunst erbaut). Caen ist Universitätsstadt und ein wichtiges Handelszentrum.

La Roche-sur-Yon

La Roche-sur-Yon ist ein ruhiges kleines Städtchen von ungefähr 50 000 Einwohnern im *département La Vendée* (siehe Seite 37). Man kommt durch diese kleine Stadt, wenn man von Les Sables d'Olonne an die Atlantikküste fährt. In *Unité 15* können Sie noch mehr über La Roche-sur-Yon lesen.

Soulac-sur-Mer

Soulac ist eine bezaubernde kleine Stadt am Meer, ungefähr 90 km nordwestlich von Bordeaux in der Nähe der Gironde-Mündung. Im Winter leben dort nur ca. 2000 Personen, aber die herrlichen Sandstrände ziehen im Sommer so viele Urlauber an, wie die Hotels und Campingplätze eben aufnehmen können, zumal dann täglich eine Direktverbindung nach Paris besteht. Besonders gern leihen die Besucher Fahrräder aus und fahren damit auf speziell dafür hergerichteten Wegen durch den Wald.

Senlis

Senlis, 45 km nördlich von Paris, ist eine alte Stadt mit ungefähr 15 000 Einwohnern. Hier befindet sich eine gotische Kathedrale sowie Reste von Festungsanlagen, die zum Teil noch aus der gallo-römischen Zeit stammen. In den malerischen alten Straßen erinnern Bezeichnungen wie *La Place des Arènes* (Amphitheaterplatz) und *Rempart des Otages* (Geiselmauer) an die Stadtgeschichte.

Jetzt haben Sie das Wort

Stellen Sie sich vor, Sie stammten aus Mainz *(Mayence)*. Auf der CD stellt Ihnen ein neuer französischer Bekannter Fragen zu Ihrer Heimatstadt. Dominique wird Ihnen wieder auf Deutsch sagen, was Sie antworten sollen. Selbst wenn Sie die Stadt Mainz überhaupt nicht kennen, wird es Ihnen nicht schwer fallen, die Fragen zu beantworten. Sie brauchen für diese Übung den Ausdruck *il faut* (Sie müssen, man muss etc., siehe S. 74).

Wiederholung

Schlagen Sie nun bitte Seite 216 auf und arbeiten Sie den Wiederholungsteil zu den *Unités 10–12* durch. Auf der CD schließt sich dieser Teil wieder unmittelbar an diese *Unité* an.

12 Quel temps fait-il?

13 Vous habitez où?

Bevor Sie anfangen

Die letzten drei Dialoge dieser *Unité* enthalten Perfektformen. Vergewissern Sie sich bitte, ehe Sie diese neuen Formen lernen, ob Sie die Präsensformen der folgenden Verben sicher beherrschen:

être (S. 21), *avoir* (S. 35), *prendre* (S. 48), *faire* (S. 61), *aller* (S. 61), *venir* (S. 87), *vendre* (S. 61).

Sie lernen in dieser Unité

● wie Sie Ihre Wohnung beschreiben können
● wie die Bezeichnungen für die verschiedenen Zimmer lauten
● wie Sie vergangene Ereignisse erzählen
● wie Sie über Ihre Sprachlernerfahrungen berichten können
● Wissenswertes über die Wohnverhältnisse in Frankreich
● Wissenswertes über die französische Geschichte

Wegweiser

Dialoge: Hören Sie sich die Dialoge oder Dialoggruppen in der unten aufgeführten Reihenfolge bei geschlossenem Buch an. Hören Sie dann jeden Dialog einzeln an, lesen Sie ihn und arbeiten Sie ihn durch. Reihenfolge: Dialoge 1 bis 4; 5 bis 7.

Lernen Sie *Wichtige Wörter und Ausdrücke.*

Machen Sie die *Übungen* auf S. 176.

Arbeiten Sie die *Grammatik* durch.

Bearbeiten Sie den Abschnitt *Lesen und Verstehen.*

Lesen Sie den Abschnitt *Wissenswertes.*

Jetzt haben Sie das Wort.

Hören Sie sich alle Dialoge noch einmal ohne Buch an.

Dialoge

1 3/28

Wie ist dein Haus?

(J = Jeanne, D = Denise)

J: Elle est comment, la maison?
D: Au rez-de-chaussée, il y a une entrée, le bureau de mon mari, deux chambres, une salle d'eau, des toilettes, des placards de rangement, et au premier étage, nous avons la cuisine, la salle de séjour, la salle de bains, trois chambres, un débarras, des toilettes.

▶ l'entrée, (f.)	der Eingang
le placard	der Wandschrank
le rangement	das Aufräumen
le débarras	der Abstellraum

une salle d'eau – ein Waschraum (wörtl. ein Wasserraum) mit Waschbecken und manchmal mit Dusche.

▶ **la salle de séjour** – das Wohnzimmer. Weitere Bezeichnungen für das Wohnzimmer: **le séjour, le salon** und **le living (-room)** (vom Englischen abgeleitet). – Eine im ersten Stock gelegene Küche ist übrigens eher atypisch für französische Verhältnisse.

Dialoge

2 3/29

Michel hat eine 4-Zimmer-Wohnung

Michel: J'ai un appartement de quatre pièces: une pièce au rez-de-chaussée, qui est mon bureau professionnel, et trois pièces au premier étage: salle de séjour et deux chambres.

| ▶ l'appartement (m.) | die Wohnung |
| professionnel (m.) | beruflich, Berufs- |

quatre pièces – vier Zimmer (neben Küche und Bad). Eine solche Wohnung wird oft als **un F4** bezeichnet. **Pièce** ist das allgemeine Wort für Zimmer, mit **une chambre** ist ein Schlafzimmer gemeint. **Une salle** allein bedeutet ein (öffentlicher) Saal, in einem Privathaus müssen Sie eine genauere Bezeichnung hinzufügen, z. B. **salle à manger, salle de bains**.

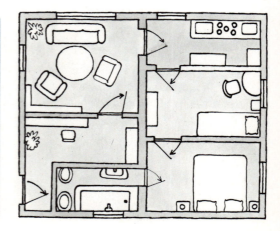

170

13 Vous habitez où?

Dialoge

3 (3/30)

Der Speicher ist zur Zeit leer

Barbara: Nous avons – euh – un petit pavillon. Nous avons un grand salon où ... une partie est salon et une partie salle à manger. Il y a une cuisine. Chacun a sa chambre et il y a aussi la chambre des invités et il y a des salles de bains ... Et nous avons aussi un grenier qui, pour le moment, est vide, parce que ... il faut le nettoyer – et une cave aussi, où on met des choses ... des conserves ... certaines choses comme ça.

le pavillon	das Häuschen, das Gartenhaus
▶ la partie	der Teil
▶ la salle à manger	das Eßzimmer
le grenier	der Speicher
vide	leer
la cave	der Keller
on met (von mettre)	man stellt (hinein)
la conserve	die Konserve
certaines (f. Pl.)	bestimmte, gewisse

chacun a sa chambre – jeder (von uns) hat sein eigenes Zimmer.

la chambre des invités – das Gästezimmer. Häufiger gebraucht ist die Bezeichnung **la chambre d'ami**.

il faut le nettoyer – wir müssen ihn sauber machen. **Le** und **la** wird oft mit der Bedeutung „ihn", „sie" oder „es" benutzt. **Le** bezieht sich auf ein vorausgehendes maskulines Wort (hier: **le grenier**), während sich **la** auf ein feminines Wort bezieht. Steht das vorausgehende Bezugswort im Plural, wird **les** verwendet, z. B. **Où sont les tickets? Il faut les garder!** – Wo sind die Fahrkarten? Man muss sie aufheben!

4 (3/31)

Wo wohnst du, Sylvie?

(J = Jeanne, S = Sylvie)

J: Où est-ce que tu habites?
S: A Paris – euh – dans le 12e – à un quart d'heure de mon travail.
J: Et tu as un appartement?
S: Un studio, au huitième étage, avec un ciel, quand il fait beau, merveilleux ...
J: Un studio, c'est quoi?
S: C'est en général une pièce simplement, mais j'ai la chance d'avoir une vraie cuisine, et pas un placard qui sert de cuisine, une salle d'eau, qui n'est pas une salle de bains parce qu'il n'y a pas de baignoire, et des toilettes.

13 Vous habitez où?

Dialoge | Dialoge

▶ le studio | das Atelier, das Wohn-, Ess- und Schlafzimmer (entspricht dem deutschen „Appartement")

le huitième | der achte
▶ merveilleux | wunderbar
la chance | das Glück
▶ vraie (f.) | wirklich
sert de (von servirde) | dient als
la baignoire | die Badewanne

> **12ᵉ = douzième** – 12. Arrondissement (Bezirk von Paris bei Vincennes)
>
> **à un quart d'heure de mon travail** – eine Viertelstunde von meinem Arbeitsplatz entfernt
>
> **avec un ciel merveilleux** – mit einem wunderbaren Himmel
>
> **c'est quoi?** – was ist das? wird nur umgangssprachlich gebraucht. Korrekter wäre **qu'est-ce que c'est?**

5 (3/32)

Ein Geschenk für Pierre-Yves

(N = Nadine, P = Pierre-Yves)

N: C'est à qui, ça?
P: A moi.
N: Qui est-ce qui a donné ça?
P: Mh – euh – euh – Fafanie.
N: C'est un cadeau?
P: Oui.
N: Stéphanie est gentille, alors?
P: Oui.
N: Tu as dit merci à Stéphanie?
P: Euh – merci.

▶ le cadeau | das Geschenk

172

13 Vous habitez où?

Dialoge

Perfekt (die vollendete Vergangenheit) mit Hilfe von **avoir** (haben) und dem Partizip Perfekt (Mittelwort der Vergangenheit) gebildet werden: **qui a donné?** – wer hat gegeben? Näheres dazu auf Seite 177.

Fafanie ist Pierre-Yves' Version des Namens Stéphanie.

tu as dit merci? – hast du dich bedankt? (wörtl. du hast danke gesagt?) Hier handelt es sich um die Perfektform des Verbs **dire** – sagen.

▶ **c'est à qui, ça?** – wem gehört das? (wörtl. wem ist das, das?)

▶ **à moi** – mir. Merken Sie sich bitte auch **c'est à moi** – das gehört mir und **c'est à vous** – das gehört Ihnen bzw. euch.

qui est-ce qui a donné ça? – Wer hat das gegeben? (wörtl. wer ist es, der das gegeben hat?) Nadine spricht mit dem kleinen Pierre-Yves in der Babysprache. Korrekt müsste es heißen: **qui est-ce qui t'a donné ça?** – wer hat dir das gegeben? Wie im Deutschen kann das

6

Direktflug nach Abidjan

Michel: Euh – j'ai quitté Caen par le train, jusqu'à Paris. A Paris, j'ai pris l'avion à Roissy-Charles de Gaulle, un vol direct sur Abidjan, capitale de la Côte d'Ivoire. A Abidjan, là, je n'ai pas pu utiliser les lignes intérieures. J'ai pris l'autocar.

j'ai quitté (von quitter)	ich habe verlassen
j'ai pris (von prendre)	ich habe genommen
la capitale	die Hauptstadt
la Côte d'Ivoire	die Elfenbeinküste
l'autocar (m.)	der Bus

13 Vous habitez où?

Dialoge

un vol direct sur Abidjan – ein Direktflug nach Abidjan. Wenn von Flugzielen die Rede ist, gebrauchen die Franzosen die Präposition **sur** – auf, während wir „nach" sagen, **je voudrais un vol direct sur Francfort** – ich möchte gern einen Direktflug nach Frankfurt.

je n'ai pas pu utiliser les lignes intérieures – ich habe die Inlandfluglinien nicht benutzen können. **Je n'ai pas pu** ist das Perfekt von **pouvoir** – können. **J'ai pu** bedeutet „ich habe gekonnt".

7

Welche Sprachen hast du gelernt?

(M = Monique, B = Bernadette)

M: Qu'est-ce que tu as commencé par faire comme langue?
B: En premier j'ai appris l'allemand – euh – à l'âge de onze ans à l'école – pas de magnétophones à l'époque! Et puis plus tard l'anglais, et puis plus tard j'ai appris aussi l'italien, mais – euh – en vivant en Italie.
M: Combien – euh – d'années as-tu habité en Italie?
B: Alors, en Italie, j'ai vécu dix ans, et là j'ai appris l'italien.

en premier	zuerst
▶ j'ai appris (von apprendre)	ich habe gelernt
▶ l'allemand (m.)	Deutsch
▶ l'italien (m.)	Italienisch

as-tu habité? (von habiter)	hast du gewohnt?
j'ai vécu (von vivre)	ich habe gelebt

qu'est-ce que tu as commencé par faire comme langue? – mit welcher Sprache hast du angefangen? (wörtl. was hast du angefangen zu machen als Sprache?)

pas de magnétophones à l'époque! – keine Tonbandgeräte zu der Zeit! **Un magnétophone à cassettes** ist ein Kassettenrecorder.

en vivant en Italie – während ich in Italien lebte.

▶ **en Italie** – in Italien. **En Allemagne** und **en France** haben Sie bereits gelernt. Merken Sie sich bitte auch **en Angleterre** – in England, **en Espagne** – in Spanien. Diese Ländernamen werden im Französischen in der femininen Form gebraucht. Bei maskulinen Ländernamen heißt es **au**, z. B. **le Canada; j'ai vécu au Canada** – ich habe in Canada gelebt.

13 Vous habitez où?

Wichtige Wörter und Ausdrücke

Ihre Wohnung

l'appartement (m.)	die Wohnung
dans la maison il y a...	in dem Haus gibt es...
quatre pièces (f.)	vier Zimmer
l'entrée (f.)	der Eingang, die Eingangshalle
le salon	das Wohnzimmer
le bureau	das Büro
la salle à manger	das Esszimmer
la salle d'eau	die Dusche
la chambre d'ami	das Gästezimmer

bereits in früheren Unités kamen vor:

le premier étage	der erste Stock
les toilettes	die Toilette
le rez-de-chaussée	das Erdgeschoss
la chambre	das Zimmer
la salle de bains	das Bad
la douche	die Dusche
la cuisine	die Küche

dans le salon il y a...	im Wohnzimmer gibt es...
un placard	einen Wandschrank
un magnétophone	ein Tonbandgerät
j'ai un studio	ich habe ein Appartement

Sprachen

j'ai appris...	ich habe gelernt...
l'allemand en Allemagne	Deutsch, in Deutschland
l'italien en Italie	Italienisch, in Italien
le français en France	Französisch, in Frankreich

Andere Wörter

la partie	der Teil
la chose	das Ding, die Sache
le cadeau	das Geschenk
vide	leer
vrai	wirklich, wahrhaft
merveilleux	wunderbar

13 Vous habitez où?

Übungen

1

Unten ist der Plan einer Wohnung abgebildet.
Schreiben Sie bitte die Bezeichnungen für die Räume hinter den entsprechenden Buchstaben. Ihren CD-Player brauchen Sie dazu nicht.

a. _____
b. _____
c. _____
d. _____
e. _____
f. _____
g. _____
h. _____
i. _____

2 3/35

Schauen Sie sich den Wohnungsplan aus *Übung 1* bitte noch einmal genau an und schalten Sie anschließend den CD-Player ein. Yves und Carole machen acht Angaben zu dieser Wohnung. Entscheiden Sie, ob diese Angaben richtig – *vrai* oder falsch – *faux* sind. Die erste Antwort haben wir bereits vorgegeben.

a. *vrai*
b. _____
c. _____
d. _____
e. _____
f. _____
g. _____
h. _____

3 3/36

Auf der CD hören Sie jetzt Marie-Odile, die etwas über ihre Wohnung erzählt. Hören Sie genau zu und versuchen Sie anschließend, die folgenden Fragen zu beantworten.

a. Lebt sie in einem Haus oder einer Wohnung?
b. Wie viele Zimmer gibt es neben Küche und Bad?
c. Wie viele Schlafzimmer gibt es?
d. Welche der folgenden Nebenräume hat sie (bitte ankreuzen):
   ☐ ein Arbeitszimmer?
   ☐ einen Speicher?
   ☐ einen Keller?
   ☐ eine Abstellkammer?

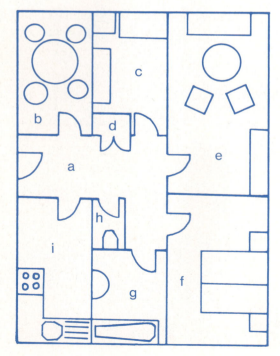

176

13 Vous habitez où?

Übungen

Grammatik

4 (3/37)

Vervollständigen Sie bitte mit Hilfe der unten aufgeführten Liste die folgenden Sätze und überprüfen Sie sie anschließend, indem Sie die Lösungen auf dem CD-Player anhören.

On travaille _____

On regarde la télévision _____

On mange _____

On prépare le dîner _____

On met les conserves _____

On prend une douche _____

On dort _____

dans la cuisine
dans la salle d'eau
dans le bureau
dans le salon
dans la chambre
dans la salle à manger
dans un placard ou dans la cave

Das Perfekt

Schauen Sie sich zunächst einmal diese beiden Beispiele aus den Dialogen an:
J'ai quitté Caen par le train.
Tu as dit merci à Stéphanie?

Diese Zeitform wird im Französischen *passé composé* („zusammengesetzte Vergangenheit") genannt. Sie ist meist aus einer Personalform von *avoir* und dem Partizip Perfekt (Mittelwort der Vergangenheit) des jeweiligen Verbs zusammengesetzt und dem Perfekt im Deutschen sehr ähnlich: *j'ai quitté* – ich habe verlassen, *tu as dit* – du hast gesagt. Im Folgenden führen wir alle Perfektformen des Verbes *quitter* (verlassen) auf:

j'ai quitté	ich habe verlassen
tu as quitté	du hast verlassen
il/elle a quitté	er/sie/es hat verlassen
nous avons quitté	wir haben verlassen
vous avez quitté	ihr habt/Sie haben verlassen
ils/elles ont quitté	sie haben verlassen

In der Verneinung wird daraus:

je n'ai pas quitté
tu n'as pas quitté
il/elle n'a pas quitté
nous n'avons pas quitté
vous n'avez pas quitté
ils/elles n'ont pas quitté

13 Vous habitez où?   177

Grammatik

Wie Sie sehen, wird das Partizip Perfekt der Verben auf -er mit Hilfe der Endung -é gebildet. Im Lautbild besteht bei diesen Verben zwischen Infinitiv und Partizip Perfekt kein Unterschied. Hier sind einige Beispiele:

Infinitiv	Perfekt
acheter (kaufen)	j'ai acheté
casser (brechen)	j'ai cassé
commencer (beginnen)	j'ai commencé
fermer (schließen)	j'ai fermé
grimper (klettern)	j'ai grimpé
manger (essen)	j'ai mangé
oublier (vergessen)	j'ai oublié
parler (sprechen)	j'ai parlé
penser (denken)	j'ai pensé
regarder (betrachten)	j'ai regardé
téléphoner (telefonieren)	j'ai téléphoné
travailler (arbeiten)	j'ai travaillé
visiter (besuchen)	j'ai visité
voyager (reisen)	j'ai voyagé

Natürlich enden nicht alle Verben auf -er, so dass Sie sich auch die gängigsten Partizipien der anderen Verben merken sollten:

Infinitiv	Perfekt
être (sein)	j'ai été
avoir (haben)	j'ai eu (wie das u in „tu" gesprochen)
faire (machen)	j'ai fait
écrire (schreiben)	j'ai écrit
dire (sagen)	j'ai dit
mettre (setzen, legen)	j'ai mis
prendre (nehmen)	j'ai pris
apprendre (lernen)	j'ai appris
comprendre (verstehen)	j'ai compris
perdre (verlieren)	j'ai perdu
voir (sehen)	j'ai vu
boire (trinken)	j'ai bu
lire (lesen)	j'ai lu
pouvoir (können)	j'ai pu
dormir (schlafen)	j'ai dormi
finir (beenden)	j'ai fini
ouvrir (öffnen)	j'ai ouvert

Aufgabe

In der folgenden Erzählung einer Frankreichreise werden viele Verben in ihrer Infinitivform angegeben. Schreiben Sie die entsprechenden Perfektformen in die Lücken.

A Pâques nous (passer) _____ huit jours à Paris. Nous (visiter) _____ _____ la Tour Eiffel, bien sûr, Notre Dame et les autres monuments importants. Nous (voir) _____ le Château de Versailles et son magnifique parc. Aux grands magasins, nous (acheter) _____ _____ des cadeaux pour nos amis et nous (admirer) _____ _____ les belles robes. Malheureusement, j' (perdre) _____ mon passeport, mais j' (finir) _____ par le trouver à l'hôtel. Nous (faire) _____ _____ la connaissance d'une famille française – ils étaient très gentils et nos enfants (jouer) _____ _____ ensemble.
Peter et Brigitte (comprendre) _____ _____ le français très vite.
Nous (écrire) _____ des cartes postales à nos amis.

Lesen und Verstehen

Lesen Sie die folgende Passage aus dem Leben von *Louis Blériot,* einem berühmten französischen Flieger. Schauen Sie sich anschließend die darunter stehenden Fragen an. Lesen Sie die Erzählung noch einmal und versuchen Sie dann, die Fragen auf Deutsch zu beantworten.

Blériot Louis (1872–1936)

Louis Blériot a été un des plus grands pilotes de l'histoire de l'aviation. Il a eu une formation d'ingénieur, et, très jeune, il a commencé à s'intéresser à la nouvelle science de l'aéronautique. En 1900, il a fabriqué un petit modèle d'avion qui a réussi à voler. Ensuite, il a construit une succession de grands avions, mais il n'a pas pu les faire voler. Puis, en 1907, il a eu un succès: son nouvel avion a volé pendant 8 minutes 24 secondes. Blériot a continué à expérimenter et à construire de nouveaux avions, et en 1909, il a construit une belle machine où il a mis le premier levier de commande. Cette année-là, le journal anglais le Daily Mail a offert mille livres sterling pour la première traversée de la Manche en avion. Le 25 juillet, l'avion de Blériot a quitté Les Baraques (à quelques kilomètres de Calais) sans carte et sans compas. Il a fait du brouillard mais Blériot a réussi à trouver Douvres. Quand il a vu le château, il a coupé le moteur pour atterrir; il a un peu cassé l'avion, mais lui-même n'a pas eu de mal. Cette première traversée de la Manche (50 km. via Margate) a duré 37 minutes.

jeune	jung
nouvelle (f.), nouveau (m.)	neu
réussi (von réussir)	gelungen
construit (von construire)	gebaut
la succession	die (Aufeinander-)folge
nouvel (m.)	neu (vor einem maskulinen Substantiv, das mit Vokal beginnt)
pendant	während
continuer à + Infinitiv	fortfahren zu
le levier de commande	der Steuerknüppel
offert (von offrir)	angeboten
la traversée	die Überquerung
la Manche	der Ärmelkanal
Douvres	Dover
atterrir	landen
coupé (von couper)	ausgeschaltet, abgeschnitten

13 Vous habitez où? 179

Lesen und Verstehen

a. Für welchen Beruf war Blériot ausgebildet? _____
b. Konnte das Modellflugzeug, das er 1900 konstruiert hat, fliegen? _____
c. Wie war es mit den großen Flugzeugen, die er zwischen 1900 und 1906 konstruierte? _____
d. Welchen Erfolg erzielte er 1907? _____
e. Was spornte ihn an, die Überquerung des Ärmelkanals zu versuchen? _____
f. Nahm er Karte und Kompass mit? _____
g. Wie war das Wetter? _____
h. Woran konnte er sich bei der Identifizierung Dovers orientieren? _____
i. Wurde sein Flugzeug bei der Landung beschädigt? _____
j. War er selbst verletzt? _____

Wissenswertes

Wohnverhältnisse

Ungefähr die Hälfte der Franzosen lebt in Mietshäusern, die früher vor allem in Paris von einem Portier oder einer Portiersfrau *(le/la concierge)* bewacht wurden. Diese ehemals für Frankreich so typische Beschäftigung wird heute, sofern die Hauseigentümer die Kosten nicht schon ganz einsparen, vorwiegend von spanischen Gastarbeitern ausgeübt. Das französische Gegenstück zu unseren Sozialwohnungen wird *une HLM (habitation à loyer modéré* – Wohnung mit mäßigem Mietpreis) genannt.

Was die Raumaufteilung betrifft, so wird, ähnlich wie bei uns, oft ein Teil des Wohnzimmers als Essecke genutzt. Wenn Sie zum Essen eingeladen sind, versuchen Sie bitte nicht, auch die Küche in Augenschein zu nehmen – falls Sie nicht ein wirklich guter Freund des Hauses sind –, die meisten Franzosen mögen das nämlich nicht. In vielen Badezimmern finden Sie statt einer Badewanne nur eine Dusche vor, dafür gehört ein Bidet fast zum Standard. Noch ein Wort zu den Schlafgelegenheiten: Sowohl in Hotels als auch in Privathäusern ist meist kein Doppelbett *(des lits jumeaux),* sondern *un grand lit* (ein „französisches Bett") vorhanden. Anstelle von Federbetten gibt es Bettlaken mit Wolldecken und anstelle eines Kissens *(un oreiller)* wird meist *un traversin* (eine Nackenrolle) gebraucht. In guten Hotels liegen jedoch im Kleiderschrank Kopfkissen für den Fall bereit, dass Sie diese bevorzugen.

◀ *Louis Blériot et son avion*

Wissenswertes

Französische Geschichte in Kürze

Frankreich wird nach dem germanischen Stamm der Franken benannt, der im 5./6. Jahrhundert in Gallien eindrang.

Pépin le Bref (Pippin der Kurze) wurde im Jahre 751 zum ersten König der Franken proklamiert.

Charlemagne (Karl der Große) war von 768 bis 814 König der Franken. Im Jahre 800 ließ er sich in Rom vom Papst zum Kaiser krönen.

Die berühmtesten Monarchen sind die Bourbonen, die von 1661 bis 1715 regierten. Am bekanntesten ist *Louis XIV* (Ludwig XIV.), der in Frankreich mit großem Pomp 54 Jahre herrschte.

Die Französische Revolution *(la Révolution française)* von 1789 bedeutet das Ende der Monarchie unter Ludwig XVI., der 1793 hingerichtet wurde.

Die Erklärung der Menschen- und Bürgerrechte wurde von der gesetzgebenden Versammlung beschlossen. Zu dieser Zeit wurde auch Frankreich in *départements* aufgeteilt. Diese Aufteilung trug zur Vereinheitlichung der französischen Staatsverwaltung und der nationalen Einigung bei.

Napoléon Bonaparte krönte sich im Jahre 1804 selbst zum Kaiser.
Er zentralisierte die Verwaltung des Landes und gab ihm ein neues Zivilrecht *(Code Civil)*. Dieses bürgerliche Gesetzbuch ist noch heute – mit einigen Änderungen – in Frankreich gültig und war für die Kodifizierung des bürgerlichen Rechts in vielen anderen Ländern Vorbild.

Zum ersten Mal wurde im Jahre 1792 in Frankreich die Republik *(la République)* ausgerufen. Der erste Präsident der fünften Republik, die seit 1958 besteht, war *Charles de Gaulle*, der 11 Jahre regierte.

13 Vous habitez où?

Wissenswertes

Jetzt haben Sie das Wort

Hier sind einige Ländernamen, die Sie vielleicht brauchen können.

l'Australie (f.)	Australien
le Canada	Canada
la Chine	China
Les Etats-Unis	die Vereinigten Staaten
l'Inde	Indien
le Japon	Japan
la Nouvelle Zélande	Neuseeland

3/38

Auf der CD wird Ihnen Paul jetzt einige Fragen stellen. Er gebraucht dabei das Perfekt. Geben Sie ihm bitte jedesmal eine verneinende Antwort, und zwar in einem vollständigen Satz, z. B. wenn er sagt *Avez-vous vu la Tour Eiffel?*, sollten Sie antworten *Non, je n'ai pas vu la Tour Eiffel.*

La carte du monde

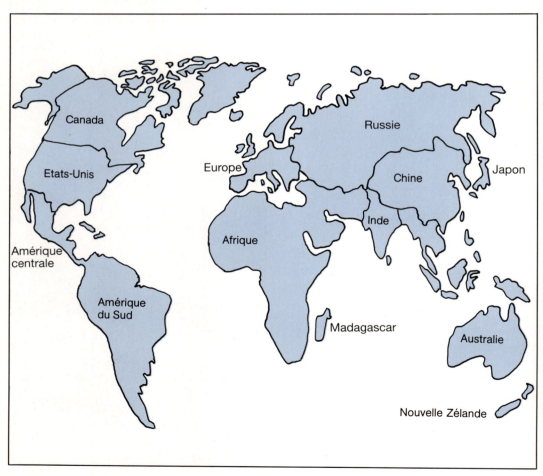

182

13 Vous habitez où?

14 Qu'est-ce que tu vas faire?

Bevor Sie anfangen

In der *Unité 13* haben Sie eine Reihe von Perfektformen kennen gelernt. Wir stellen dieser *Unité* weitere Perfektformen von wichtigen Verben voran.

j'ai cherché (chercher) – ich habe gesucht
j'ai appris (apprendre) – ich habe gelernt
vous avez choisi? (choisir) – haben Sie gewählt?
il a cru (croire) – er hat geglaubt

Rufen Sie sich auch noch einmal ins Gedächtnis zurück, wie man die Zukunft ausdrücken kann: *je vais venir demain* – ich werde morgen kommen.

Wenn Sie jeden Abend versuchen, auf Französisch zu erzählen, was Sie während des Tages getan haben, beherrschen Sie die Perfektformen bald sicher.

Sie lernen in dieser Unité

- wie Sie nach zukünftigen Handlungen und Ereignissen fragen
- wie Sie über die Zukunft sprechen
- wie Sie über das Alter sprechen
- Wissenswertes über Freizeitbeschäftigungen der Franzosen

Wegweiser

Dialoge: Hören Sie sich die Dialoge oder Dialoggruppen in der unten aufgeführten Reihenfolge bei geschlossenem Buch an. Hören Sie dann jeden Dialog einzeln an, lesen Sie ihn und arbeiten Sie ihn durch. Reihenfolge: Dialoge 1 bis 3; 4 und 5.

Lernen Sie *Wichtige Wörter und Ausdrücke*.

Machen Sie die *Übungen* auf S. 189.

Arbeiten Sie die *Grammatik* durch.

Bearbeiten Sie den Abschnitt *Lesen und Verstehen*.

Lesen Sie den Abschnitt *Wissenswertes*.

Jetzt haben Sie das Wort.

Hören Sie sich alle Dialoge noch einmal ohne Buch an.

Dialoge

1 (3/39)

Was willst du werden?

(J = Jeanne, I = Isabelle)

J: Qu'est-ce que tu espères faire dans la vie, alors?
I: J'espère devenir journaliste, faire des reportages dans les pays étrangers sur – euh – l'actualité.
J: Et qu'est-ce que tu vas faire pour devenir journaliste?
I: Je vais faire des stages – euh – dans une école – euh – à Paris.
J: Quand ça?
I: Dans un an ou deux ans, après ma licence à l'université.

le/la journaliste	der (die) Journalist(in)
▶ le pays	das Land
l'actualité (f.)	das Zeitgeschehen
le stage	der Lehrgang, das Praktikum
la licence	der Lizentiatengrad
l'université (f.)	die Universität

▶ **qu'est-ce que tu vas faire?** – was willst du machen? was wirst du tun? Die Wendung **aller** + Infinitiv kann man verwenden, um Vorgänge auszudrücken, die in der Zukunft stattfinden (vergleichen Sie im Deutschen: ich gehe Ball spielen). Beispiele für solche Verbindungen sind:

je vais manger/parler/écrire ...
tu vas manger/parler/écrire ...
il/elle va manger/parler/écrire ...
nous allons manger/parler/écrire ...
vous allez manger/parler/écrire ...
ils/elles vont manger/parler/écrire ...

2 (3/40)

Was hast du morgen vor?

Christian: Alors, demain matin, je vais me lever comme d'habitude à l'aube. Je vais – euh – faire ma toilette. Je vais aller chercher – euh – un collègue qui habite pas très loin d'ici. Je vais l'emmener à son travail avant de regagner le mien, qui se trouve – euh – dans la même ville mais à environ cinq kilomètres.

Dialoge

▶ comme d'habitude	wie gewöhnlich
l'aube (f.)	die (Morgen)dämmerung
le/la collègue	der Kollege/die Kollegin
emmener	mitnehmen
se trouve	befindet sich

▶ **je vais me lever** – ich werde aufstehen (wörtl. ich werde mich erheben). Aufstehen wird im Französischen durch ein reflexives (rückbezügliches) Verb wiedergegeben. Diese Verbgruppe wird auf Seite 193 erklärt.

▶ **je vais faire ma toilette** – ich werde mich waschen und anziehen.

▶ **je vais aller chercher** – ich werde holen. **Chercher** bedeutet normalerweise „suchen", in der Zusammensetzung mit **aller** jedoch „holen".

l'emmener – ihn mitnehmen. **L'** ist die abgekürzte Form von **le** (ihn). Vergleichen Sie bitte die Anmerkungen zu *Dialog 3, Unité 13*, Seite 171.

avant de regagner le mien – bevor ich zu meiner (Arbeit) zurückkehre. Abweichend vom Deutschen wird im Französischen **avant de** + Infinitiv gebraucht, wenn in Haupt- und Nebensatz dasselbe Subjekt gemeint ist, z. B. **j'étais à l'université avant de devenir journaliste** – ich war an der Universität, bevor ich Journalist wurde. Das substantivisch gebrauchte Possessivpronomen **le mien** bezieht sich auf **mon**

Dialoge

travail; das dazugehörige Femininum lautet **la mienne**, z. B. **vous n'avez pas votre voiture aujourd'hui? Alors prenez la mienne!** – haben Sie heute Ihr Auto nicht dabei? Dann nehmen Sie meines!

3

Christian hat eine neue Arbeitsstelle

(C = Christian, J = Jeanne)

C: A la rentrée donc – euh – je vais changer de lieu de travail. Je vais en effet – euh – passer d'un travail d'un côté de la ville à un lieu de travail de l'autre côté de la ville.

J: Et qu'est-ce que vous allez faire dans ce nouveau lieu de travail?

C: Je vais être responsable d'une – euh – maison de quartier, qui est le . . . le centre d'animation du quartier – un lieu où toutes les personnes peuvent se rencontrer pour – euh – y trouver différents services administratifs, sociaux, médicaux – pour discuter, pour – euh – boire un verre – ou se distraire.

Dialoge

le lieu de travail	der Arbeitsplatz
en effet	tatsächlich, wirklich
responsable de	verantwortlich für
le quartier	das (Stadt)viertel
différents (m. Pl.)	verschiedene
administratifs (m. Pl.)	verwaltungsmäßig
sociaux (m. Pl.)	sozial
social (m. Sg.)	
médicaux (m. Pl.)	medizinisch
médical (m. Sg.)	
discuter	diskutieren, erörtern
se distraire	sich zerstreuen

> ▶ **à la rentrée** – nach den Ferien (wörtl. bei Wiederbeginn). **La rentrée** bedeutet „die Rückkehr", „der Wiederbeginn" der Schule, der Arbeit, der Universität etc. nach den Ferien. Man spricht auch von **la grande rentrée d'automne.**
>
> **une maison de quartier** – ein Bürgerhaus. Jugendliche treffen sich im **maison des jeunes et de la culture.**
>
> **le centre d'animation** – das Freizeitzentrum. **Animation** bedeutet wörtlich „Belebung"; derjenige, der innerhalb einer Gruppe für reges Treiben sorgt, wird **animateur** genannt.
>
> ▶ **se rencontrer** – sich treffen. Es handelt sich um ein weiteres reflexives Verb, siehe Seite 193.

Dialoge

4 (3/42)

Claire ist sehr beschäftigt

Claire: Vous me demandez ce que je vais faire à Paris, quand je vais rentrer à Paris? Eh ben, qu'est-ce que je vais faire? Je vais prendre le train, pour commencer, et, arrivée chez moi, mm – j'y ai beaucoup de choses à faire, puisque mon fils va rentrer en classe. Alors je vais aller avec lui dans les grands magasins pour – euh – acheter ce qui lui manque comme vestiaire. Je vais préparer – euh – ses livres, ses cahiers – euh – ça fait déjà pas mal de choses... Et puis, personnellement, j'ai un autre problème: je dois me trouver un nouvel appartement. Alors, je vais chercher, je vais visiter, je vais grimper des étages, je vais téléphoner à des... des agences... à des agences immobilières, qui vont me convoquer, et je vais aller visiter, arpenter des rues – euh – pour comparer les appartements.

▶ vous demandez (von demander)	Sie fragen
puisque	weil, da (ja)
▶ le fils	der Sohn
préparer	vorbereiten

Dialoge

▶ le livre	das Buch
le cahier	das Heft
l'agence immobilière (f.)	das Maklerbüro
convoquer	kommen lassen, laden, einberufen
arpenter	auf und ab gehen, vermessen
comparer	vergleichen

ce que – was (wörtl. das, was) ist das Objekt von **je vais faire.**

arrivée (f.) chez moi – bei mir angekommen. Das Schriftbild würde sich ändern, wenn ein Mann dies erzählen würde: **arrivé chez moi.**

rentrer en classe – wieder zur Schule gehen (wörtl. in die Klasse zurückkehren).

avec lui – mit ihm. „Mit ihr" würde **avec elle** heißen; **avec moi** – mit mir, **avec vous** – mit euch/mit Ihnen und **avec toi** – mit dir haben Sie schon kennen gelernt.

ce qui lui manque comme vestiaire – was ihm an Kleidungsstücken fehlt (wörtl. das, was ihm als Kleidung fehlt). **Manquer** bedeutet „fehlen". Einige Beispiele für die Anwendung dieses Verbs: **l'argent me manque** – mir fehlt das Geld; **tu me manques** – du fehlst mir. Das gebräuchlichere Wort für Kleidung ist **les vêtements** (m. Pl.). **Le vestiaire** wird mehr im Sinne von „Garderobe" verwendet.

nouvel – neu. Vor einem maskulinen Substantiv, das mit einem Vokal oder stummen h beginnt, müssen Sie anstelle von **nouveau** die Formel **nouvel** gebrauchen. Andere Beispiele: **un nouvel autobus** – ein neuer Bus, **un nouvel ami** – ein neuer Freund.

5 ⓷⧸₄₃

Wie alt bist du?

(N = Nadine, P = Pierre-Yves)

N: Tu as quel âge?
P: . . .
N: Quel âge tu as?
P: . . .
N: Quel âge as-tu?
P: Deux!
N: Deux ans.
P: Deux ans.

tu as quel âge – wie alt bist du? (wörtl. du hast welches Alter?). Denken Sie bitte daran, dass Sie im Französischen das Verb **avoir** benutzen müssen, wenn Sie nach dem Alter fragen (auf keinen Fall das Verb **être**!), z. B.

▶ **quel âge avez-vous?** – wie alt sind Sie? Auch die Antwort muss mit dem Verb **avoir** gebildet werden, z. B.

▶ **j'ai soixante ans** – ich bin 60 Jahre alt. Versuchen Sie, Ihr eigenes Alter auf Französisch anzugeben.

14 Qu'est-ce que tu vas faire?

Wichtige Wörter und Ausdrücke

Das Futur

qu'est-ce que vous allez faire?	was werden Sie tun?
aujourd'hui?	heute?
demain?	morgen?
à la rentrée?	am Ende der Ferien?
je vais...	ich werde...
me lever	aufstehen
faire ma toilette	mich waschen und anziehen
aller chercher mon fils à l'école	meinen Sohn von der Schule abholen
sortir avec lui/ avec elle	mit ihm/mit ihr ausgehen
acheter un livre	ein Buch kaufen
chercher un nouvel appartement	eine neue Wohnung suchen
visiter un pays étranger	ein fremdes Land besuchen
comme d'habitude, ils vont...	wie gewöhnlich werden sie...
demander (une grande chambre)	fragen (nach einem großen Zimmer)
se rencontrer (au restaurant)	sich treffen (im Restaurant)
j'espère aller au restaurant	ich hoffe, ins Restaurant zu gehen
c'est loin?	ist das weit?

Alter

quel âge avez-vous?	wie alt sind Sie?
j'ai (soixante) ans	ich bin (60) Jahre alt

Zusatzvokabular

Wir machen Sie nun mit Bezeichnungen für verschiedene Sportarten bekannt, die meist aus dem Englischen stammen:

jouer au football	Fußball spielen
jouer au rugby	Rugby spielen
jouer au tennis	Tennis spielen
jouer au cricket	Kricket spielen
jouer au badminton	Federball spielen
jouer au ping-pong	Tischtennis spielen
jouer au basket	Basketball spielen
faire du ski	Ski fahren
faire de la natation	schwimmen, Schwimmsport betreiben
nager	schwimmen
se baigner	(sich) baden
faire du cheval/faire de l'équitation	reiten
le cyclisme	der Radsport
l'alpinisme	der Alpinismus
l'athlétisme	die Leichtathletik
la planche à voile	das Surfbrett

Übungen

Übungen

1 (3/44)

Wählen Sie in Teil B jeweils den Ausdruck aus, den Sie benötigen, um die in Teil A vorgestellten Satzanfänge zu ergänzen. Beschrieben wird eine Tagesreise an die Küste. Mit Hilfe des CD-Players können Sie anschließend überprüfen, ob Sie die Aufgabe richtig gelöst haben.

A

a. Demain, nous allons passer _____

b. Nous allons nous lever _____

c. Nous allons prendre _____

d. Nous allons boire _____

e. Nous allons arriver à Cabourg _____

f. S'il fait beau _____

g. A midi nous allons trouver _____

h. Nous espérons manger _____

i. Pendant l'après-midi, les enfants _____

j. Puis le train de retour _____

k. Arrivés chez nous _____

B

1. va partir à huit heures du soir.
2. le train de sept heures.
3. nous allons jouer sur la plage.
4. la journée à Cabourg.
5. vont se baigner dans la mer.
6. nous allons nous coucher tout de suite.
7. des fruits de mer.
8. à l'aube.
9. un restaurant.
10. vers neuf heures du matin.
11. du café dans le train.

14 Qu'est-ce que tu vas faire?

Übungen

2 (3/45)

Stellen Sie sich vor, Sie seien die Frau, deren morgendliche Tätigkeiten hier illustriert werden. Auf der CD hören Sie Fragen zu dem für morgen geplanten Tagesablauf. Sprechen Sie Ihre Antworten laut und schreiben Sie sie auch in die Lücken.

1. _____
2. _____
3. _____
4. _____
5. _____
6. _____
7. _____

14 Qu'est-ce que tu vas faire?

Übungen

3

Sie haben einen Brief von einer französischen Bekannten erhalten, die bald nach Deutschland kommen will. Wählen Sie bitte aus der unten stehenden Liste jeweils das in die Lücke passende Wort aus. Sie brauchen Ihren CD-Player dazu nicht.

```
                                        Chartres
                                        le 5 juin


             Chère Madame,
                                        beaucoup de
votre          lettre - et félicitations pour votre
français!
       Oui, nous           visiter votre pays - enfin!
Mon fils va            à l'école le 15 septembre, alors,
je dois être de retour vers le 12. Si possible, je
voudrais          en Allemagne avec lui.
(Il         douze ans. Et vos enfants, quel
âge         ?)
       Nous allons              Chartres (qui n'est pas
          de Paris) le            août,
       midi. Notre avion          partir de Roissy à 15h.
pour           une heure            à Düsseldorf.
C'est un          sur Air France.
       Puis-je vous           de nous recommander un
hôtel pas trop         !
       Quand est-ce qu'on peut se           ? Vous
n'avez pas         de venir nous chercher: nous
pouvons très bien         un train pour aller
         vous.

       Amicalement à vous,
```

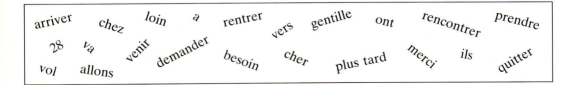

arriver chez loin à rentrer vers gentille ont rencontrer prendre
28 va venir demander besoin cher plus tard merci ils
vol allons   quitter

Grammatik

Son, sa, ses

In *Unité 9* haben Sie bereits die Possessivpronomina *notre, nos* und *votre, vos* kennen gelernt, in *Unité 11 mon, ma, mes* und *ton, ta, tes.*

Um die Possessivpronomina zu vervollständigen, fehlen noch die französischen Formen für „sein", „seine", „ihr", „ihre".

Wir geben zunächst einige Beispiele, bei denen jeweils ein „Besitzer" einen oder mehrere Gegenstände besitzt:

Il regarde son frère.
Er betrachtet seinen Bruder.
Elle regarde son frère.
Sie betrachtet ihren Bruder.

Il regarde sa sœur.
Er betrachtet seine Schwester.
Elle regarde sa sœur.
Sie betrachtet ihre Schwester.

Il regarde ses frères.
Er betrachtet seine Brüder.
Elle regarde ses frères.
Sie betrachtet ihre Brüder.

Hier wird ein Unterschied zum Deutschen deutlich: Im Französischen richtet sich das Possessivpronomen nämlich ausschließlich nach dem Substantiv, das es begleitet (dem „Besitzgegenstand") und nicht, wie im Deutschen, auch nach dem Besitzer: Ist der „Besitzgegenstand" maskulin, so lautet die korrekte Form also *son,* ist er feminin, so wird die Form *sa* gebraucht:

son manteau = sein/ihr Mantel;
sa veste = seine/ihre Jacke.

leur, leurs

Aus Gründen des Wohlklanges wird allerdings auch hier wieder die maskuline Form *son* anstelle von *sa* vor einem femininen Substantiv gebraucht, wenn dieses mit einem Vokal oder einem stummen *h* beginnt:

son amie = seine/ihre Freundin.
son huile = sein/ihr Öl

Im Plural gibt es vor maskulinen und femininen Substantiven wiederum nur eine Form, nämlich *ses*.

Handelt es sich um mehrere „Besitzer", so werden die Formen *leur* (im Singular) und *leurs* (im Plural) gebraucht.

Ils/elles cherchent leur fils.
Sie suchen ihren Sohn.
Ils/elles cherchent leur fille.
Sie suchen Ihre Tochter.
Ils/elles cherchent leur enfant.
Sie suchen ihr Kind.

Ils/elles cherchent leurs fils.
Sie suchen ihre Söhne.
Ils/elles cherchent leurs filles.
Sie suchen ihre Töchter.
Ils/elles cherchent leurs enfants.
Sie suchen ihre Kinder.

Die Franzosen sagen also *leur,* wenn sich mehrere „Besitzer" einen „Besitzgegenstand" teilen:

le bateau de Paul et de Claudine = leur bateau (ihr Schiff).

Besitzen dagegen mehrere „Besitzer" mehrere „Besitzgegenstände", so lautet die geschriebene Form *leurs;* die Aussprache ändert sich dadurch nicht:

192

14 Qu'est-ce que tu vas faire?

Grammatik

Paul a des cigarettes, Claudine aussi = leurs cigarettes (ihre Zigaretten).

Aufgabe 1

Entscheiden Sie jeweils, ob Sie *son, sa* oder *ses* in die vorgesehenen Lücken eintragen müssen.

a. Il prend _____ petit déjeuner.
b. Elle regarde _____ frère.
c. A-t-il lu tous _____ livres?
d. Elle parle avec _____ grand-mère.
e. A-t-il vu _____ lettre?
f. A-t-elle mangé _____ orange?
g. Aime-t-il _____ cadeaux?

Aufgabe 2

Schreiben Sie nun bitte *leur* oder *leurs* in die Lücken.

a. Elles aiment _____ magnétophone.
b. Elles ont oublié _____ adresse.
c. Ils commencent à faire _____ devoirs.
d. Ils ont écrit à _____ parents.
e. Ont-ils fermé _____ voiture?

Reflexive Verben

Im Französischen gibt es, wie im Deutschen, Verben, die in Verbindung mit einem Personalpronomen *(me, te, se, nous, vous, se)* auftreten. Diese Verben werden im Deutschen reflexive Verben, im Französischen *verbes pronominaux* genannt. Das Verb *se laver* – sich waschen, das im Deutschen und im Französischen reflexiv ist, wird hier als Beispiel mit seinen Präsensformen vorgestellt:

Grammatik

je me lave	ich wasche mich
tu te laves	du wäschst dich
il/elle se lave	er/sie wäscht sich
nous nous lavons	wir waschen uns
vous vous lavez	ihr wascht euch/ Sie waschen sich
ils/elles se lavent	sie waschen sich

In der Verneinung wird daraus: *je ne me lave pas* etc.

Ein reflexives Verb, das Sie sicher häufig brauchen werden, ist *s'appeler* – heißen (wörtl. sich nennen), das Sie schon in *Unité 5* kennen gelernt haben. Sie sollten in jedem Fall den Satz *comment vous appelez-vous?* – wie heißen Sie? und *je m'appelle …* – ich heiße … lernen.

Weitere häufig vorkommende Formen von reflexiven Verben sind:
asseyez-vous – setzen Sie sich
adressez-vous (au bureau «Informations») – wenden Sie sich (an das Informationsbüro)
approchez-vous – kommen Sie näher

Manchmal werden auch gewöhnliche Verben in reflexiver Form gebraucht, um eine wechselseitige Handlung auszudrücken, z. B. *nous nous regardons* – wir schauen uns an, *elles s'écrivent* – sie schreiben einander.

14 Qu'est-ce que tu vas faire?

Lesen und Verstehen   Lesen und Verstehen

Lesen Sie bitte den folgenden Brief und überprüfen Sie dann, ob Sie ihn verstanden haben, indem Sie die darunter stehenden Fragen auf Deutsch beantworten.

Lille, le 10 juillet

Ma chère Julie,

Je te remercie de ta gentille lettre. La mienne va être moins longue parce que je vais partir en vacances demain matin – il faut faire les bagages ce soir.

Nous allons passer quinze jours à Aix-en-Provence – et c'est au moment du Festival! J'ai toujours eu envie d'aller au Festival d'Aix, et maintenant – pour la première fois de ma vie – je vais y aller! Georges n'aime pas beaucoup l'opéra, mais il va m'accompagner jeudi à « Guillaume Tell » de Rossini – c'est au théâtre antique d'Arles, mais ça fait partie du Festival d'Aix. Puis vendredi il va y avoir un concert de Mozart en plein air. Samedi j'ai envie d'aller au « Requiem » de Verdi au Théâtre de l'Archevêché, mais Georges préfère aller au bar. J'ai déjà réservé des places pour le « Requiem », alors je vais y aller toute seule. C'est cher, toutes ces réservations!

Georges m'appelle: il fait ses bagages et il ne trouve pas ses chaussettes!

Je t'embrasse

Hélène

---

longue (f.) long (m.)	lang
en plein air	im Freien
je t'embrasse	herzliche Grüße
	(wörtl. ich umarme
	und küsse dich)

a. Wann fährt Hélène in Urlaub? _____

b. Was muss sie heute Abend noch tun?
_____

c. Wie lange will sie in Aix-en-Provence bleiben? _____

d. Nimmt sie zum ersten Mal an einem Festival teil? _____

e. Ist ihr Ehemann von der Oper begeistert?
_____

f. Wer hat die Oper komponiert, die sie im antiken römischen Theater von Arles sehen werden? _____

g. Wann ist das Freiluftkonzert? _____

h. Wohin will Georges am Samstagabend gehen? _____

i. Wird Hélène ihn begleiten? _____

j. Was hat Georges nicht gefunden, um es in den Koffer zu packen? _____

Wissenswertes

Freizeitbeschäftigungen

Die populärsten Mannschaftssportarten sind Fußball und Rugby. Eine weitere weit verbreitete Sportart ist der Radsport. Die *Tour de France,* die im Sommer durchgeführt wird und drei Wochen lang dauert, gilt als das Sportereignis des Jahres. Der Gewinner darf das gelbe Trikot *(le maillot jaune)* tragen und erhält hohe Preise.

Andere Freizeitbeschäftigungen, die von den Franzosen geschätzt werden, sind Angeln, Jagen, Skifahren, Segeln, Surfen und das Spiel mit *boules,* das im Süden auch *pétanque* genannt wird. Bei diesem Spiel wird zunächst *le cochonnet* (die kleine Zielkugel) geworfen und dann versucht, die anderen Kugeln möglichst nahe heranzubringen. Normalerweise sind diese *boules* aus Metall, es gibt aber auch billigere Ausführungen aus Holz oder Plastik, die sich ebenfalls für Spiele am Strand oder auf dem Campingplatz eignen.

Glücksspiele sind sehr beliebt. Viele Franzosen kaufen regelmäßig *un billet de la loterie nationale* (ein Nationallotterielos) oder *un dixième* (ein Zehntellos). Die Gewinne sind unterschiedlich, besonders hoch jedoch an bestimmten Feiertagen, z. B. an Weihnachten oder am 14. Juli. Die Gewinnnummern werden in den Zeitungen veröffentlicht, die glücklichen Gewinner bekommen die Summen jedoch nicht automatisch überwiesen, sondern müssen ihren Anspruch anmelden.

Eine weitere große Leidenschaft sind Pferdewetten *(le tiercé),* bei denen die drei erstplatzierten Pferde getippt werden müssen. An jedem Sonntagmorgen bilden sich lange Schlangen vor den Cafés und Bars mit dem Zeichen *P. M. U. (Pari Mutuel Urbain* – ein Totalisator, der in Paris und der Provinz Wettbüros hat). Die Gewinne sind höher, wenn man nicht nur die Platzierung der Pferde, sondern auch deren Einlauf getippt hat. Seit einiger Zeit kann man auch auf vier Pferde setzen *(le quarté).*

Wenn Sie sich für Festivals interessieren, haben Sie in Frankreich die Qual der Wahl (oder, wie die Franzosen sagen, *vous avez*

Wissenswertes

l'embarras du choix). Neben den Festivals in Avignon, Antibes und Royan ist eine der berühmtesten Veranstaltungen das Festival von Aix-en-Provence, eine drei Wochen dauernde „Klassikorgie", die jährlich im Juli/August stattfindet. Der Charme dieser Stadt kommt voll zur Geltung durch die Wahl der Veranstaltungsorte, die zum Teil im Freien liegen: so finden Opern- und Ballettaufführungen im Hof des alten Erzbischöflichen Palastes und Konzerte mit früher Musik im Kreuzgang der Kathedrale statt. Einige Veranstaltungen sind auch in andere Orte verlegt, beispielsweise bildet das spektakuläre römische Theater in Arles eine beliebte Kulisse. Es existiert auch ein Rahmenprogramm, das Leute, die sich weniger für klassische Musik interessieren, zufrieden stellen kann, vor allem diejenigen, die Folkloremusik *(la musique folklorique)* mögen.

Eintrittskarten sollten im Allgemeinen im Voraus gebucht werden. Wenn Sie von den hohen Preisen geschockt werden, gibt es eine attraktive und zudem kostenlose Alternative zu dem offiziellen Programm: *la musique dans la rue,* die drei Wochen vor Beginn des Festivals stattfindet. Darunter ist – ganz wörtlich – „Musik in der Straße" zu verstehen: jede Musikrichtung.

Informationen zum Programm sowie zur Buchung von Tickets erhalten Sie im Internet unter www.aix-en-provence.com/festart-lyrique.

Während der Vor-Festival- und Festivalzeit sind die Hotels meist ausgebucht und teurer als in der übrigen Zeit. Reservieren Sie also auf alle Fälle vorher ein Zimmer.

Jetzt haben Sie das Wort

1

Bei der ersten Übung sollen Sie die reflexiven Verben anwenden. Yves stellt die Fragen. Halten Sie bitte die CD an und antworten Sie in einem ganzen Satz, den Sie mit *oui …* beginnen. Carole gibt anschließend die korrekten Antworten. Hier ist ein Beispiel:
Yves: Vous vous levez à l'aube quelquefois?
Sie: Oui, je me lève à l'aube quelquefois.

2

Als nächstes sollen Sie eine Unterhaltung führen. Übernehmen Sie die Rolle einer Frau, die einen hartnäckigen Verehrer abschütteln will, der versucht zu erfahren, was Sie in nächster Zukunft vorhaben. Dominique wird Ihnen wieder vorgeben, was Sie antworten sollen, und Carole wird die korrekte Antwort wiederholen. Wenn Sie die Übung mehrmals durchgearbeitet haben, versuchen Sie bitte, die Antworten zu geben, ehe Dominique die Stichworte liefert. Sie können den CD-Player ja in dieser Zeit anhalten.

3

Zum Schluss hören Sie auf der CD einige Fragen, die Sie beantworten können, wie Sie wollen. Halten Sie den CD-Player nach jeder Frage an, damit Sie sich genügend Zeit für die Antwort nehmen können. Wenn Sie eine Frage nicht richtig verstehen, können Sie im *Begleitheft* nachsehen, dort sind sie alle abgedruckt.

15 Nous sommes arrivés

Bevor Sie anfangen

Ehe Sie in dieser letzten *Unité* Ihr Wissen bezüglich der Perfektformen noch erweitern, bitten wir Sie, die folgenden kleinen Sätze zu übersetzen.

An Ostern habe ich Paris besucht.
Ich habe den Eiffelturm gesehen.
Ich habe die Metro genommen.
Ich habe jeden Tag Französisch gesprochen.
Jeder hat mein Französisch verstanden.

Sie lernen in dieser Unité

- wie Sie über Ihren Urlaub berichten
- wie Sie Ihre Freizeitaktivitäten beschreiben können
- wie Sie einen Unfall schildern können
- wie Sie sagen, dass Sie Hunger oder Durst haben
- wie Sie sagen, dass Sie schwitzen oder frieren
- Wissenswertes über die französischen Départements in Übersee

---

Wegweiser

Dialoge: Hören Sie sich die Dialoge oder Dialoggruppen in der unten aufgeführten Reihenfolge bei geschlossenem Buch an. Hören Sie dann jeden Dialog einzeln an, lesen Sie ihn und arbeiten Sie ihn durch. Reihenfolge: Dialoge 1 bis 3; 4 und 5.

Lernen Sie *Wichtige Wörter und Ausdrücke*.

Machen Sie die *Übungen* auf S. 203.

Arbeiten Sie die *Grammatik* durch.

Bearbeiten Sie den Abschnitt *Lesen und Verstehen*.

Lesen Sie den Abschnitt *Wissenswertes*.

Jetzt haben Sie das Wort.

Hören Sie sich alle Dialoge noch einmal ohne Buch an.

Machen Sie die *Wiederholungsübungen* auf S. 218.

Dialoge

1 (3/49)

Eine Reise nach Korsika

Isabelle: Alors, je suis partie – euh – par – euh – Nice et j'ai pris le carferry jusqu'à Bastia. On est allé jusqu'à Calvi. Je suis allée à Ajaccio. J'ai visité . . . le musée Napoléon . . . j'ai vu un peu toutes les curiosités de la ville. Et puis, je suis retournée à Calvi. J'ai fait du tennis et de la natation. Le temps était très beau.

le carferry	die Autofähre
la curiosité	die Sehenswürdig-
	keit

▶ **je suis partie** – ich bin abgereist. In dieser letzten *Unité* lernen Sie eine kleine Besonderheit kennen: Einige Verben bilden das Perfekt mit **être** anstelle von **avoir**, das dazugehörige Partizip richtet sich nach dem Subjekt, z. B. **parti** (m. Sg.), **partie** (f. Sg.), **partis** (m. Pl.), **parties** (f. Pl.). Die Aussprache wird dadurch in den seltensten Fällen verändert (siehe Seite 205).

▶ **on est allé** – wir sind gegangen. Eine weitere Perfektform, die mit **être** gebildet wird.

▶ **je suis resté** – ich bin geblieben. Merken Sie sich **je suis resté à la maison** – ich bin zu Hause geblieben.

je suis retourné – ich bin zurückgekehrt.

2 (3/50)

Wie habt ihr den gestrigen Tag verbracht?

Barbara: Euh – hier – euh – nous avons un peu joué à la maison avec – euh – nos voisins. Après, – euh – nous sommes allés ensemble – euh – à la piscine. On a joué, on a nagé, on a fait des courses. Après, – euh – on est allé boire une petite boisson parce que . . . on avait soif. Et après – euh – on a essayé d'avoir un court de tennis, mais on n'a pas pu. Alors, nous avons pris nos vélos . . . nous avons fait un grand tour dans le bois . . . et . . . puis après, – euh – on est rentré à la maison.

▶ hier	gestern
le court de tennis	der Tennisplatz
▶ le vélo (auch: la bicyclette)	das Fahrrad
▶ faire un tour	einen Ausflug machen
le bois	der Wald, das Holz

on a fait des courses – wir sind um die Wette gelaufen ▶ **faire des courses** bedeutet auch „Einkäufe machen".

on avait soif – wir hatten Durst. **Il avait** ist die Imperfektform von **il a**.

▶ **j'ai faim** – ich habe Hunger und **j'ai soif** – ich habe Durst werden konstruiert wie im Deutschen; die Franzosen sagen auch **j'ai chaud** – mir ist warm und **j'ai froid** – mir ist kalt.

on est rentré à la maison – wir sind nach Hause zurückgekehrt.

15 Nous sommes arrivés

Dialoge

3 (3/51)

Mit dem Segelschiff unterwegs

Brigitte: Euh – je suis allée au Maroc en voilier. Nous sommes partis de France – euh – à la fin de juillet en bateau et nous sommes arrivés – euhm – cinq jours plus tard en Espagne. Nous sommes repartis mais nous avons dû faire escale – euh – une centaine de kilomètres plus loin, de nouveau en Espagne. Et... de là nous avons réussi à avoir des vents plus favorables et... nous sommes allés directement à Casablanca au Maroc.

le Maroc	Marokko
le voilier	das Segelschiff, das Segelboot
▶ le bateau	das Schiff
▶ une centaine de	ungefähr hundert
▶ de nouveau	noch einmal, wieder
favorables (Pl.)	günstig
directement	direkt

▶ **nous sommes arrivés** – wir sind angekommen

en Espagne – in Spanien. Die Präpositionen „in" oder „nach" in Zusammenhang mit Ländernamen werden im Französischen fast immer mit **en** wiedergegeben. Eine der wenigen Ausnahmen kommt in Zeile 1 des Dialoges vor: **au Maroc** (siehe S. 174).

▶ **nous avons dû** – wir mussten (wörtl. wir haben gemusst). Es handelt sich hier um eine Perfektform des Verbs **devoir** – müssen, schulden, verdanken.

faire escale – anlegen, einen Hafen anlaufen. **Faire escale** kann auch „anfliegen", „zwischenlanden bedeuten", wenn von einem Flugzeug die Rede ist.

15 Nous sommes arrivés

Dialoge   Dialoge

4 (3/52)

Ein Motorradunfall

(J = Jean-Claude, M = Michèle)

J: Et ton patron? Tu m'as dit qu'il a eu un accident...
M: Ah oui, en ce moment c'est la mode! Il a eu un accident de moto. Alors, il est tombé; il s'est cassé le coude, en plusieurs morceaux; on l'a conduit à l'hôpital et on l'a opéré tout de suite.
J: Et sa moto?
M: Elle est complètement cassée. Alors il a été obligé de... de prendre un taxi et d'arriver – euh – à Paris, le bras tout pendant, avant d'aller consulter. Enfin, c'était une catastrophe, quoi!

le morceau	das Stück
cassée (f.)	gebrochen
obligé de	gezwungen, verpflichtet zu
la catastrophe	die Katastrophe

tu m'as dit – du hast mir gesagt

c'est la mode! – das ist jetzt Mode!

▶ **un accident de moto** – ein Motorradunfall. Ein Autounfall ist mit **un**
▶ **accident de voiture** wiederzugeben.

▶ **il est tombé** – er ist gefallen (siehe Seite 205).

15 Nous sommes arrivés

Dialoge

▶ **il s'est cassé le coude** – er hat sich den Ellbogen gebrochen. Es handelt sich hier um eine Perfektform des reflexiven Verbes **se casser** (siehe Seite 204). Wenn Sie Pech haben, können Sie auch in die Verlegenheit kommen, sagen zu müssen **je me suis cassé le bras** – ich habe mir den Arm gebrochen oder **je me suis cassé la jambe** – ich habe mir das Bein gebrochen.

on l'a conduit à l'hôpital – man hat ihn ins Krankenhaus gebracht. Von **conduire** (führen, fahren).

on l'a opéré – man hat ihn operiert

le bras tout pendant – den Arm ganz herunterhängend

avant d'aller consulter (un médecin) – bevor er (einen Arzt) konsultierte

quoi (wörtl. was?) ist hier als Floskel an das Ende eines Ausrufes gestellt und hat keine besondere Bedeutung.

5

Ferien an der Côte d'Azur

Michèle: Alors, cet été, je suis allée en vacances sur la Côte d'Azur, chez des amis, et j'en ai profité pour visiter un petit peu la... la Côte d'Azur, qui est un des plus beaux endroits de France. Nous sommes allés à la plage évidemment presque tous les jours, mais nous avons changé de plage. Donc, nous avons visité pas mal d'endroits, et des endroits moins fréquentés que... que les grandes plages, qui sont bondées. Et puis, – euh – en ce moment il y a des modes – euh – sur la Côte d'Azur, donc, nous avons fait de la planche à voile, comme tout le monde, et nous avons joué à tous ces jeux de raquette qui ressemblent au tennis mais qui sont des tennis sous-développés. Et puis, nous avons mangé dans des petits restaurants sur la plage, des petits restaurants très simples... et – euhm – vraiment c'était très agréable.

évidemment	selbstverständlich
▶ presque	fast
bondées (f. Pl.)	überfüllt
▶ le jeu	das Spiel
la raquette	Strandtennis
sous-développés (m. Pl.)	unterentwickelt

je'n ai profité – ich habe davon profitiert, ich habe die Gelegenheit genutzt.

▶ **endroits** (m. Pl.) – Orte, Plätze. Wird häufiger als das Wort **le lieu** gebraucht.

nous avons changé de plage – wir haben den Strand gewechselt

qui ressemblent au tennis – die dem Tennis ähneln. Von **ressembler à** – ähneln, Ähnlichkeit haben mit, aussehen wie

Wichtige Wörter und Ausdrücke

hier	gestern	il a eu un accident	er hat einen Unfall gehabt
je suis resté(e) à la maison	ich bin zu Hause geblieben	avec le bateau	mit dem Schiff
je suis parti(e)	ich bin abgereist	avec le vélo	mit dem Fahrrad
nous avons dû ...	wir haben	c'était un jeu	das war ein Spiel
faire des courses	Einkäufe machen müssen	il est tombé	er ist gefallen
on est allé ...	wir sind gegangen ...	il s'est cassé (le coude)	er hat sich (den Ellbogen) gebrochen
faire un tour	einen Ausflug machen	on l'a conduit à l'hôpital	man hat ihn ins Krankenhaus gebracht
j'ai eu un ...	ich habe ... gehabt	j'ai faim	ich habe Hunger
accident de moto	einen Motorradunfall	j'ai soif	ich habe Durst
		j'ai chaud	mir ist warm
accident de voiture	einen Autounfall	j'ai froid	mir ist kalt
je me suis cassé ...	ich habe mir ... gebrochen	une centaine (de)	ungefähr 100
		presque	fast
le bras	den Arm	le morceau	das Stück
la jambe	das Bein	l'endroit	der Ort

Übungen

1 (3/54)

Hören Sie sich so oft Sie wollen die CD an, auf der Claire erzählt, wo sie in diesem Jahr ihre Ferien verbracht hat, und beantworten Sie dann folgende Fragen:

a. Warum hatte sie Glück?
_____

b. Wann ist sie in Paris abgereist?
_____

c. Wie lange blieb sie dann in Soulac?
_____

d. Mit wem ging sie in die Alpen?
_____

e. Was hat sie dort gemacht?
_____

f. Wo hat sie die Person getroffen, mit der sie spricht?
_____

Übungen

2

Nun wird Ihnen ein Unfall beschrieben. Setzen Sie in die Lücken jeweils das richtige Wort aus der unten stehenden Liste. Sie brauchen Ihren CD-Player dazu nicht.

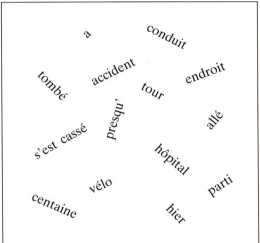

a · conduit · tombé · accident · endroit · tour · presqu' · s'est cassé · allé · hôpital · parti · centaine · vélo · hier

_____ matin, Georges est _____ vers dix heures. Il a pris son _____ et il est _____ faire un _____ dans le bois qui se trouve a une _____ de mètres de la maison. Il était dans un _____ qui n'était pas fréquenté quand il a eu un _____. Un chien est sorti du bois et Georges n'a pas pu l'éviter. Il est _____ de son vélo et il _____ le coude en plusieurs morceaux. Il avait très mal, mais il _____ dû marcher _____ un kilomètre pour rentrer à la maison. Là, on l'a _____ tout de suite à l' _____ où on l'a opéré.

15 Nous sommes arrivés

203

Übungen   Grammatik

3 (3/55)

Hören Sie bitte Yves zu, der einen Unglücks-
tag beschreibt, und antworten Sie anschließend auf die nachstehenden Fragen.

a. Was machen Yves und seine Familie
    normalerweise während der Weihnachts-
    ferien? _____

b. Wo gingen sie diesmal hin? _____
    _____

c. In welcher Stadt wohnen ihre Freunde?
    _____

d. Von welchem Tag erzählt Yves, dass er
    der große nationale Feiertag in England
    sei? _____

e. An welchem Datum begannen sie die
    Rückreise? _____

f. Wo fing es an zu schneien? _____
    _____

g. Um wie viel Uhr kamen sie in Dover an?
    _____

h. Wann fuhr das nächste Schiff ab? _____
    _____

i. Um wie viel Uhr verließ Yves morgens
    das Hotel? _____

j. Was ist dann passiert? _____
    _____

k. Wie lange ist er im Krankenhaus geblie-
    ben? _____

l. Wo hielt sich seine Familie in der Zwi-
    schenzeit auf? _____

m. Was dachten seine Freunde? _____

n. Und was denkt er? _____

Die Bildung des Perfekts mit **être**

Einige wenige Verben, vor allem solche, die
eine Bewegung oder einen Wechsel des Zu-
standes ausdrücken, bilden das Perfekt mit
être anstelle von *avoir*. Darüber hinaus bilden a l l e reflexiven Verben das Perfekt mit
être. Als Beispiel stellen wir Ihnen nun alle
Perfektformen des Verbs *aller* vor.

je suis allé(e)	ich bin gegangen
tu es allé(e)	du bist gegangen
il est allé	er ist gegangen
elle est allée	sie ist gegangen
nous sommes allé(e)s	wir sind gegangen
vous êtes allé(e)s	ihr seid/Sie sind gegangen
ils sont allés	sie sind gegangen (m.)
elles sont allées	sie sind gegangen (f.)

Die Perfektformen des reflexiven Verbes *se
réveiller* (aufwachen) können für diese Verbgruppe als Beispiel dienen:

je me suis réveillé(e)
tu t'es réveillé(e)
il s'est réveillé
elle s'est réveillée
nous nous sommes réveillé(e)s
vous vous êtes réveillé(e)s
ils se sont réveillés
elles se sont réveillées

Wie Sie sehen, wird das Partizip Perfekt in
der Verbindung mit *être* wie ein Adjektiv

204   *15 Nous sommes arrivés*

Grammatik

gehandhabt, d. h. die Endung ist feminin, wenn das Bezugswort feminin ist, und es wird mit einer Pluralendung versehen, wenn das Bezugswort im Plural steht.
So würde ein Mann für „ich bin gegangen" – *je suis allé* schreiben, während eine Frau *je suis allée* schreiben müsste. Dieser Unterschied ist jedoch nur für das Schriftbild von Bedeutung, in der Aussprache unterscheiden sich die beiden Formen meistens nicht.

Die wichtigsten Verben, die ihre Perfektformen mit *être* bilden, sind im Folgenden zusammengestellt. Sie sollten sie möglichst auswendig lernen.

aller	
je suis allé(e)	ich bin gegangen
venir	
je suis venu(e)	ich bin gekommen
arriver	
je suis arrivé(e)	ich bin angekommen
rester	
je suis resté(e)	ich bin geblieben
partir	
je suis parti(e)	ich bin abgereist
retourner	
je suis retourné(e)	ich bin zurückgekehrt
entrer	
je suis entré(e)	ich bin eingetreten
sortir	
je suis sorti(e)	ich bin weggegangen
naître	
je suis né(e)	ich bin geboren
tomber	
je suis tombé(e)	ich bin gefallen

15 Nous sommes arrivés

Aufgabe

Schreiben Sie bitte hinter die folgenden Verben die richtige Perfektform, z. B.
Il (tomber) ___il est tombé___
a. Il (arriver) ___
b. Elle (entrer) ___
c. Nous (venir) ___
d. Je (rester) ___
e. Tu (descendre) ___
f. Il (naître) ___
g. Elle (sortir) ___
h. Ils (monter) ___

Die Verben *monter* und *descendre* können, abhängig von ihrer jeweiligen Bedeutung, die Perfektformen mit *avoir* oder *être* bilden. *Monter* in Verbindung mit *être* bedeutet „hinaufsteigen", „einsteigen", z. B. *je suis monté dans le train* – ich bin in den Zug eingestiegen, während es in Verbindung mit *avoir* „hinaufbringen" bedeutet, z. B. *j'ai monté la valise* – ich habe den Koffer hinaufgebracht. Ähnlich verhält es sich mit *descendre*, das einmal „hinabsteigen" – *je suis descendu*, ein anderes Mal „herunterbringen" – *j'ai descendu la valise* bedeutet.

205

Lesen und Verstehen

Hier ist ein Auszug aus einem Touristenprospekt, der für La Roche-sur-Yon wirbt. Versuchen Sie, die darunter stehenden Fragen zu beantworten.

'La Roche Loisirs' journal en vente le premier du mois dans toutes les librairies – 1 €.

Musée Municipal: rue Clémenceau, ouvert tous les jours juillet-août 10–12h et 14–18h (entrée 2 €); gratuit hors saison mais fermé dimanche et lundi.

Théâtre restauré. Le théâtre municipal de l'époque Louis-Philippe accueille les troupes en tournée, les concerts et les réunions diverses.

Concerts dans l'ancien Palais de Justice; le Conservatoire de Musique et d'Art Dramatique offre une salle de 240 places et accueille 900 élèves. Des concerts se donnent aussi au théâtre et dans des églises.

Expositions: le musée municipal en accueille pulsieurs chaque année, mais les artistes exposent aussi, assez fréquemment, dans les Foyers de Jeunes Travailleurs et les centres socio-culturels.

Bibliothèque: l'une des plus fréquentées de France, la bibliothèque municipale (avec salles de travail) se trouve rue Lafayette mais il y a une annexe pour les jeunes au centre socio-culturel des Pyramides. L'emprunt est gratuit. Ouvert l'après-midi sauf lundi.

Marché aux Puces: deuxième dimanche matin du mois devant l'église de Bourg-sous-la-Roche.

---

les loisirs (m.)	die Freizeitgestaltung
la librairie	die Buchhandlung
hors saison	außerhalb der Saison
accueille (von accueillir)	empfängt
en tournée	auf Tournee
la réunion	die Versammlung, das Treffen
l'élève (m. und f.)	der Schüler/die Schülerin
l'exposition (f.)	die Ausstellung
chaque	jeder, jede, jedes
la bibliothèque	die Bibliothek
l'emprunt (m.)	die Ausleihe
le marché aux puces	der Flohmarkt

a. Wann erscheint der Lokalführer, der über Freizeitmöglichkeiten informiert? _____

b. Wo können Sie ihn kaufen? _____

c. Von wann bis wann ist das Städtische Museum im Juli und August in der Mittagszeit geschlossen? _____

d. Ist es im November täglich geöffnet? _____

e. Welche Veranstaltungen finden im Theater statt? _____

f. Welche anderen Räume stehen neben dem Theater und dem Konservatorium für Konzerte noch zur Verfügung? _____

g. Wo können Sie sich Ausstellungen ansehen? _____

h. Können Sie in der Bibliothek arbeiten? _____

i. Ist sie am Montagnachmittag geöffnet? _____

j. Wie viel kostet es, ein Buch auszuleihen?

Wissenswertes

Frankreich in Übersee

Zusätzlich zu den 95 *départements* der *France métropolitaine* oder kurz *métropole* (des französischen Kernlandes) zählen zum französischen Hoheitsgebiet

- 4 *départements d'outre-mer* = *D.O.M.* (Übersee-Departements): *Guyane* (Französisch-Guayana) im Norden Südamerikas, die Karibikinseln *Martinique* und *Guadeloupe* sowie die Insel *La Réunion* im Indischen Ozean östlich von Madagaskar;
- 2 *collectivités territoriales*: *Mayotte* (Insel zwischen Mosambik und Madagaskar) und *Saint-Pierre-et-Miquelon* (kleine Insel vor Neufundland);
- 4 *territoires d'outre-mer* = *T.O.M.* (Übersee-Territorien): *Nouvelle-Calédonie* (Neu-Kaledonien), *Polynésie Française* (Französisch-Polynesien), *Wallis et Futuna* (Inselgruppe im Pazifik nordöstlich von Fiji) und *Terres Australes et Antarctiques Françaises* (Französische Gebiete in der Antarktis).

Diese Überseegebiete sind nicht etwa Kolonien, sondern Teil des Mutterlandes: Die Einwohner sind bei französischen Wahlen wahlberechtigt und entsenden ihre eigenen Parlamentsvertreter nach Paris. Erziehungssystem, Lehrpläne und Schulbücher entsprechen den Vorschriften in der *métropole*.

15 Nous sommes arrivés

Wissenswertes

Jetzt haben Sie das Wort

Martinique, bekannt als Blumeninsel, ist der Geburtsort von Josephine, der ersten Frau Napoleons. Guadeloupe besteht aus zwei Inseln – Grande-Terre und Basse-Terre –, die von tropischem Regenwald bedeckt sind und wegen ihrer herrlichen Sandstrände bekannt sind. Die Muttersprache der meisten Inselbewohner ist Kreolisch, eine Mischung aus Französisch und den Eingeborenensprachen.

Cayenne, die Hauptstadt von Französisch-Guayana, ist berühmt wegen des Pfeffers, der hier angebaut wird, und berüchtigt wegen des Gefängnisses, in dem früher französische Häftlinge, die zu Zwangsarbeit verurteilt worden waren, ihre Strafe verbüßten.

Aus diesen Überseegebieten werden tropische Erzeugnisse wie Zucker, Bananen, Kakao und Rum in die *métropole* exportiert. Im Gegenzug werden diese tropischen Paradiese mit französischen Produkten versorgt, so dass man dort beispielsweise einen *camembert* zum gleichen Preis wie in Frankreich kaufen kann.

15 Nous sommes arrivés

Jetzt haben Sie das Wort

1 (3/56)

Zuerst haben Sie Gelegenheit, das Perfekt mit *avoir* und *être* zu üben. Auf der CD wird Carole Ihnen einige Fragen über Dinge stellen, die Sie mit Hilfe der von Dominique gegebenen Stichworte beantworten sollen.

Beispiele:
a. Etes-vous venu à Munich l'année dernière?
   D: Oui...
a. Oui, je suis venu à Munich l'année dernière.
b. A quelle heure avez-vous joué au tennis?
   D: A dix heures...
b. J'ai joué au tennis à dix heures.

Yves wird jeweils nach Ihnen die korrekte Antwort geben.

Jetzt haben Sie das Wort

2 (3/57)

Bei der nächsten Aufnahme spielt Carole die Rolle einer Ärztin. Yves ist einer ihrer Patienten. Hören Sie sich die Unterhaltung drei- oder viermal an und konzentrieren Sie sich vor allem auf das, was Yves sagt. Spielen Sie dann den Dialog noch einmal ab und versuchen Sie, Yves' Rolle mitzusprechen.
Hören Sie sich alle Dialoge noch einmal an; überprüfen Sie, ob Sie die Wendungen im Abschnitt *Wichtige Wörter und Ausdrücke* beherrschen. Stellen Sie fest, ob Ihnen die Vergangenheitsformen der Verben bekannt sind.

Wiederholung (3/58) – (3/60)

Arbeiten Sie jetzt den Wiederholungsabschnitt zu den *Unités 13* bis *15* durch. Die CD-Übungen dazu schließen sich unmittelbar an *Unité 15* an.

Sie verfügen nun über gute Grundkenntnisse des Französischen. Wenn Sie mit frankophonen Sprechern zusammentreffen, werden Sie feststellen, dass Sie sich schon recht gut verständigen können. Nehmen Sie möglichst jede Gelegenheit wahr, Französisch zu sprechen oder zu lesen, damit ihre Kenntnisse nicht verloren gehen, sondern sich durch die Praxis immer mehr verbessern.
Bon courage!

15 Nous sommes arrivés

Wiederholung

Wiederholung

Unités 1–3

Um den Lernstoff nicht nur kurzfristig zu behalten, muss man viel wiederholen. Ehe Sie mit der *Unité 4* fortfahren, schlagen wir Ihnen deshalb vor, alle Dialoge der bisher erarbeiteten *Unités* noch einmal anzuhören. Halten Sie die CD nach jedem Satz an und sprechen Sie ihn laut nach. Lesen Sie bitte danach den Abschnitt *Grammatik* in den drei *Unités* noch einmal durch und überprüfen Sie schließlich noch, ob Sie das Vokabular sicher beherrschen, das jeweils unter *Wichtige Wörter und Ausdrücke* aufgeführt ist.

– _____

_____

_____

_____

– _____

_____

– _____

_____

– _____

1

In dieser Übung wollen Pierre und Christine in einer *brasserie* eine Kleinigkeit essen. Während Pierre sich nach etwas Herzhaftem sehnt, möchte seine Freundin lieber ein Eis essen. Bringen Sie die folgenden Sätze in die richtige Reihenfolge und vermerken Sie am Anfang jeder Äußerung, wer spricht (Christine, Pierre oder der Kellner).

– Euh... une glace, une glace antillaise.
– Oui, tout de suite. Qu'est-ce que vous prenez?
– Une galette au jambon et une glace antillaise. Merci.
– Je prends une galette au jambon. Et toi?
– Alors, une galette au jambon et une glace antillaise.
– Monsieur, s'il vous plaît!

– _____

2

Das folgende Kreuzworträtsel soll Ihnen ebenfalls helfen, Ihre Kenntnisse zu überprüfen:

210

Wiederholung Wiederholung

Horizontalement – Waagrecht

1 365 jours (2)
5 Une _____ aux œufs et au jambon, s'il vous plaît. (7)
7 Vous êtes _____, Monsieur? Moi, je ne sais pas. (3)
8 Non, je ne suis pas français, je suis _____. (8)
9 Je travaille _____ Paris. (1)
10 Nous avons _____ chocolat. (2)
11 Non, nous n'avons pas de pizzas, _____ nous avons des sandwichs. (4)
14 Une grande _____ de cidre, s'il vous plaît. (9)
17 Un sandwich _____ gruyère, s'il vous plaît. (2)
18 Vous _____ prenez pas de café? (2)
20 Un thé au _____, s'il vous plaît. (6)
21 C'est <u>le</u> ou <u>la</u> vodka? (2)

Verticalement – Senkrecht
(Neues Vokabular: le contraire – das Gegenteil)

1 Nous sommes mariés depuis 15 _____. (3)
2 C'est <u>le</u> ou <u>la</u> pression? (2)
3 Du café, du thé et _____ la bière. (2)
4 C'est <u>le</u> ou <u>la</u> sandwich? (2)
5 Le contraire de petit. (5)
6 Un emploi. (7)
12 Non, je n'ai pas de frères, mais j'ai deux _____. (6)
13 C'est <u>le</u> ou <u>la</u> lait? (2)
14 Le thé sucré, c'est _____, maman! (3)
15 Vous êtes avec un groupe ou vous êtes _____ seule? (5)
16 C'est <u>le</u> ou <u>la</u> pizza? (2)
18 Le contraire de <u>oui?</u> (3)

19 Vous êtes _____ vacances? (2)
20 «Je suis secrétaire.» «Où _____?» (2)

3 ⓵/38 – ⓵/39

Führen Sie nun die *Wiederholungsübungen* durch, die auf der CD unmittelbar auf die Übungen der *Unité 3* folgen. Zu der ersten Übung ist keine Lösung ausgearbeitet, weil die Antworten ganz individuell gegeben werden müssen, die Lösungen für die zweite Übung folgen auf der CD jeweils nach einer kurzen Pause.

Unités 4–6

Sie haben jetzt schon einiges gelernt und können sich in bestimmten Situationen in Frankreich bereits zurechtfinden. In diesem Abschnitt können Sie Ihr Wissen wieder überprüfen und durch *Wiederholungsübungen* festigen.

1

Lesen Sie die folgende Beschreibung einer Stadtbesichtigung (es handelt sich um die Stadt Caen) und versuchen Sie, den Weg auf dem Stadtplan zu verfolgen. Im Text haben wir die Sehenswürdigkeiten, an denen Sie vorbeikommen, durchnummeriert. Im Stadtplan sind Kästchen vorgesehen, in die Sie die entsprechenden Nummern eintragen können. Die Formen *vous prenez* (Sie nehmen) und *vous allez* (Sie gehen) kennen Sie schon.

Wiederholung   Wiederholung

Wenn es hier im Text einfach *prenez* oder *allez* heißt, so handelt es sich um den Imperativ (die Befehlsform): „nehmen Sie" bzw. „gehen Sie".

Le Syndicat d'Initiative (1) est à la place Saint-Pierre en face de l'église gothique Saint-Pierre (2). A cent mètres, dans la rue de Geôle, c'est la maison „Quatrans" (3). Prenez la rue Saint-Pierre. Là, sur votre droite, vous avez Saint-Sauveur (4), église à deux nefs, l'une de style gothique, l'autre de style Renaissance. Après l'église, vous tournez à droite et vous prenez ensuite la deuxième à gauche pour atteindre la place Saint-Sauveur et l'église Saint-Sauveur-du-Marché (5). A la place Fontette vous prenez l'avenue Albert Sorel et puis vous tournez tout de suite à droite. Vous allez voir l'Hôtel de Ville

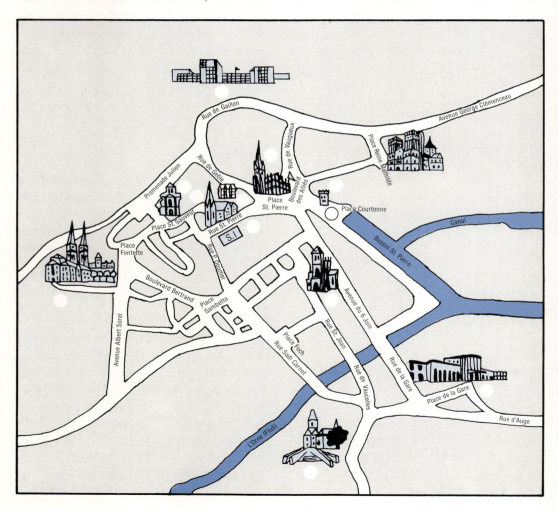

Wiederholung

(6), installé dans l'Abbaye-aux-Hommes, fondée par Guillaume le Conquérant en 1066, reconstruite au XVIIIe siècle. Après vous prenez le boulevard Bertrand jusqu'à la place Gambetta. Là vous tournez à gauche, puis vous allez tout droit. Prenez la quatriè-me à droite – c'est la rue Saint-Jean, avec l'église Saint-Jean sur la gauche (7). Continu-ez la rue Saint-Jean et traversez le pont de l'Orne pour atteindre l'église Saint-Michel-de-Vaucelles (8). Revenez vers le centre par la rue d'Auge, la rue de la gare – à votre droite, c'est la gare (9) – et l'avenue du 6 juin. Prenez à droite le boulevard des Alliés. Au passage vous allez remarquer la tour Guillau-me (10). Vous arrivez place Courtonne (11), près du bassin Saint-Pierre, une des extrémi-tés du port. Retournez, prenez la rue du Vaugueux, puis l'avenue Georges Clémen-ceau et gagnez alors l'Abbaye-aux-Dames, fondée par la reine Mathilde au XIe siècle. Retournez maintenant et montez la rue du Gaillon jusqu'à l'université (12), fondée en 1432, détruite en 1944, reconstruite et inau-gurée le 1er juin 1957. Pour revenir place Saint-Pierre, redescendez par la rue de Gail-lon et la rue de Geôle.

gothique	gotisch
la nef	das Kirchenschiff
atteindre	erreichen
voir	sehen
l'hôtel de ville (m.)	das Rathaus
installé(e)	installiert, einge-richtet
l'abbaye (f.)	die Abtei
fondé(e)	gegründet
Guillaume le Con-quérant	Wilhelm der Er-oberer
reconstruit(e)	wiederaufgebaut
au passage	im Vorübergehen
remarquer	bemerken
l'extrémité (f.)	der Außenbezirk
le port	der Hafen
la reine	die Königin
l'université (f.)	die Universität
détruit(e)	zerstört
inauguré(e)	eingeweiht
redescendre	wieder hinabgehen

2

Lösen Sie nun das Kreuzworträtsel. Die Wörter, die Sie einsetzen sollen, finden Sie hier in ungeordneter Reihenfolge.

> juin – neuf – saint – ici – lundi – mètres – la – église – il – soixante – un – autobus – non – samedi – août – ça – le – pense – silence – en – père – il – change – glace – plaît – première – ma – cidre – février – allez – enfant – il – après – dans – douche – janvier – se – retard – ne – en – entendu – semaine – chats – merci – est – jeudi – si – la – on – et

Horizontalement – Waagrecht

1 Moyen de transport. (7)
6 Numéro entre huit et dix. (4)
8 On mange le dessert _____ la viande. (5)
9 Le mois des roses. (4)
10 «Un homme _____ une femme» (film) (2)
12 Premier mois de l'année. (7)
13 17h45, _____ fait 5h45. (2)

Wiederholung

15 Est-ce que c'est le ou la chambre? (2)
18 On peut dormir _____ le train. (4)
19 Premier jour de travail. (5)
20 Où nous sommes. (3)
21 On va _____ vacances. (2)
24 Le cinéma est à 500 _____ de la Tour Eiffel. (6)
25 La catégorie de luxe. (8)
29 Bonne comme dessert. (5)
32 Après le sport il faut prendre une _____. (6)
35 Le mari de la mère. (4)
36 Combien de minutes y a-t-il dans une heure? (8)
37 Non adulte. (6)
39 Est-ce que c'est le ou la rue? (2)
41 On va à l' _____ le dimanche. (6)
43 Où peut- _____ changer des chèques de voyage? (2)
44 L'église _____ -Pierre. (5)
45 Est-ce que c'est le ou la train? (2)

Verticalement – Senkrecht

1 Un mois des grandes vacances. (4)
2 _____, deux, trois. (2)
3 Sept jours. (7)
4 Jour libre. (6)
5 Au revoir et _____. (5)
7 Mois avant mars. (7)
9 Deux jours après mardi. (5)
11 S' _____ vous plaît. (2)
14 D'accord. (7)
16 Je vais vous _____. (5)
17 Il ne faut pas parler. (7)
22 Elle _____ prend pas le menu. (2)
23 Où _____ trouve ta banque? (2)
26 Ah, _____ banque? (2)
27 Avec des crêpes, il faut boire du _____. (5)

28 S'il vous _____. (5)
30 Un bureau de _____. (6)
31 Vous avez une heure de _____ au départ de l'avion. (6)
33 Ils font miaou. (5)
34 Il _____ midi. (3)
35 Crois. (5)
38 Vous êtes français? (3)
40 Normalement, _____ général. (2)
42 Quelle heure est- _____? (2)

3

Führen Sie nun die *Wiederholungsübungen* auf der CD durch. Sie beginnen nach der letzten Übung des Abschnitts *Jetzt haben Sie das Wort* in Unité 6.

Wiederholung

Unités 7–9

1

Beantworten Sie bitte zuerst die über der Informationstafel stehenden Fragen.

a. Welchem Zeichen würden Sie folgen, wenn Sie eine automatische Gepäckaufbewahrung suchten? _____

b. Wie lautet die französische Bezeichnung für „Fundgegenstände"? _____
c. An welchem Bahnsteig stehen die Telefonkabinen? _____
d. An welchem Ausgang befindet sich das Reservierungsbüro? _____
e. Durch welche Ausgänge kommt man zu den Bushaltestellen? _____
f. An welchem Ausgang befindet sich der Fahrkartenschalter? _____

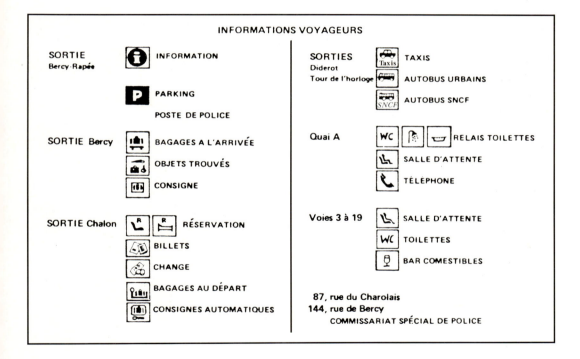

2 (2/45)

Führen Sie nun die *Wiederholungsübung* auf der CD durch, die unmittelbar auf die *Unité 9* folgt. Die Szene spielt in einem Bekleidungsgeschäft.

3

a. Wenn Sie dann den Abschnitt *Wichtige Wörter und Ausdrücke,* das Zusatzvokabular und die Grammatik der *Unités 7–9* wiederholt haben, versuchen Sie, einen eigenen

Wiederholung

Dialog zu erstellen, in welchem Sie den Verkäufer nach möglichst vielen Lebensmitteln fragen. Vergessen Sie dabei bitte nicht, die gewünschten Mengen anzugeben. Am besten kontrollieren Sie den Dialog, indem Sie ihn auf eine leere Kassette sprechen.

b. Sehen Sie sich nun bitte die Kleidungsstücke an, die Sie tragen, und äußern Sie sich zu der Farbe, z. B. *mon pantalon est gris, ma chemise est verte* etc.

4

In der nächsten Übung planen Sie eine Reise. Schreiben Sie die Sätze auf, mit denen Sie nach der Fahrkarte und den Abfahrtszeiten fragen. Wir haben für Sie schon einige Kleidungsstücke aufgeschrieben, die Sie in Ihren Koffer packen können, und möchten Sie bitten, die in Klammern angegebenen Adjektive jeweils an der richtigen Stelle (vor bzw. nach dem Substantiv) einzutragen und entsprechend zu verändern, wenn das dazugehörige Substantiv ein Femininum ist oder im Plural steht.

1. Je prends une _____ valise _____ (grand).

2. Je mets la _____ robe _____ (beau), la _____ blouse _____ (blanc), la _____ jupe _____ (bleu) et la _____ ceinture _____ (rouge).

3. Je prends aussi le _____ sac _____ (petit), le _____ chandail _____ (neuf), le _____ pantalon _____ (noir) et les _____ chaussures _____ (gris).

Wiederholung

Unités 10–12

1

Lösen Sie zunächst das Kreuzworträtsel, indem Sie die im nachstehenden Kästchen zusammengefassten Wörter benutzen.

> évite – chemin – en – clé – née – nage – surtout – là – pas mal de – te – horreur – éclaircies – gens – un – province – toi – un – pain – glace – mes – trente – ensemble – ne – vent – adore – menus – s'il – plus – en – a – supérieure – la – était – étage – pâtisserie – proche – hein – se – ai – hein – sec – été – est – tire – là.

Horizontalement – Waagrecht

3 Dessert préféré des enfants. (5)

7 Beaucoup de (3, 3, 2)

9 Je suis _____ à Paris. (3)

10 Tarte. (10)

14 Je vais _____ dire la météo de la France. (2)

15 Je vais téléphoner à _____ parents, parce que mon père est malade. (3)

16 Je déteste: j'ai _____ de. (7)

17 Moi, j'adore le salé; _____ tu préfères le sucré. (3)

18 Le contraire de moins: _____ (4)

19 Au mois de mars, il fait du _____. (4)

20 Pour ouvrir une porte, on pousse ou on _____. (4)

22 ½ + ½ = _____. (2)

25 Saison où le soleil brille. (3)

26 Si on désire le calme, on _____ les plages trop fréquentées. (5)

27 _____ de fer – pour les trains. (6)

Wiederholung

31 On _____ dans une piscine. (4)
34 _____ y en a, j'en prends un. (1, 2)
36 Le soleil brille – mais pas toute la journée. (10)
37 Des vaches? Oui, il y _____ beaucoup dans les champs. (2, 1)

Verticalement – Senkrecht

1 und 2 Oh! _____, _____! Phrase typiquement française! (2, 2)
3 Personnes. (4)
4 Aime passionément, aime beaucoup (5)
5 En général: dans l' _____. (8)
6 Cartes à prix fixe dans un restaurant. (5)
7 Près. (6)
8 Plus élevée. (10)
11 Combien de minutes y a-t-il dans une demi-heure? (6)
12 En particulier. (7)
13 Tout le monde _____ musicien. (5)

18 Les provinciaux habitent en _____. (8)
21 Le vin peut être _____ ou doux. (3)
23 Personne _____ me comprend! (2)
24 Mon appartement est au 2e _____. (5)
25 Il _____ reste un. (2)
28 Quoi? (4)
29 Baguette. (4)
30 Pour fermer la porte. (3)
32 Avoir: j' _____. (2)
33 Le contraire d'ouest. (3)
34 Où _____ trouve ta banque? (2)
35 Est-ce que c'est le ou la plage? (2)

2

Füllen Sie bitte die Lücken in der folgenden Übung:

1. Où est mon assiette, maman? _____ assiette est sur la table.
2. Est-ce que tu aimes ma cuisine? Oui, j'aime beaucoup _____ cuisine.
3. C'est votre chambre, Monsieur? Non, ce n'est pas _____ chambre, j'ai le numéro 12.
4. Est-ce que c'est votre clé, Madame? Oui, c'est _____ clé.
5. Où sont vos manteaux, Messieurs-dames? _____ manteaux sont dans _____ valises.
6. Est-ce que tu pars avec _____ amie? Non, je ne pars pas avec elle, _____ amie veut aller en vacances en Espagne.

3 (3/26 – 3/27)

Machen Sie nun die Übungen, die sich auf der CD unmittelbar nach der *Unité 12* anschließen.

Wiederholung   Wiederholung

Unités 13–15

1

Schauen Sie sich die folgenden Immobilien- und Stellenanzeigen genau an. Sie sollen sie mit den entsprechenden Situationen in Verbindung bringen. Tragen Sie im Kästchen ein, welche Annonce in der jeweils beschriebenen Situation interessant ist.

1 Sie möchten eine Wohnung mit großer Terrasse kaufen und legen Wert auf einen Keller und eine Garage. ☐

2 Sie sind Ingenieur und suchen eine Stelle in Frankreich. ☐

3 Sie suchen eine schön gelegene 3–4 Zimmerwohnung im Zentrum einer südfranzösischen Stadt. ☐

4 Sie interessieren sich für den Kauf eines Appartements und einer 5 Zimmerwohnung in einer attraktiven Wohnlage. ☐

5 Sie denken an einen Urlaub mit Halbpension in einem Ferienzentrum in den Alpen. ☐

6 Sie möchten ein sonniges Appartement in Paris kaufen, das nicht mehr als 150.000 € kosten soll. ☐

7 Sie möchten im September eine Woche an der Côte d'Azur verbringen. Das Appartement soll zentral, aber trotzdem ruhig und nicht weit vom Meer entfernt liegen. ☐

8 Sie wollen in Südfrankreich Urlaub machen und suchen im Juli eine Ferienwohnung mit Schwimmbad, nicht zu weit vom Meer entfernt. ☐

9 Sie suchen eine Stelle in einem Freizeitzentrum. ☐

10 Sie möchten eine Altbauwohnung in Paris kaufen. Es sollte ein Bad vorhanden sein. ☐

---

a. Près Montpellier, à louer juillet, grand F3 (2 chambres, grand séjour, cuisine, s. de bns), dans villa, piscine, jardin, 10 km de la mer. 1.200 €
Téléphone: 04-67-79-38-35.

b. Juan-les-Pins, studio, centre, calme, plage 300 m, à louer par semaine, juin à septembre.
Téléphone: 04-93-95-02-41.

c. HAUTES-ALPES, centre de vacances, dans maison associative du parc du QUEYRAS. ● en 1/2 pens., 60 €/jour. 04-92-45-70-82 ou (1) 339-37-45.

d. (3° arrdt)
MARAIS, 41, rue Bretagne, studio 25 m², cuisine, bains, w.-c., 3 fenêtres, soleil. 145.000 €. Voir 13h-15h ou 01-45-20-13-57.

e.
NIMES (Gard)
Centre ville
dans un parc, très beaux appartements plein sud.
Du studio au 4 pièces.
Rens: 04-66-62-14-18.

f.
L'ÉTABLISSEMENT TECHNIQUE D'ANGERS
recherche pour son centre d'essais
1 INGÉNIEUR ÉLECTROMÉCANICIEN
pour diriger une plate-forme d'essais de composants électriques.
– Expérience souhaitée.
– Nationalité française.
– Lieu de trav.: E.T.A.S.
Adress. lettre manuscr., C.V., photo et prétent. à:
M. LE DIRECTEUR de l'Etablissement Technique d'Angers route de Laval 49460 MONTREUIL-JUIGNE.

218

Wiederholung   Wiederholung

g. VILLE DE LA BANLIEUE SUD
(+ 40.000 habitants)
Cherche

ANIMATEUR (TRICE)

de 1ᵉʳᵉ classe pour direction adjointe du Centre de loisirs municipal, coordination centres primaires et maternelles.

Le candidat sera recruté par mutation ou bien devra être titulaire des diplômes nécessaires pour passer le concours d'attaché, option animation (CAPASE-DEFA).

Ecr. s/n° 8.417 le Monde Pub., service ANNONCES CLASSÉES, 5, rue des Italiens, 75009 Paris.

h. Près rue Ordener, bel immeuble ancien, 2 p., entrée, cuisine, w.-c., s. de bns, 149.000 €.
Immo. Marcadet
01-42-52-01-82.

i.
> ### 94
> ### Val-de-Marne

Je vends mon appartement 100 m² + terrasse, 76 m², Est, 6ᵉ et dernier étage, cave et garage. Bords de Marne. Maisons-Alfort. Px 560.000 €. Tél. 01-48-93-27-16, heures bur.

j. ### L'HAY-LES-ROSES

15, ruelle de la
Cosarde,

RÉSIDENCE
DU PARC
DE LA ROSERAIE

Du studio au 5 pièces
Bureau de vente
3, rue Jean-Jaurès.
Tous les jours sauf mardi, mercredi de 14 à 19 heures, samedi, dimanche 11–13 h., 14–19 h. Tél.: 01-46-65-72-93.

2

Nun wollen wir einige Verben wiederholen.
Tragen Sie in die Lücken die fehlenden Verbformen ein:

Demain/morgen	*Aujourd'hui/heute*	*Hier/gestern*
z. B.		
je vais visiter	je visite	j'ai visité
_____	vous jouez	_____
		nous avons vu
tu vas manger	_____	_____
		elle a préparé
elle va monter	_____	_____
	tu descends	_____
_____	tu tombes	_____
	il écrit	_____
	ils sortent	_____
elle va venir	_____	_____
_____	il a	_____

Wiederholung

Wiederholung   Wiederholung

3 (3/58) – (3/59)

Zum Schluss führen Sie bitte noch die Übungen auf der CD durch.

Das folgende Gedicht stammt von Jacques Prévert, einem der bekanntesten modernen französischen Dichter. Sie finden auf der CD eine Aufnahme. Versuchen Sie, das Gedicht auswendig zu lernen; Sie können dabei gleichzeitig überprüfen, ob Sie die darin vorkommenden Vergangenheitsformen beherrschen.

Déjeuner du Matin

(3/60)

Il a mis le café
Dans la tasse
Il a mis le lait
Dans la tasse de café
Il a mis le sucre
Dans le café au lait
Avec la petite cuiller
Il a tourné
Il a bu le café au lait
Et il a reposé la tasse
Sans me parler
Il a allumé
Une cigarette
Il a fait des ronds
Avec la fumée
Il a mis les cendres
Dans le cendrier
Sans me parler

Sans me regarder
Il s'est levé
Il a mis
Son chapeau sur sa tête
Il a mis
Son manteau de pluie
Parce qu'il pleuvait
Et il est parti
Sous la pluie
Sans une parole
Sans me regarder
Et moi j'ai pris
Ma tête dans ma main
Et j'ai pleuré.

Jacques Prévert *Paroles*
© Éditions Gallimard

reposé	zurückgestellt	le cendrier	der Aschenbecher
allumé	angezündet	la pluie	Regen
des ronds	Rauchringe	il pleuvait	es regnete
la fumée	der Rauch	une parole	ein Wort
les cendres	die Asche	pleuré	geweint

220

Wortschatz

Wortschatzverzeichnis

Beachten Sie bitte: *chacun(e)* bedeutet jeder, jede und wird im Wortschatzverzeichnis mit jede(r) wiedergegeben – siehe auch *dernier(-ière)* – letzte(r) etc.

A

à in, nach, an, um
accident (m.) Unfall
accueillir empfangen
acheter kaufen
actualité (f.) Nachricht
addition (f.) Rechnung, Addition
administratif(ive) Verwaltungs-...
adorer gern haben, anbeten
adresse (f.) Adresse
adressez-vous à wenden Sie sich an
adulte (m. und f.) Erwachsener
aéronautique (f.) Luftfahrt
afficher (öffentlich) anschlagen
âge (m.) Alter
troisième âge Seniorenalter
âgé(e) alt
agence immobilière (f.) Immobilienbüro
agneau (m.) Lamm
agréable angenehm, hübsch

agréer annehmen, billigen
aimer gern haben, lieben
air (m.) Luft
ajouter hinzufügen
Albanie (f.) Albanien
alcool (m.) Alkohol
alimentation (f.) Nahrung, Ernährung
allemand(e) deutsch
Allemagne (f.) Deutschland
aller gehen
aller et retour (m.) Hin- und Rückfahrkarte
aller simple (m.) einfache Fahrt
allô hallo
allumette (f.) Streichholz
alors dann
alors que während
aloyau (m.) Lende
américain(e) amerikanisch, Amerikaner
Amérique (f.) Amerika
ami (m.) Freund
amie (f.) Freundin

amicalement freundschaftlich
s'amuser sich vergnügen
an (m.) Jahr
ananas (m.) Ananas
ancien(ne) ehemalig, alt
andouillette (f.) Würstchen aus Innereien
anglais(e) englisch
animal (m.) Tier
animateur (m.) Animateur, Spielleiter
animation (f.) reges Treiben
anniversaire (m.) Geburtstag
anonyme anonym
août (m.) August
apéritif (m.) Aperitif
appartement (m.) Wohnung
appeler rufen, nennen
s'appeler heißen
je m'appelle ich heiße
appellation contrôlée (f.) geprüfte Herkunftsbezeichnung

appétit (m.) Appetit
bon appétit guten Appetit
apprendre lernen
approcher näher rücken
approchez-vous kommen Sie näher
après nach
après-midi (m.) Nachmittag
argent (m.) Geld
arpenter vermessen, auf- und abgehen
arrhes (f. Pl.) Anzahlung
arrière hinten
arrivée (f.) Ankunft
arriver ankommen
arrondissement (m.) Bezirk
artichaut (m.) Artischocke
artiste (m. und f.) Künstler(in)
aspirine (f.) Aspirin
asseyez-vous setzen Sie sich
assez genug
assiette (f.) Teller
attendre warten
atterrir landen
aube (f.) Morgengrauen

Wortschatz

221

Wortschatz

auberge (f.) Herberge, Gasthaus
aujourd'hui heute
au revoir auf Wiedersehen
aussi auch
autobus (m.) Bus
  en autobus im Bus
autocar (m.) (Überland)bus
automatique automatisch
automne (m.) Herbst
autre andere(r)
autrement anders, sonst
Autriche (f.) Österreich
autrichien(ne) österreichisch
à l'avance im Voraus
à qui wem
avant (de) vor, (bevor)
avec mit
avenue (f.) breite Straße
averse (f.) Regenschauer
avion (m.) Flugzeug
avis (m.) Meinung, Ansicht
  à mon avis meiner Ansicht nach
avoir haben
avril (m.) April

B

badminton (m.) Federball
bagages (m. Pl.) Gepäck
baguette (f.) Stock, dünnes, langes Weißbrot
se baigner (sich baden)
ballon (m.) Ball, bauchiges Glas
banane (f.) Banane
banlieue (f.) Vorort
banque (f.) Bank
bar (m.) Bar
bas(se) niedrig, unterer
basket (m.) Basketball
bateau (m.) Schiff
bazar m. Bazar
beau (belle) schön
beaucoup viel
beige beige
Belgique (f.) Belgien
belle siehe *beau*
ben (umgangssprachlich) also
besoin (m.) Bedürfnis, Erfordernis
beurre (m.) Butter
bibliothèque (f.) Bibliothek
bicyclette (f.) Fahrrad

bien gut
  bien cuit durchgebraten
  bien sûr sicherlich, natürlich
bière (f.) Bier
bifteck (m.) Beefsteak
billet (m.) Fahrkarte, Eintrittskarte
blanc(he) weiß
bleu(e) blau
bœuf (m.) Rind, Ochse
bol (m.) Trinkschale
boire trinken
bois (m.) Holz, Wäldchen
boisson (f.) Getränk
boîte (f.) Schachtel
bon(ne) gut
bondé(e) überfüllt
bonjour guten Tag
bonne siehe *bon*
bonsoir guten Abend
bordeaux Bordeauxwein, bordeauxfarben
botte (f.) Bund, Bündel, Strauß
boucher (m.) Metzger
boucherie (f.) Metzgerei
bouger bewegen
bouillabaisse (f.) Fischsuppe

boulanger (m.) Bäcker
boulangerie (f.) Bäckerei
boulevard (m.) breite (Ring)straße
bout (m.) Ende
bouteille (f.) Flasche
boutique (f.) Boutique, kleines Geschäft
bras (m.) Arm
brasserie (f.) Biergaststätte
bref (brève) kurz
briller scheinen
britannique britisch
brushing (m.) Fönwelle
brouillard (m.) Nebel
Bulgarie (f.) Bulgarien
bungalow (m.) Bungalow, Ferienhaus
bureau (m.) Büro, Schreibtisch
bus (m.) Bus

C

ça das
  ça va? wie geht's?
  ça va es geht (ganz) gut
cabine (f.) Kabine

Wortschatz

cabinet de toilette (m.) Waschraum
cadeau (m.) Geschenk
café (m.) Café, Kaffee
  café au lait (m.) Milchkaffee
  café-crème (m.) Kaffee mit Sahne
  café-liégois (m.) Eiskaffee
cahier (m.) Heft
calmar (m.) Tintenfisch
calme ruhig
camembert (m.) Camembertkäse
camping (m.) Camping
capitale (f.) Hauptstadt
car denn
carafe (f.) Karaffe
car-ferry (m.) Autofähre
carnet (m.) Block, 10 Metrokarten
carotte (f.) Karotte
carrefour (m.) Kreuzung
carte (f.) Karte
  carte d'identité (f.) Personalausweis
  carte postale (f.) Postkarte

carte des vins (f.) Weinkarte
  à la carte nach der Karte
casser brechen, zerbrechen
cassis (m.) schwarze Johannisbeere
cassoulet (m.) Eintopf mit Bohnen und Fleisch
catastrophe (f.) Katastrophe
cathédrale (f.) Kathedrale, Dom
catégorie (f.) Kategorie
cave (f.) Keller
ce, cet, cette dieser, diese, dieses
cela das (Pronomen)
célibataire ledig
celui-là, celle-là jener, jene
cent hundert
centaine (f.) ungefähr hundert
centre (m.) Zentrum
  centre d'animation (m.) Freizeitzentrum
  centre-ville (m.) Stadtzentrum
cependant jedoch
cerise (f.) Kirsche
certain(e) gewisse(r)
ces (Pl. von ce, cet, cette) diese

c'est das ist
cet, cette siehe *ce*
chacun(e) jede(r)
chambre (f.) Zimmer
  chambre d'ami (f.) Gästezimmer
  chambre des invités (f.) Gästezimmer
champ (m.) Feld
chance (f.) Glück
change (m.) Tausch, Wechsel
  bureau de change (m.) Wechselstube
changement (m.) Änderung, Wechsel, Wandlung
changer (um)tauschen, (aus)wechseln
chaque jede(r)
charcuterie (f.) Wurst- und Delikatessengeschäft
château (m.) Schloss
chaud(e) heiß
  avoir les mains chaudes warme Hände haben
chaussette (f.) Socken
chaussure (f.) Schuhe
chemin (m.) Weg

chemin de fer (m.) Eisenbahn
chemise (f.) Hemd
chèque de voyage (m.) Reisescheck
cher (chère) teuer, lieb
chercher suchen
  aller chercher holen
  venir chercher abholen
cheval (m.) Pferd
  faire du cheval reiten
chevalin(e) Pferde-
chewing-gum (m.) Kaugummi
chez bei
  chez moi bei mir (zu Hause)
chien (m.) Hund
chipolata (f.) Schweinswürstchen
chocolat (m.) Schokolade
choisir wählen
choix (m.) Wahl
chose (f.) Sache, Ding
chou (m.) Kohl
chou-fleur (m.) Blumenkohl
choucroute (f.) Sauerkraut
chrysanthème (m.) Chrysantheme

Wortschatz

cidre (m.) Apfelwein
ciel (m.) Himmel
cinéma (m.) Kino
cinq fünf
citron (m.) Zitrone
classe (f.) Klasse
  classe économique (f.) Economy-Klasse
clé (f.) Schlüssel
client(e) (m. und f.) Kunde (Kundin)
climat (m.) Klima
cœur (m.) Herz
coiffeur (m.) Friseur
coiffeuse (f.) Friseuse
collant (m.) Strumpfhose
collègue (m. u. f.) Kollege (Kollegin)
combien wie viel
commander bestellen
comme (ebenso) wie
  comme ça wie das
  comme d'habitude wie gewöhnlich
commencer beginnen
comment wie
commerçant (m.) Händler
communication (f.) Mitteilung, Nachricht, Verbindung

comparer vergleichen
compartiment (m.) Abteil
compas (m.) Kompass
complet (ète) vollständig
complètement völlig, ganz, komplett
composter entwerten, lochen
comprendre verstehen
comprimé (m.) Tablette
compris enthalten, verstanden
comptable (m.) Buchhalter
compter zählen
concert (m.) Konzert
concierge (m. und f.) Pförtner(in)
concombre (m.) Gurke
conduire fahren, leiten, führen
confiance (f.) Vertrauen
confirmer bestätigen
connaissance (f.) Bekanntschaft, Kenntnis
connaître kennen
conserve (f.) Konserve

consigne (f.) Gepäckaufbewahrung
consistant(e) nahrhaft, dickflüssig
construire erbauen
consulter um Rat fragen, konsultieren
contenant enthaltend
contenu (m.) Inhalt
continuer fortfahren
contraire (m.) Gegenteil
contre gegen
  par contre dagegen
convoquer einberufen
correspondance (f.) Anschluss, Korrespondenz
côte (f.) Rippe
  côte de porc Schweinekotelett
côté (m.) Seite
  à côté de neben
  du côté de in der Nähe von
couchette (f.) Liegewagenplatz
coude (m.) Ellbogen
couleur (f.) Farbe
coupe (f.) Schnitt
courage (m.) Mut
course (f.) Lauf, Rennen
  faire ses courses Einkäufe tätigen

court de tennis (m.) Tennisplatz
couscous (m.) Kuskus (arab. Gericht)
couteau (m.) Messer
couvert (m.) Gedeck, Besteck
couverture (f.) Decke
cravate (f.) Krawatte
crayon (m.) Bleistift
crème (f.) Sahne, Creme
crêpe (f.) dünner Pfannkuchen
crêperie (f.) Pfannkuchenstand, Crêpe-Lokal
criquet (m.) Kricket
croire glauben
croissant (m.) Hörnchen
croque-madame (m.) Schinken-Käse-Toast mit Ei
croque-monsieur (m.) Schinken-Käse-Toast
crustacés (m. Pl.) Krustentiere
cuiller (f.) Löffel
cuisine (f.) Küche
curiosité (f.) Sehenswürdigkeit

Wortschatz

D

d'abord zuerst
d'accord einverstanden
dame (f.) Dame
Danemark (m.) Dänemark
dangereux (-euse) gefährlich
dans in
de von, über
débarras (m.) Abstellraum
début (m.) Beginn
décembre (m.) Dezember
décision (f.) Entscheidung
défense de . . .
. . . verboten
déjeuner zu Mittag essen, frühstücken
petit déjeuner (m.) Frühstück
demain morgen
demander fragen, bitten
demi(e) halb
demi-kilo (m.) ein halbes Kilo
dent (f.) Zahn
dentiste (m. und f.) Zahnarzt (Zahnärztin)
départ (m.) Abreise
département (m.) Departement

dépendre de abhängen von
dépliant (m.) Faltprospekt
depuis seit
je suis marié(e) depuis 36 ans ich bin seit 36 Jahren verheiratet
déranger stören
dernier(-ière) letzte(r)
derrière hinter
des (chiens) (Hunde)
descendre hinuntergehen, herunterholen
descente (f.) Abstieg, Gefälle
désirer wünschen
dessert (m.) Nachtisch, Dessert
détester verabscheuen
deux zwei
deuxième zweite(r)
devant vor (örtlich)
devenir werden
devoir schulden, müssen, verdanken
diarrhée (f.) Durchfall
diabolo-menthe (m.) Limonade mit Pfefferminzsirup
différent(e) verschieden

difficile schwierig
dimanche (m.) Sonntag
dire sagen
direct(e) direkt, gerade
directement geradewegs, direkt
direction (f.) Richtung
se diriger vers auf etwas zugehen
discothèque (f.) Diskothek
discuter diskutieren
distingué (e) vornehm, distinguiert
distraction (f.) Zerstreuung
se distraire sich amüsieren
dix zehn
doit, ça doit siehe *devoir*
donc also
donner geben
dormir schlafen
dos (m.) Rücken
douche (f.) Dusche
doute (m.) Zweifel
sans doute zweifellos, wahrscheinlich
Douvres Dover
doux (douce) süß
douze zwölf
drap (m.) Bettuch

droit(e) gerade
tout droit geradeaus
droite (f.) rechte Seite
à droite rechts
durer dauern

E

eau (f.) Wasser
éclaircie (f.) Aufheiterung
école (f.) Schule
écolier (m.) Schüler
écossais(e) schottisch
Ecosse (f.) Schottland
écrire schreiben
en effet tatsächlich
également auch
église (f.) Kirche
élève (m. u. f.) Schüler(in)
élever erheben, errichten, emporheben, großziehen, erziehen
emblème (m.) Emblem, Wahrzeichen
emmener mitnehmen
emploi (m.) Stelle, Job

Wortschatz

225

Wortschatz

employé(e) angestellt, Angestellte(r)
emporter mitnehmen
emprunt (m.) Anleihe, Darlehen
en in, davon
  en face de gegenüber
encolure (f.) Ausschnitt, Kragenweite
encore noch
endroit (m.) Platz, Ort
enfant (m. und f.) Kind
enfin endlich, schließlich
enlever wegnehmen, entfernen
enseigne (f.) Schild
enseignement (m.) Unterricht
ensemble zusammen
  dans l'ensemble im Großen und Ganzen
ensoleillé(e) sonnig
ensuite dann, anschließend
entendu abgemacht, geht in Ordnung
entre zwischen
entrecôte (f.) Rippenstück

entrée (f.) Eintritt, Auftritt, Eingang, Diele, Vorspeise
envie (f.) Lust
  avoir envie de Lust haben zu
environ ungefähr
envoyer schicken, senden
épicerie (f.) Lebensmittelgeschäft
époque (f.) Zeitalter, Epoche
équitation (f.) Reitsport
escale (f.) Anlegeplatz, Landeplatz
  faire escale à anlegen, landen
escargot (m.) Schnecke
Espagne (f.) Spanien
espagnol (e) spanisch
espérer hoffen
essayer versuchen
essence (f.) Benzin
est (m.) Osten
est-ce que (leitet eine Frage ein)
et und
établissement (m.) Einrichtung, Institut
étage (m.) Etage, Stockwerk
j'étais ich war

été (m.) Sommer
(j'ai) été (ich bin) gewesen
étranger (-ère) ausländisch, fremd,
étranger(ère) (m. u. f.) Ausländer(in)
  à l'étranger im Ausland
être sein
évidemment offensichtlich, selbstverständlich
éviter vermeiden
exactement genau
excuser entschuldigen
  excusez-moi verzeihen Sie bitte
expérimenter experimentieren
exposer ausstellen
exposition (f.) Ausstellung

F

fabriquer herstellen
face (f.) Gesicht
  en face de gegenüber
facile leicht
façon (f.) Art, Weise
facteur (m.) Briefträger
faim (f.) Hunger

avoir faim Hunger haben
faire tun, machen
famille (f.) Familie
falloir müssen, sollen
  il faut man muss, es ist nötig
faux (fausse) falsch
favorable günstig
félicitations (f.) herzliche Glückwünsche
femme (f.) Frau
férié, jour férié (m.) Feiertag
ferme (f.) Bauernhof
ferme fest
fermé(e) geschlossen
fermer schließen
fête (f.) Fest
février (m.) Februar
ficelle (f.) Schnur, dünnes, langes Weißbrot
fil (m.) Faden
filet (m.) Filet
fille (f.) Tochter, Mädchen
fils (m.) Sohn
fin (f.) Ende
finir beenden
fleur (f.) Blume
fleuriste (m. u. f.) Blumenhändler(in)

Wortschatz

flocon (m.) Flocke
fois (f.) Mal
  une fois einmal
  à la fois zugleich
folie (f.) Verrückt-
  heit, Wahnsinn
foncé(e) dunkel
  (Farbe)
fonctionnaire (m.
  und f.) Beamter
  (Beamtin)
fond (m.) Boden,
  Tiefe
formation (f.) Bil-
  dung, Ausbildung
fort(e) stark
fort (Adverb) sehr
fouet (m.) Schnee-
  besen, Peitsche
foulard (m.) Schal
fourchette (f.) Gabel
foyer (m.) (Wohn)-
  heim, Haushalt
fraise (f.) Erdbeere
franc (m.) Franc
français(e) franzö-
  sisch
fréquemment häufig
fréquenté(e) gut be-
  sucht, frequentiert
frère (m.) Bruder
fricassée (f.) Fri-
  kassee
frit(e) gebacken, ge-
  braten
  frites (f. Pl.) Ab-
  kürz. für „pommes
  frites"

froid(e) kalt
  j'ai froid mir ist
  kalt
fromage (m.) Käse
fruit (m.) Frucht
  fruits de mer (m.
  Pl.) Meeresfrüchte
fumer rauchen
fumeurs (m. Pl.)
  Raucher(abteil)
  non fumeurs (m.
  Pl.) Nichtraucher-
  (abteil)

G

gagner gewinnen
galette (f.) Pfannku-
  chen, aus Buchwei-
  zenmehl
gallois(e) walisisch
garage (m.) Garage
garçon (m.) Junge,
  Kellner
gare (f.) Bahnhof
  gare routière (f.)
  Busbahnhof
  gare SNCF (f.)
  Bahnhof der frz.
  Eisenbahn
garni(e) garniert,
  mit Beilagen
gauche linke Seite
  à gauche links
gazeux (-euse) mit
  Kohlensäure

en général im All-
  gemeinen
gens (m. Pl.) Leute
gentil(le) nett
glace (f.) Eis
  glace antillaise Eis
  mit Rumfrüchten
gorge (f.) Hals
gramme (m.)
  Gramm
grand(e) groß
grandir wachsen
gratuit(e) gratis, um-
  sonst
Grèce (f.) Griechen-
  land
grenier (m.) Spei-
  cher
grillé(e) gegrillt
grimper (hinauf)-
  klettern
gris(e) grau
gros(se) dick, fett
groupe (m.) Gruppe
gruyère (m.) Grey-
  erzerkäse, Schwei-
  zerkäse
guichet (m.)
  Schalter
guide (m.) Führer
gymnastique (f.)
  Gymnastik,
  Turnen

H

habiter wohnen
habitude (f.) Ge-
  wohnheit
  **comme d'habitu-
  de** wie gewöhnlich
hamburger (m.)
  Hamburger
haut(e) hoch
hein (fam.) wie bit-
  te, was
hélas leider
herbe (f.) Gras,
  Kraut
heure (f.) Stunde,
  (Uhr)zeit
  quelle heure est-il
  wie viel Uhr ist es
heureux (-euse)
  glücklich
hier gestern
histoire (f.) Ge-
  schichte
historique historisch
hiver (m.) Winter
HLM Sozialwoh-
  nung
Hollande (f.) Hol-
  land
homme (m.) Mann,
  Mensch
  homme d'affaires
  (m.) Geschäfts-
  mann
homard (m.)
  Hummer
Hongrie (f.) Ungarn

Wortschatz

hôpital (m.) Krankenhaus, Hospital
horaire (m.) Stundenplan, Zeittafel, Zeitplan
horreur (f.) Abscheu
j'ai horreur de ich kann nicht ausstehen
hors außerhalb
hot dog (m.) Hot Dog
hôtel (m.) Hotel
hôtel de ville (m.) Rathaus
hôtelier (m.) Hotelbesitzer
hôtesse (f.) Empfangsdame
huile (f.) Öl
huit acht
huitième achte(r)
huître (f.) Auster
hygiène (f.) Hygiene
hypermarché (m.) Einkaufszentrum

I

ici hier
idéal(e) ideal
île (f.) Insel
importance (f.) Bedeutung, Größe
important(e) wichtig
inférieur(e) unterer, niedrig

informations (f. Pl.) Informationen, Nachrichten
ingénieur (m.) Ingenieur
interdit(e) verboten
intéressant(e) interessant, vorteilhaft
s'intéresser à sich interessieren für
intérieur(e) innere(r)
international(e) international
Irlande (f.) Irland
Italie (f.) Italien
italien(ne) italienisch

J

jambe (f.) Bein
jambon (m.) Schinken
janvier (m.) Januar
jaune gelb
je ich
jeu (m.) Spiel
jeudi (m.) Donnerstag
jeune jung
jouer spielen
jour (m.) Tag
jour de l'an (m.) Neujahrstag
journal (m.) Zeitung

journaliste (m. und f.) Journalist(in)
journée (f.) Tag, Tagesablauf
juillet (m.) Juli
juin (m.) Juni
jupe (f.) Rock
jupon (m.) Unterrock
jus (m.) Saft
jusqu'à bis (zu)
juste richtig, genau

K

kilo(gramme) (m.) Kilo

L

la die
là da, dort
laisser lassen
lait (m.) Milch
lait-fraise (m.) Erdbeermilch
langouste (f.) Languste
langue (f.) Zunge, Sprache
lasagne (f. Pl.) Lasagne
laver waschen
se laver sich waschen
le der

légume (m.) Gemüse
les die, sie (Pl.)
lettre (f.) Brief
leur ihnen, ihr(e)
lever heben
se lever aufstehen
librairie (f.) Buchhandlung
libre frei
libre service (m.) Selbstbedienung
licence (f.) akademischer Grad
lieu (m.) Platz, Ort
ligne (f.) Linie
limonade (f.) Limonade
lire lesen
living (m.) Wohnzimmer
livraison (f.) Lieferung
livre (f.) Pfund
livre (m.) Buch
loin weit
loisirs (m. Pl.) Freizeitbeschäftigungen
Londres London
loyer (m.) Miete
lui er, ihm
lui-même er selbst, ihm selbst
lundi (m.) Montag
lycée (m.) Gymnasium

Wortschatz

M

ma siehe *mon*
machine (f.) Maschine
Madame Frau, meine Dame
Mademoiselle Fräulein, mein Fräulein
magasin (m.) Geschäft
magnétophone (m.) Tonbandgerät
mai (m.) Mai
maigrir dünner werden, abmagern
maillot de bain (m.) Badeanzug
maintenant jetzt
mais aber
maison (f.) Haus
  maison de quartier (f.) Bürgerhaus
  tarte maison (f.) selbstgebackener Kuchen
mal schlecht
  avoir mal Schmerzen haben
  mal de tête (m.) Kopfschmerz
malade krank
maman Mama
Manche (f.) Ärmelkanal
manger essen
manquer fehlen

cela me manque das fehlt mir
manteau (m.) Mantel
marché (m.) Markt
  Marché Commun (m.) Gemeinsamer Markt
  marché aux puces (m.) Flohmarkt
mardi (m.) Dienstag
mari (m.) Ehemann
marié(e) verheiratet
marine, bleu(e) marine marineblau
marinière in Zwiebelsud gekocht
Maroc (m.) Marokko
marron (kastanien)braun
mars (m.) März
matin (m.) Morgen
me mich, mir
médecin (m.) Arzt
médical(e) medizinisch, ärztlich
médicament (m.) Medikament
meilleur(e) besser
mélange (m.) Mischung
mélanger mischen
melon (m.) Melone
même selbst
menu (m.) Menü
mer (f.) Meer
merci danke

mercredi (m.) Mittwoch
mère (f.) Mutter
mériter verdienen
merveilleux(-euse) wunderbar
mes meine
Messieur-dames meine Damen und Herren
mesure (f.) Messung, Maßnahme
météo (f.) Wettervorhersage
métier (m.) Beruf
mètre (m.) Meter
métro (m.) Metro, Untergrundbahn
métropole (f.) Mutterland, Metropole
mettre legen, stellen
  se mettre sich begeben, sich setzen
micro(phone) (m.) Mikro(phon)
midi (m.) Mittag(szeit), Süden
mien(ne) meinige(r)
migraine (f.) Migräne
milieu (m.) Mitte, Milieu
mille tausend
minéral(e) Mineral-
minuit (m.) Mitternacht
minute (f.) Minute

mise en plis (f.) Wasserwelle
mode (f.) Mode
modèle (m.) Modell
moi ich (betont), mich, mir
moins weniger
moins . . . que weniger . . . als
mois (m.) Monat
moment (m.) Moment
mon, ma, mes mein, meine
monnaie (f.) Geld(stück), Kleingeld
Monsieur Herr, mein Herr
monter (hinauf)steigen, hinauftragen
monument (m.) Denkmal
morceau (m.) Stück
moteur (m.) Motor
moto (f.) Motorrad
moule (f.) Muschel
mourir sterben
mousse (f.) Schaum, Cremespeise
moutarde (f.) Senf
moyen (m.) Mittel
moyen(ne) mittlerer
  moyen âge (m.) Mittelalter
  moyenâgeux (-euse) mittelalterlich
Munich München

Wortschatz

municipal(e) städtisch
mûr(e) reif
musée (m.) Museum
musicien(ne) musikalisch
musique (f.) Musik

N

nager schwimmen
naître geboren werden
natal(e) Geburts-
nation (f.) Nation
national(e) National-
nationalité (f.) Nationalität
nature (f.) Natur
né(e) geboren
neige (f.) Schnee
neiger schneien
ne ... pas nicht
nettoyer reinigen
neuf neun
neuf (neuve) neu
niveau (m.) Niveau, Stand
Noël (m.) Weihnachten
noir(e) schwarz
nom (m.) Name
nombre (m.) Zahl, Anzahl
non nein

non-fumeurs Nichtraucher(abteil etc.)
nord (m.) Norden
normalement normalerweise
Norvège (f.) Norwegen
notre, nos unser, unsere
nourriture (f.) Nahrung
nouveau (-elle) neu
    de nouveau wieder, nochmals
novembre (m.) November
nuage (m.) Wolke
nuageux (-euse) wolkig, bedeckt
nuit (f.) Nacht
numéro (m.) Nummer, Zahl

O

objets trouvés (m. Pl.) Fundgegenstände
obliger de verpflichten zu
s'occuper de sich kümmern um
octobre (m.) Oktober
œil (m.) Auge
œuf (m.) Ei
offert(e) angeboten

office (m.) Dienst, Amt
offrir anbieten
oiseau (m.) Vogel
omelette (f.) Omelett
on man (auch: ich, wir)
onze elf
opérer operieren
orange (f.) Orange
ordinaire gewöhnlich, üblich
oreille (f.) Ohr
ou oder
    ou bien oder
    ou ... ou entweder ... oder
où wo
oublier vergessen
ouest (m.) Westen
oui ja
outre-mer Übersee
ouvert(e) geöffnet
ouverture (f.) (Er)öffnung
ouvrir öffnen

P

paella (f.) Paëlla
pain (m.) Brot
palais de justice (m.) Justizpalast
pamplemousse (m.) Grapefruit

panaché (m.) Bier mit Limonade gemischt
pantalon (m.) Hose
papiers (m. Pl.) Papiere
Pâques (m.) Ostern
paquet (m.) Paket
par durch, über
par exemple zum Beispiel
    par ici hier lang
parc (m.) Park
parce que weil
pardon Verzeihung
parent (m.) Verwandter
    parents (m. Pl.) Eltern
parfait(e) perfekt
parfumerie (f.) Parfumerie
Parisien(ne) (m. und f.) Pariser(in)
parking (m.) Parkplatz
parler sprechen
partie (f.) (Bestand)teil, Partie
partir aufbrechen, abreisen
pas (mit ne verbunden) nicht
    pas du tout überhaupt nicht
    pas mal de nicht wenig

230

Wortschatz

passage (m.) Durch-
gang
passeport (m.) Pass
passer verbringen
passionnément be-
geistert, leiden-
schaftlich
pastèque (f.) Was-
sermelone
pastille (f.) Pastille
pâté (m.) Pastete
  pâté de campagne
  Landpastete
pâtisserie (f.) Kondi-
torei
patron (m.) Chef
pavillon (m.) Pa-
villon
payer bezahlen
pays (m.) Land
  Pays de Galles
  Wales
péage (m.) Maut-
stelle
pendant während
pendant (von pen-
dre) hängend
penser denken
pension (f.) Pension
perdre verlieren
père (m.) Vater
personne (f.) Person
  personne (+ ne)
  niemand

petit(e) klein
  petit déjeuner
  (m.) Frühstück
  un petit peu ein
  ganz klein wenig
pétrole (m.) Erdöl
P et T Postamt
un peu ein wenig
  un petit peu ein
  ganz klein wenig
à peu près ungefähr
peut-être vielleicht
il peut siehe *pouvoir*
je peux siehe *pou-
voir*
pharmacie (f.) Apo-
theke
pharmacien(ne) (m.
und f.) Apothe-
ker(in)
pièce (f.) Stück,
Zimmer
  5 F la pièce
  5 Francs
  das Stück
  à la pièce stück-
weise, einzeln
pied (m.) Fuß
piéton (m.) Fuß-
gänger
pilote (m.) Pilot
ping-pong (m.)
Tischtennis
piscine (f.)
Schwimmbad
pizza (f.) Pizza
pizzeria (f.) Pizzeria

placard (m.) Wand-
schrank, Einbau-
schrank
place (f.) Platz, Sitz
plage (f.) Strand
planche à voile (f.)
Surfbrett
plan de la ville (m.)
Stadtplan
plat (m.) Gericht
plateau (m.) Ta-
blett, Steige,
Hochebene
plein(e) voll
  **le plein, s'il vous
  plaît** volltanken,
  bitte
il pleut es regnet
plombier (m.)
Klempner
plus mehr
  plus ... que mehr
  ... als
  en plus außerdem,
  dazu
plusieurs mehrere
pluvieux (-euse) reg-
nerisch
pneu (m.) Reifen
à point medium
  (beim Steak)
poire (f.) Birne
pois, petits pois (m.
Pl.) Erbsen
poisson (m.) Fisch
poivre (m.) Pfeffer
Pologne (f.) Polen

pomme (f.) Apfel
  pomme de terre
  (f.) Kartoffel
  pommes frites (f.
  Pl.) Pommes frites
pompe de gonflage
  (f.) Luftpumpe
pompiste (m.) Tank-
wart, Mechaniker
pont (m.) Brücke
porc (m.) Schwein
portail (m.) Portal
porte (f.) Tür
porter tragen
possible möglich
poste (f.) Postamt
poulet (m.) Hühn-
chen
pour für
  pour cent Prozent
pourquoi warum
pousser stoßen,
drücken, schieben
pouvoir können
pratique praktisch
précieux (-euse)
kostbar
préférence (f.) Vor-
zug, Vorliebe
préférer bevorzugen
premier (-ière) er-
ste(r)
prendre nehmen
prénom (m.) Vor-
name
préparer vorbe-
reiten

Wortschatz

231

Wortschatz

près nahe
  près de nahe bei
presque fast
pressé(e) in Eile
  citron pressé (m.)
  frischer Zitronen-
  saft
pression (f.) Druck
  bière pression (f.)
  Bier vom Fass
prévu(e) vorgesehen
prier beten, bitten
prière de Sie werden
  gebeten
printemps (m.)
  Frühling
prise de courant (f.)
  Steckdose
prix (m.) Preis
problème (m.) Pro-
  blem
prochain(e) näch-
  ste(r)
proche nahe
professeur (m.)
  Lehrer
profession (f.) Beruf
professionnel(le) be-
  ruflich, Berufs-
profiter de ausnut-
  zen, profitieren
promotion (f.) Son-
  derangebot
propre sauber
province (f.) Provinz
provinciaux (m. Pl.)
  Leute aus der Pro-
  vinz

PTT Postamt
puis dann
puis-je (von pou-
  voir) kann ich
puisque da (ja)
pull (over) (m.) Pul-
  lover
purée (f.) Püree,
  Brei

Q

quai (m.) Bahnsteig
qualité (f.) Qualität
quand wann
quart (m.) Viertel
quartier (m.) Wohn-
  viertel
quatorze vierzehn
quatre vier
que den, die, das,
  was
  qu'est-ce que was
  qu'est-ce que c'est
  was ist das
quel(le) welcher,
  welche, welches
quelque(s) irgend-
  ein(e), (einige)
  quelque chose
  etwas
  quelquefois
  manchmal
qui wer, wen
quitter verlassen
quoi was

R

radis (m.) Radies-
  chen
raisin (m.) Wein-
  traube
rangement (m.)
  Aufräumen
râper raspeln
rapide schnell
raquette (f.) Schlä-
  ger (Tischtennis
  etc.)
rasoir (m.) Rasier-
  apparat
recommander emp-
  fehlen
recommencer wie-
  derbeginnen
reconnaître wieder-
  erkennen, ein-
  sehen
reconstruction (f.)
  Rekonstruktion
réceptionniste (m.
  und f.) Empfangs-
  chef, Empfangs-
  dame
reçu(e) (von rece-
  voir) üblich, her-
  kömmlich, (dan-
  kend) er-
  halten
réduction (f.) Ermä-
  ßigung
réfrigérateur (m.)
  Kühlschrank

regagner wiederge-
  winnen, zurück-
  holen
regarder betrachten,
  anschauen
région (f.) Gegend
en règle in Ordnung
régler regeln, erle-
  digen
remercier danken
remparts (m. Pl.)
  Bollwerk,
  Festungsanlage
rénal(e) Nieren-
(se) rencontrer
  (sich) treffen
rendez-vous (m.)
  Verabredung
rendre zurückgeben
  se rendre à sich
  begeben zu
renseignement (m.)
  Auskunft
rentrée (f.) Rück-
  kehr, Wiederbe-
  ginn
rentrer zurück-
  kehren
repartir wieder ab-
  reisen
reportage (m.) Re-
  portage
reprendre wieder-
  aufnehmen
RER Schnellbahn in
  Paris
réservation (f.) Re-
  servierung

232

Wortschatz

résidence (f.) Residenz
responsable de verantwortlich für
ressembler à ähneln
restaurant (m.) Restaurant
restauré(e) restauriert
rester bleiben
retard (m.) Verspätung
retenir zurückhalten
retour (m.) Rückkehr
retourner zurückkehren
retraite (f.) Rente
réunion (f.) Vereinigung
   la Réunion franz. Insel östl. Afrika
réussir gelingen
revenir zurückkommen
revoir wiedersehen
au revoir auf Wiedersehen
rez-de-chaussée (m.) Erdgeschoss
rillettes (f. Pl.) Schweinefleischpastete
rive (f.) Ufer
riz (m.) Reis
robe (f.) Kleid
romain(e) römisch
rose (f.) Rose

rosé rosa
rouge rot
rouler rollen
route départementale (f.) Landstraße
Royaume-Uni (m.) Vereinigtes Königreich
rue (f.) Straße
Russie (f.) Russland

S

sable (m.) Sand
sac (m.) Tasche
saignant(e) blutend, blutig
je sais siehe *savoir*
saison (f.) Jahreszeit
salade (f.) Salat
salaire (m.) Lohn, Gehalt
salé(e) gesalzen
salle (f.) Saal
   salle à manger (f.) Esszimmer
   salle d'eau (f.) Waschraum
   salle de bains (f.) Badezimmer
   salle de séjour (f.) Wohnzimmer
salon (m.) Wohnzimmer
salutation (f.) Gruß
samedi (m.) Samstag

sandwich (m.) belegtes Brot
sans ohne
sardine (f.) Sardine
saucisse (f.) Würstchen
saucisson (m.) Wurst
sauf außer
savoir wissen, können
   je sais nager ich kann schwimmen
savon (m.) Seife
science (f.) Wissenschaft
se sich
sec (sèche) trocken
second(e) zweite
seconde (f.) Sekunde
secondaire Sekundar-
secours (m.) Hilfe
secrétaire (m. und f.) Sekretär(in)
seize sechzehn
sel (m.) Salz
semaine (f.) Woche
se sentir sich fühlen
séparer trennen
sept sieben
septembre (m.) September
sera er/sie/es wird sein
serveuse (f.) Serviererin

service (m.) Bedienung, Dienst
serviette (f.) Serviette, Mappe, Handtuch
   serviette de toilette (f.) Handtuch
servir de dienen als
seul(e) allein
seulement nur
shampooing (m.) Haarwaschmittel
short (m.) Shorts
si wenn, doch
siècle (m.) Jahrhundert
s'il vous plaît bitte
simple einfach
   simplement einfach
sinon sonst, andernfalls
situé(e) gelegen
six sechs
ski (m.) Ski
slip (m.) Unterhose
snack-bar (m.) Snack-Bar
SNCF (f.) Französische Eisenbahn
social(e) sozial
sœur (f.) Schwester
soif (f.) Durst
   avoir soif Durst haben
soir (m.) Abend
soldes (m. Pl.) Ausverkauf

233

Wortschatz

soleil (m.) Sonne
son, sa, ses sein, seine, ihr, ihre
sorbet (m.) Fruchteis
sortie (f.) Ausgang, Ausfahrt
sortir weggehen
soudain plötzlich
souffrir ertragen, leiden
soupe (f.) Suppe
sous unter
  sous-développé(e) unterentwickelt
soutenir unterstützen
soutien-gorge (m.) Büstenhalter
souvenir (m.) Erinnerung
souvent oft
stage (m.) Praktikum
station de métro (f.) Metrostation
stationnement (m.) Parken
stationner parken
station-service (f.) Tankstelle
steak (m.) Steak
studio (m.) Appartement
succès (m.) Erfolg

succession (f.) Nachfolge, (Aufeinander)-folge
sucette (f.) Lutscher
sucre (m.) Zucker
  sucré(e) gezuckert
sud (m.) Süden
Suède (f.) Schweden
Suisse (f.) Schweiz
  petit suisse (m.) kleiner Frischkäse
supérieur(e) höher(e), besser(e)
supermarché (m.) Supermarkt
supporter vertragen
suppositoire (m.) Zäpfchen
sur auf
sûr(e) sicher
  sûrement, bien sûr sicherlich
surtout vor allem, besonders
en sus noch dazu, darüber hinaus
syndicat d'initiative (m.) Touristenbüro

T

ta siehe *ton, ta, tes*
tabac (m.) Tabak, Tabakgeschäft.
table (f.) Tisch
taille (f.) Größe

taisez-vous schweigen Sie
tard spät
tarte (f.) Kuchen, Torte
tasse (f.) Tasse
taverne (f.) Taverne, Gasthaus
taxi (m.) Taxi
Tchécoslovaquie (f.) Tschechoslowakei
te dir, dich
téléphone (m.) Telefon
téléphoner telefonieren
tellement so (sehr)
temps (m.) Zeit, Wetter
tendu(e) gespannt
tenir halten
tennis (m.) Tennis
tenue (f.) Haltung, Kleidung
terminer beenden
terrasse (f.) Terrasse
terrine (f.) Terrine, Tonschüssel
tête (f.) Kopf
thé (m.) Tee
téâtre (m.) Theater
ticket (m.) Karte
timbre (m.) Briefmarke
tirer ziehen
toi du (betont), dich
toilette (f.) Waschen, Kleidung

faire sa toilette sich waschen und anziehen
les toilettes (f. Pl.) Toilette
tomate (f.) Tomate
tomber fallen
ton (m.) Ton
ton, ta, tes dein, deine
toujours immer, noch
tour (f.) Turm
tour (m.) Tour
tourisme (m.) Tourismus
touriste (m. und f.) Tourist(in)
tourner drehen
Toussaint (f.) Allerheiligen
tout ganz
tout(e), tous all(e), jeder
  tout à l'heure gleich
  à tout à l'heure bis gleich
  tout de suite sofort
  tout droit geradeaus
  tout le monde jeder(mann), alle
  tous les deux beide
  tous les soirs jeden Abend

Wortschatz

tout(e) seul(e) ganz allein
train (m.) Zug
transport (m.) Transport(mittel)
travail (m.) Arbeit
travailler arbeiten
travailleur (m.) Arbeiter
traverser überqueren
très sehr
treize dreizehn
triperie (f.) Innereiengeschäft
trois drei
troisième dritte(r)
trop zu(viel)
trop de monde zu viele Leute
troupe (f.) Gruppe, Schar, Herde
trouver finden
se trouver sich befinden, gelegen sein
TTC alles inbegriffen
Turquie (f.) Türkei

U

un(e) ein, eine, eins
uniquement nur
université (f.) Universität
urgence (f.) Dringlichkeit

utiliser gebrauchen

V

va, vas siehe *aller*
vacances (f. Pl.) Ferien
vache (f.) Kuh
valise (f.) Koffer
vanille (f.) Vanille
varié(e) verschieden
il vaut es ist wert, es kostet
veau (m.) Kalb
vélo (m.) Fahrrad
vendeur (m.) Verkäufer
vendeuse (f.) Verkäuferin
vendredi (m.) Freitag
venir kommen
vent (m.) Wind
vente (f.) Verkauf
ventre (m.) Bauch
vérifier kontrollieren
vérité (f.) Wahrheit
verre (m.) Glas
vers gegen
vert(e) grün
veste (f.) Jacke
vestiaire (m.) Garderobe
vêtement (m.) Kleidung
veux, veut siehe *vouloir*

je veux bien ja, bitte
viande (f.) Fleisch
vie (f.) Leben
vieux (vieille) alt
village (m.) Dorf
ville (f.) Stadt
vin (m.) Wein
vinaigre (m.) Essig
vingt zwanzig
visiter besuchen
visuel(le) Seh-
il vit (von *vivre*) er lebt
vite schnell
vivre leben
vodka (f.) Wodka
voici hier ist, hier sind
voie (f.) Gleis
voilà da ist, da sind
voilier (m.) Segelboot
voir sehen
voisin(e) (m. und f.) Nachbar(in)
voiture (f.) Auto, Wagen
en voiture mit dem Auto
voiture-lit (f.) Schlafwagen
vol (m.) Flug
volaille (f.) Geflügel
voler fliegen, stehlen
votre, vos euer, eure, Ihr, Ihre

je voudrais (von *vouloir*) ich möchte gern
vous voulez ihr wollt, Sie wollen
vouloir wollen
voyage (m.) Reise
voyager reisen
voyageur (-euse) (m. und f.) Reisende(r)
vrai(e) wahr, richtig
vraiment wirklich

W

wagon-lit (m.) Schlafwagen
W.-C. (m. Pl.) Toilette
week-end (m.) Wochenende

Y

y davon, dorthin, dort
yeux (f. Pl.) Augen

Z

zéro null
zeste (de citron) (m.) (Zitronen)schale

Abschlusstests

In den folgenden 15 Tests (entsprechend 1 Test pro Lektion) können Sie Ihren Wissensstand überprüfen. Insgesamt können 100 Punkte erreicht werden. Denken Sie gut nach und lassen Sie sich Zeit.

Bonne chance! – Viel Glück!

Unité 1   Übersetzen Sie den folgenden Dialog ins Französische.

a. Guten Tag (, mein Herr). Sind Sie Deutscher?

_____ 2

b. Guten Tag (, meine Dame). Nein, ich bin Österreicher. Und Sie?

_____ 2

c. Ich bin Französin. Sind Sie aus Wien (= Vienne)?

_____ 2

d. Ja, ich bin aus Wien, aber ich wohne hier. Und Sie?

_____ 2

e. Ich wohne in Bordeaux.

_____ 2

f. Sind Sie Touristin?

_____ 2

g. Ja, ich bin hier in Urlaub..

_____ 2

Punkte: 14

Unité 2   Setzen Sie die korrekte Form des in Klammern angegebenen Verbs ein und verneinen Sie die Sätze anschließend.

a. Je _____ (être) homme d'affaires.

_____ 2

b. Tu _____ (habiter) chez un ami?

_____ 2

236   *Abschlusstests*

Abschlusstests

c. Vous _____ (parler) français?

_____

d. Elles _____ (avoir) plusieurs patrons.

_____

Punkte: 8

Unité 3   Ergänzen Sie die Artikel.

a. _____ addition, s'il vous plaît.

b. Moi, je prends _____ bière, et toi?

c. Pour _____ petit déjeuner, nous avons seulement _____ café au lait.

d. Moi, je ne n'aime pas _____ jambon.

e. Vous avez _____ galettes?

Punkte: 6

Unité 4   Setzen Sie die korrekten Formen von *faire, prendre* und *aller* ein.

a. Tu _____ au cinéma avec moi?

b. Qu'est-ce que nous _____ pour le petit déjeuner?

c. Ça _____ combien?

d. Mes parents _____ bien.

e. Ils _____ un café au lait, un thé au citron et une bière.

f. Qu'est-ce que vous _____ ce soir?

Punkte: 6

Unité 5   Übersetzen Sie die folgenden Sätze ins Französische.

a. Wie komme ich bitte zum Eiffelturm?

_____

b. Sie gehen immer geradeaus bis zur Kreuzung.

_____

Abschlusstests

237

Abschlusstests

c. Dort biegen Sie links ab.

_____ 2

d. In welchem Stock befindet sich die Rezeption des Hotels?

_____ 2

Punkte: 8

Unité 6   Schreiben Sie die Uhrzeit aus.

a. Le train pour Lyon part à (8.30 h).

_____ 1

b. Le musée ferme à (1.45 h).

_____ 1

c. Le vol pour Londres arrive à (14.10).

_____ 1

d. Le supermarché est ouvert de (9.00) à (12.00).

_____ 1

Punkte: 4

Unité 7   Setzen Sie die in Klammern angegebenen Adjektive in der richtigen Form ein.

a. Pierre a une voiture _____ (blanc). 1

b. Un kilo de pommes bien _____ (mûr), s'il vous plaît. 1

c. Avez-vous des journaux _____ (allemand)? 1

d. Comme elle est _____ (gros), cette pomme de terre! 1

e. A Londres les taxis sont _____ (noir). 1

Punkte: 5

238   _Abschlusstests_

Abschlusstests

Unité 8   Ergänzen Sie den folgenden Dialog mit den unten angegebenen Wörtern.

a. Bonjour, Madame, j'ai _____ aux dents, j' _____ quelque chose _____

   les douleurs.

b. En _____?

c. Oui, et puis une _____ pour après le soleil.

d. Voilà, ça _____ 9 euros.

Punkte: 6

huile – aimerais – comprimés – mal – fait – contre

Unité 9   Setzen Sie die korrekten Formen von *dire*, *partir* und *savoir* ein.

a. Pourquoi est-ce que vous ne _____ pas la vérité?

b. Demain mes parents _____ pour l'Amérique.

c. Nous ne _____ pas où il est.

d. Quand _____ notre train?

Punkte: 4

Unité 10   Übersetzen Sie ins Französische.

a. Ich nehme das Menu zu 25 Euro mit einem Glas Rotwein.

   _____

b. Ich nehme das gegrillte Schweinekotelett und als Nachtisch einen Obstkuchen

   nach Art des Hauses.

   _____

c. Ich bin in Eile, ich möchte nur ein Schinkenomelett und ein Bier vom Fass.

   _____

d. Gibt es hier in der Nähe ein gutes Restaurant?

   _____

Punkte: 8

Abschlusstests

239

Abschlusstests

Unité 11 Setzen Sie die richtigen Possessivpronomen ein.

a. Nous cherchons _____ billets de train.

b. Danielle, est-ce que _____ fille aime aussi le cinéma?

c. Bonjour Monsieur, à _____ service.

d. Je vais en vacances avec _____ parents.

e. Madame Dubois, est-ce que _____ enfants vont déjà à l'école?

Punkte: 5

Unité 12 Wie ist das Wetter? Übersetzen Sie ins Deutsche.

a. Il neige.

_____

b. Il fait du vent.

_____

c. Le soleil ne brille pas.

_____

d. Il fait du brouillard.

_____

e. Il fait très chaud.

_____

f. Il pleut.

_____

Punkte: 6

Unité 13 Bilden Sie das *passé composé* zu den folgenden Verbformen.

a. tu prends   _____

b. j'écris   _____

c. vous mettez   _____

d. elle lit   _____

240

Abschlusstests

Abschlusstests

e. nous faisons   _____

f. ils ouvrent   _____

g. je peux   _____

h. il sait   _____

Punkte: 8

Unité 14   Setzen Sie die in Klammern angegebenen reflexiven Verben in der korrekten Form ein.

a. Comment _____-vous (s'appeler), Monsieur?

b. Elle _____ (se laver) les mains.

c. Nous _____ (s'approcher) du centre ville.

d. Je _____ (se regarder) dans le mirroir.

Punkte: 4

Unité 15   Übersetzen Sie ins Französische.

a. Gestern sind wir in den USA angekommen.

_____

b. Er hatte einen Fahrradunfall.

_____

c. Er hat sich das Bein gebrochen.

_____

d. Ich bin gekommen, um Ihnen auf Wiedersehen zu sagen.

_____

Punkte: 8

Abschlusstests   241

Abschlusstests

Bewertung

100 – 90 Punkte	*excellent*
89 – 80 Punkte	*très bien*
79 – 70 Punkte	*bien*
69 – 60 Punkte	*assez bien*
59 – 50 Punkte	*passable*